粤港澳大湾区
融合发展 与 深圳实践

Convergence Development of
Guangdong-Hong Kong-Macao Greater Bay and
Practice in Shenzhen

彭芳梅 ◎ 著

经济管理出版社
ECONOMY & MANAGEMENT PUBLISHING HOUSE

图书在版编目（CIP）数据

粤港澳大湾区融合发展与深圳实践/彭芳梅著. —北京：经济管理出版社，2019.6
ISBN 978 - 7 - 5096 - 6776 - 7

Ⅰ.①粤⋯　Ⅱ.①彭⋯　Ⅲ.①城市群—区域经济发展—研究—广东、香港、澳门 ②区域经济发展—研究—深圳　Ⅳ.①F299.276.5

中国版本图书馆 CIP 数据核字（2019）第 163805 号

组稿编辑：申桂萍
责任编辑：刘　宏
责任印制：黄章平
责任校对：赵天宇

出版发行：经济管理出版社
　　　　　（北京市海淀区北蜂窝 8 号中雅大厦 A 座 11 层　100038）
网　　址：www. E - mp. com. cn
电　　话：（010）51915602
印　　刷：北京晨旭印刷厂
经　　销：新华书店
开　　本：720mm×1000mm/16
印　　张：16
字　　数：245 千字
版　　次：2019 年 6 月第 1 版　2019 年 6 月第 1 次印刷
书　　号：ISBN 978 - 7 - 5096 - 6776 - 7
定　　价：68.00 元

前　言

2017年7月，粤港澳大湾区建设上升为国家发展战略，是我国创新发展和竞争力显著增强的重要支撑，是高质量发展的典范。党中央谋划粤港澳大湾区的发展，是推动我国形成开放新格局的重要举措，也是推动"一国两制"事业发展的新实践。建设粤港澳大湾区是重大机遇、大文章，粤港澳大湾区各地正在进行积极探索，举全力推进大湾区建设。

粤港澳大湾区具备一定的领先优势，与国际三大知名湾区（纽约湾区、旧金山湾区、东京湾区）相比较，粤港澳大湾区经济规模仅次于纽约湾区和东京湾区，2017年已经超过旧金山湾区。粤港澳大湾区在国际、国内的影响力逐渐增强。研究粤港澳大湾区融合发展的理论渊源、空间结构、要素禀赋、产业分工、绿色发展、深圳实践等方面，有助于进一步认识粤港澳大湾区发展、把握粤港澳大湾区建设战略机遇和空间优化、融入大湾区建设。

本书内容主要包括粤港澳大湾区经济理论内涵、粤港澳大湾区经济功能演变与融合发展趋势、粤港澳大湾区及周边地区空间结构与实证研究、粤港澳大湾区金融禀赋与融合发展、粤港澳大湾区创新集聚与建设国际科技创新中心、粤港澳大湾区绿色发展路径与政策创新、深圳发展湾区经济的理论探索、深圳空间布局与优化、深圳经济增长动力机制和路径分析、深圳建设科技创新高地和新兴产业策源地和深港合作推进湾区经济融合发展。

笔者尝试构建关于粤港澳大湾区融合发展"理论、融合阶段、空间结构、金融禀赋与增长、科技创新、绿色发展、深圳实践"较完整的研究逻辑，为后续大湾区融合发展乃至各种区域融合发展相关研究提供理论支撑。

因此，本书具有一定的前瞻性、创新性和拓展性。从学术价值而言，试图为大湾区"构建结构科学、集约高效"的空间格局提供理论与实证依据；为我国湾区经济、区域经济等领域下融合发展路径与政策建议研究提供范本，助推中国经济高质量区域协调发展；为大湾区有关部门政策设计提供理论支撑，为其他地区融合发展提供某些参考。因此，本书具有较强的现实性、针对性与实用性。

由于水平有限，时间仓促，本书还存在诸多需要改进尤其是更加深入研究的方向。至少有如下几个具体方向：一是关于港澳融入大湾区发展的情况，有待于进一步深入研究；二是关于湾区空间优化路径的探索；三是面对全球经济外部不确定性增大的形势下，粤港澳大湾区建设具有全球有影响力的科技创新中心，所遇到的挑战、面临的机遇，重点发展的方向，值得更加深入的分析和研究；四是关于深圳实践板块，从科技创新引领、现代产业体系构建、深港合作先导、节约高效空间优化等内容，还有诸多值得挖掘的研究空间。

感谢许多曾为研究提供支持和帮助的人。感谢中共深圳市委党校对我个人研究的支持。特别感谢谭刚教授、申勇教授对我的指导、支持和鼓励，他们对湾区经济、粤港澳大湾区建设和发展等领域研究颇有建树，对我具备莫大的影响和帮助，我曾经加入他们的研究课题而受益匪浅，为此我感到骄傲和幸运。感谢我的恩师中国人民大学孙久文教授，老师教给我研究区域经济的方法、理论，令我终生受益。感谢我的同事彭姝博士、周会祥博士、宋晓东博士，他们对我的研究进展非常关心和支持，常常鼓励我坚持下去，令我备感温暖。感谢哈尔滨工业大学（深圳）陈刚博士，他给了我非常多的技术支持，让我的研究不断取得进展和突破，同时与陈刚博士的交流总让我不断找到新的研究方向、动力，收获意想不到的研究乐趣和价值。感谢经济管理出版社，特别是申桂萍老师，对本书的顺利出版给予了悉心建议，提供了莫大帮助，令我备受感动。感谢我的家人，特别感谢我的先生张利翔和女儿张雅义，他们对我的无限支持和默默鼓励，是我前进的最强支撑。特别是当女儿惊叹："妈妈，这真是你写的吗"，我感到无穷的动力，力争做到更好，不负她的感叹。

本书的出版对我来说是一种莫大的鞭策，但也让我更加忐忑不安，担心本书力图研究解决的问题还停留在肤浅研究阶段，担心书中可能存在不少的错误或者表达不清楚的地方。希望本书能够引起更多学者对粤港澳大湾区经济融合发展理论探索、粤港澳大湾区空间结构研究的兴趣和关注。

彭芳梅

2019 年 4 月

目　录

第一章　粤港澳大湾区经济理论内涵

"湾区"概念可追溯到旧金山湾。中国香港学者吴家玮最早提出"深港"合作共建"湾区城市"。2013年年底深圳政府率先倡导发展湾区经济,并归纳总结了世界三大知名湾区(纽约湾区、东京湾区、旧金山湾区)经济发展具备的四大典型特征。随后掀起各界对湾区经济的研究热潮,至今方兴未艾。自2015年以来,粤港澳大湾区发展逐步上升到国家发展的重大战略举措,有其深刻的理论内涵和丰富的实践需求。

一、粤港澳大湾区发展的适配理论渊源

粤港澳大湾区并不是简单的地理概念,也不是凭空而造的新兴区域,而是在长期发展过程中集聚的优势,如今到达更高质量发展的多领域概念。梳理适配的发展理论,有利于深化对粤港澳大湾区发展的认识和探讨。

(一)增长极理论

迄今尚未有专门研究湾区的理论体系,但适用的理论并不鲜见。粤港澳大湾区是在珠三角城市群发展基础上的提升。自我国实行改革开放以来,珠三角城市群的崛起发展正是增长极理论在现实运行中的真实缩影。极化理论旨在解释市场和要素禀赋在空间分布上的差异,认为经济增长轨迹是沿着最初获得较快、较好

发展的地区或产业向落后地区的扩散，通过发达地区带动腹地发展。

在不同研究范式下，经济极化现象朝着两种不同路径演进。新古典增长理论强调市场完全竞争、信息完全对称、要素充分自由流动。所以最先成为区域增长极的地方由于要素成本攀高及拥挤，经济规模报酬呈现递减或者平衡，导致繁荣扩散到其他地区，极化现象得到疏散，区域发展最终趋向平衡。新经济地理兴起于 20 世纪 90 年代，在新的研究范式下，认为新古典主义强调的完全竞争、信息充分、要素自由流动等是一种真空现象，现实经济运行中，市场往往是不完全竞争的、信息不对称、要素流动具有"区域黏性"等，由于技术进步、贸易成本发生革命性变化等，推动市场边界扩大，规模报酬递增得到强化，规模经济更多地出现在区域集中度高、专业化更深入的产业内和产业间贸易。克鲁格曼（Krugman，1995）强调一旦一个集群建立了，它会发展得更好，其中心（或核心）地位很难被夺走。后来诸多学者沿着新经济地理研究范式，开拓研究领域和方向，均能不约而同、不同程度地发现，经济活动一旦形成空间不均匀（或偶然出现），那么这种最初的不均匀就会产生强大的外部经济、形成最初的体制机制活动，聚集成为一种优势叠加效应，会增长区域市场的分化，形成一种典型的"中心—边缘"空间结构，而要推动这种空间结构向均衡方向发展，则需要从推动技术进步、扩大市场边界、降低运输成本、推动市场融合等视角做更多的考虑和安排。

（二）全球城市（或世界城市）理论

粤港澳大湾区包括珠三角原有的三个城市群、香港和澳门，在空间上呈现两个极强城市联合中心，即香港—深圳、广州—佛山，珠海—澳门的融合发展影响日益增强。据 2017 年有关统计数据，香港—深圳 GDP 合计约 4.8 万亿元，广州—佛山 GDP 合计约 3.3 万亿元，珠海—澳门 GDP 合计约 6500 万元，三个联合中心 GDP 合计约 8.75 万亿元，占粤港澳大湾区 GDP 的 85%。从某种程度上看，湾区内部仿佛存在超级城市群。梳理"世界城市""全球城市"发展理论，有助于认识大湾区城市空间结构、城市扩张机制等。

根据世界城市假说，"世界城市"占据跨国公司控制中心，随着国际分工秩序的调整，这些城市扮演着"指挥中心""大脑中枢"。可将全球城市描述为对全球经济运动具有指挥和控制作用，不同的世界城市在城市等级体系中的位置和功能大不相同。进入 21 世纪，全球化进程进一步加速，对世界具有影响的城市及所在区域连成一片，形成全球城市区域，在国际分工上的影响越来越大。学术界的研究从对单个城市的全球影响力转向全球城市区域对世界影响力，开始注重全球城市区域所拥有的商业场所、生产网络、交通和信息基础设施等在全球的影响力，开始关注跨国公司在该区域的表现、活动、技术进步或扩大等，从而衡量全球城市区域的发展基础、潜力和方向。当今世界各地的大城市不仅在规模上扩大了，因集中成片的城市区域相连，城市边界也扩大了，而在人口方面更呈现向大城市集聚的趋势。

值得指出的是，上述全球城市等理论对认识粤港澳大湾区城市发展具有一定的启发价值，但是粤港澳大湾区城市地处自然海湾，特殊的地理位置以及形成的发展先决条件，其发展机理或趋势，也必然有其特殊性或趋势性，从而对湾区内城市发展路径等更值得深化研究。

（三）外部性理论

粤港澳大湾区是我国开放程度最高、经济发展活力最强的区域之一。对外开放的政策，推动经济集聚在此区域发生。湾区快速经历港口经济、工业经济、服务经济和创新经济发展，港口群、产业群、城市群叠加优势显著。在此进程中，经历了典型的从产业发展专业化外部性向城市发展多样化外部性的转变。

外部性可分为外部经济和外部不经济两大类。外部经济推动经济发展，无论是专业化外部性还是多样化外部性，都有助于降低交易费用、促进知识溢出、提升经济效率等，从而推动经济发展。而外部不经济表现为增加交易成本、阻碍知识溢出、降低经济效率等，从而妨碍经济发展。专业化外部性主要发生在同一行业内部，由行业公司集聚产生，表现为同一产业在特定区域的集聚，带来更多创新，该地区的产业具备绝对优势，形成特色或者优势。而多个产业在某个区域的集聚，带来多样化，形成知识溢出到来的规模经济，呈现多样化城市集聚优势，也称为"雅阁布斯外部性"。

无论是专业化外部性还是多样化外部性，都有大量研究考察了外部经济导致集聚发生，形成的机理或机制等。Krugman（1995、1997）研究表明，运输成本降低、小而纯的随机事件都会催生集聚发生并不断强化，Ellison 等（1997、1999、2001）研究自然成本优势、工业共同定位到特定行业有利于集聚形成。也有研究从关系资产的流行、非交叉的相互依存关系、社会资本的重要性等角度揭示集聚动态的出现及外部性效应。

关于外部性的价值，尽管学术上存在多种多样的探讨，但是一直存在一种共识，即集聚的增强必然导致外部经济的积累，进一步增强大城市或城市区域对经济增长的贡献。近些年的研究更多地表明集聚可以带来更大创新，通过提供更好的教育环境、促进人力资本的流动、营造更好的环境、降低知识传播的成本等，都有利于扩大知识溢出，形成更大集聚带来的创新。这些理论对粤港澳大湾区建设国际科技科创新中心、建成世界级城市群都具有一定的参考价值和启发意义。

（四）全球产业链网络理论

粤港澳大湾区具备较完备的产业链。有关研究表明，珠三角制造业产业门类齐全程度位居全球首位。当前我国大城市中，定位非常清晰如北京是全国科技中心、上海是全国金融中心，珠三角城市显然更多地需要产业影响力方面谋定位。产业链齐全能够产生一种的协同效应，企业可在区域内协调生产网络，形成优势。

全球产业链网络认为，区域动态竞争又表现为产业协调联系、外资本地化、本地产业的自我迭代升级等。另有高层次战略（如国家重视区域发展、地方政府发展倡议谋划等）可极大地促进当地区域（或城市）参与全球产业调整网络、全球公共网络的战略结构，从而释放新的增长动力、新的发展空间。也有学者从生产服务网络的全球化进程，研究大城市高附加值产业与国际生产者服务提供商更容易建立合作伙伴关系，相互促进、相互发展。也有学者考察金融部门选址更多考虑当地产业，尤其是资本密集型行业如房地产等的发展，表现为金融业与其他行业发展的协调网络关系。从经济运行来看，投资者都在寻找资本回报率最高、资产流动性最强的区域（或市场），寻找成本更低的金融资本，投资者的流动促进地区间网络效应增强。这一投资过程有利于识别未来更具有发展潜力的区域。因此，全球产业链网络理论有利于识别粤港澳大湾区在全球产业体系中所处位置的变化、演进趋势等，从而更有针对性地研究湾区构建现代产业体系的基础条件、潜力、发展路径等。

综上所述，粤港澳大湾区的发展理论基础离不开上述几个方面的思想或框架（但不限于此）。值得注意的是，这些理论思想许多都是在新自由主义框架下形成（新经济地理虽然也否认新自由主义理论的假设前提）。粤港澳大湾区最特别之处在于不同制度、不同体制下的实践。《粤港澳大湾区发展规划纲要》明确指出，建设粤港澳大湾区是对外开放的新尝试，是"一国两制"事业发展的新实践。因此，把握大湾区的区域特性，是推进理论研究过程中首先要立足的现实条件，适用湾区研究的理论研究首先要剥离新自由主义框架下的假设条件。目前这一研究领域才刚刚兴起，有待各界共同努力和探索。

二、粤港澳大湾区的历史沿革和发展概论

粤港澳大湾区各地①毗邻而居、文化同源、地缘相近，虽然因历史上殖民体制介入，使香港、澳门和广东的关系在不同时期有不同表现，但总体上始终保持密切联系，这是割不断的现实存在，总体上也经历了从整体到分开再到整体，从生产要素互补流动到结构性互补协作、从垂直分工到日渐水平合作等转变，且联系越来越密切、融合程度越来越高。

（一）改革开放以前

1. 鸦片战争前

历史上大部分时间，香港地区隶属于广东省新安县（民国复名为宝安），澳门地区则隶属于广东省香山县，整个粤港澳始终作为一个统一的区域综合体而

---

① 由于历史数据的可获得性，此部分内容涉及的粤港澳大湾区数据放宽至广东省全境、香港、澳门三地的相关合计数，目前《粤港澳大湾区发展规划纲要》明确的香港、澳门、广州、佛山、肇庆、深圳、东莞、惠州、珠海、中山、江门11个城市，经济总量约10万亿元，约占广东省、香港、澳门三地GDP合计比重的70%。因此笔者认为采用三地合计资料，不影响论述粤港澳大湾区历史沿革和发展概论的主要结论。

存在。

自秦朝始，港、澳就为广东下属行政区。东汉末年，广东对外往来的航路发生改变，广州成为我国南方最重要的口岸和对外交流中心。三国两晋南北朝时期，远离战乱的广东吸引了北人大规模南徙，中原先进科技、文化、思想的流入使广东经济社会发展出现"拐点"，某些地区开始孕育着专业生产基础上的商品交换因素。宋元时期，粤中珠江三角洲地带继续发展，经济重心向濒海经济地带倾斜。但商品经济尚未真正崛起，市场性的城镇经济中心也未大规模形成。粤港澳经济发展仍然呈"以中原地区北南走向辐射为轴线、以中原地区移民输入为主动力"①的传统格局。

明代清初，广东经济实现了又一次质的飞跃？明嘉靖时，葡萄牙人入居澳门，粤澳关系逐步发生变化，但广东仍保持对澳门的管治。也正是从明代特别是明中叶以后，商品经济空前发展，广东气候适宜、物种丰富、交通便利以及长期拥有独口通商外贸巨埠地位等巨大优势逐渐发挥出来，在当时的生产力条件下，发展形成与之相适应的产业，形成显著广东特色的结构特征，商品经济以珠三角洲为核心地区蓬勃发展起来。当时全国有两个最发达的商贸区域，其中之一就是广东沿海地区，另外一个就是江南地带，可谓时日中国经济版图的两颗明珠。至清代，东南亚国家和地区逐渐形成了一个巨大的连省跨国的商品经济辐射圈，广东地区作为其核心区域，经济发展在清代中叶达到有史以来的最高水平。据统计，鸦片战争前，岭南地区主要商品流通总值为6008.7万两白银，按当时人口计，人均2.4两，远超全国人均1两的水平。

2. 鸦片战争后至中华人民共和国成立前

1842年鸦片战争结束后，三地变为不同国家管治的三个中国地区，三地经济关系出现了较大变化。

以现代化大工业生产为基础，以欧洲列强、美国及亚洲的日本为中心区的世界范围内的经济技术发展水平最高梯度区，以广东等沿海地带为前沿向整个中国推移。粤港澳地区得世界科技和市场信息之先，区内经济开始从农业、手工业向

① 黄滨．粤港澳地区形成全国最高经济梯度区域地位的历史探源［J］．广州大学学报（社会科学版），2006，5（12）.

近代化大工业，从国内贸易和洲（亚洲）内贸易为主向国外贸易为主转型，商品经济辐射能量不断增强，始终保持着全国领先的经济发展水平。据《近代广东对外贸易史料》统计，至 1852 年前，仅广州就占据了中国与当时国际贸易主要对象英国贸易份额的 50.62% 以上。

　　1852 年以后，广州作为全国第一商埠的地位逐渐丧失，但中国第一中转国际贸易中心在相近地域的巨型新式港市——香港崛起。一直作为广州外贸外港的澳门也随之失去了重要国际商埠和外商在华主要居地的地位，香港成为近代广东、全国乃至整个远东地区最大的通商口岸之一。根据中国海关统计，1880 年香港贸易额分别占中国进出口总额的 37% 和 21%；1885 年分别为 40% 和 24%；1890 年则分别达到了 55% 和 37%，在进口来源地和出口市场中都居第一位（不包括走私数量），说明此时的香港就已成为中国的进出口贸易中心。1894 年，香港仅与中国内地的贸易总额就达 13321.79 万海关两①，广州对外贸易进出口总额为 1951.96 万海关两②，仅为香港的 22%。经济的发展从人口的增长情况也可见一斑。《资政新篇》记载，1845 年香港人口为 16.5 万人，1931 年增至近 88 万人，1941 年日本侵占前曾达 150 万余人（也有数据认为达到 164 万人③）。

　　民国初期，三地政府关系在 20 世纪 20 年代末之前一直起伏不定。1928 年《中葡友好通商条约》签订，粤港澳关系逐步正常化。广东实业家先后两次大规模将工厂迁至香港，为香港的工业化奠定了基础。抗战爆发后，形势发生剧变，香港沦陷，澳门一度发展成为联系广东与海外贸易的中介地。随着三地经济的发展和往来的增多，联通粤港澳的交通通信设施不断完善，金融联系进一步加强，异常频繁的人口流动也加快了彼此的社会文化交往。

　　从区域经济角度看，尽管香港经济具有国际化特色，但其市场辐射作用的发挥始终遵循以珠江三角洲为核心的广东经济发展的区域规律，紧紧依托以广东为主的国内地区，并且随着国际地位日益提升，这种依托关系变得更为密切。全国外贸最大中心商埠的位置由港湾深处的广州短距离移至出海口的香港，并未影响

　　①　通商海关总税务司署造册处. 民国七年通商海关华洋贸易全年总册（下卷）[M]. 上海：通商海关总税务司署造册处，1919.1224.

　　②　陈华新. 近代广东对外贸易史料 [M]. 广州：广东人民出版社，1993（70）：16.

　　③　陈华新. 近代广东对外贸易史料 [M]. 广州：广东人民出版社，1993（70）：20.

珠江三角洲乃至整个粤港澳地区在全国经济发展中的地位。

3. 中华人民共和国成立后至改革开放前

中华人民共和国成立后，最初几年，香港、澳门与内地的贸易获得较大进展，1949 年香港与内地的贸易总值为 11.78 亿港元，1950 年约为 20.43 亿港元，1951 年进一步增加到约 24.67 亿港元。但随后由于东西方处于"冷战"状态，当时的英国、葡萄牙追随美国，属于西方，其对我国持有敌对或怀疑态度，香港、澳门和广东以及内地的关系陷入空前的低谷，香港、澳门与内地贸易大幅下降，广东对外贸易也出现大幅下降。香港与内地的贸易额从 50 年代初约 20 亿港元，降至 1955 年约 10 亿港元，几乎腰斩。澳门与内地的贸易额也呈现大幅下降，从 50 年代初期约 1 亿澳门元降到 1955 年的约 3400 万澳门元，下降约 2/3。一直到改革开放前，香港、澳门与内地的贸易增长非常缓慢，尤其是香港与内地的贸易出现数次负增长，1952～1965 年两地贸易额始终没有恢复到 1951 年的水平，其中有 12 年仅为 10.8 亿～15.5 亿港元，比 1951 年低一半左右[1]。受此影响，广东对外贸易面临相似的状况，1950～1972 年年均出口 2.69 亿美元，年均增长 7.7%，最高的 1972 年出口额也仅有 5.53 亿美元。直到 60 年代末以后，内地与港澳贸易才开始稳定发展。也是在此期间，香港在国际市场的角色发生了转变——由远东重要的转口港变为一部分轻工业品的出口中心，香港从此进入新兴工业化地区的行列。

（二）改革开放后到 2000 年[2]

中国共产党十一届三中全会做出了实行改革开放的伟大抉择。港澳成为中国内地引进资金、技术和管理经验的重要来源，对广东的经济发展起着重要的作用。特别是在"一国两制"政策推动下，香港、澳门正在走向回归的历史进程中，粤港澳三地经济往来越来越密切，经济联系程度越来越紧密，互相渗透，粤港澳关系进入新的发展时期。

受益于国际产业分工趋势转移，粤港澳三地的工业领域内率先获得分工合

---

① 陈华新. 近代广东对外贸易史料［M］. 广州：广东人民出版社，1993（70）：35.

② 孟庆顺，雷强. 广东省志·粤港澳关系志［M］. 广州：广东人民出版社，2004.

作、相互促进发展。自改革开放以来，可将粤港澳三地工业合作发展划分为三个阶段：一是初期阶段（1979～1983年），这一阶段主要是发展"三来一补"企业，形成"前店后厂"的分工格局；二是腾飞发展阶段（1983～1989年），这一阶段确立工业为广东的主导产业，工业发展不仅仅是"三来一补"简单发展，而是侧重于引进外资企业、兴办企业，工业获得长足发展；三是调整发展阶段（1989～1999年），这一阶段开始注重科技进步、坚持市场导向鼓励创新，主动进行工业结构调整。大批港澳制造业内迁珠三角地区，至1996年已有约80%的香港工厂或生产线转移至珠三角地区，香港在粤所设三资企业及"三来一补"企业达66000多家，粤港澳三地形成的产业分工合作，不仅成就了广东经济自改革开放以来20多年经济保持年均增长约14%的奇迹，也促进了香港、澳门产业结构调整，为其大力发展现代生产性服务业从而推动产业结构升级提供了契机。经过多年磨合，粤港澳的经济合作发展形成相对固定、闻名世界的独特模式：香港、澳门在广东省投资兴办工厂，广东（主要是珠三角九个城市）出土地，中国其他省份出劳动力，产品远销国外，形成粤港澳三地独特的"前店后厂"工业发展和经济合作的特色模式。这种模式带动了包括港澳在内的大珠三角地区经济的起飞，使这一区域成为世界级的加工制造业基地之一。

1. 粤港澳投资关系迅猛发展①

1979～1991年，广东主要凭借利用外资的优惠政策，以及毗邻港澳的地理位置优势和三地间源远流长的关系，吸引港澳商人来粤投资，其间相继设立了三个经济特区、两个沿海开放城市以及珠江三角洲开放区。13年间，广东共签订利用港澳资金合同项目108194宗，协议利用港澳资金209.4亿美元，实际利用资金106.1亿美元，平均每宗利用资金20万美元。② 同时，广东对港澳投资也进入探索发展阶段，先后设立了多个投资型企业集团。邓小平南方谈话后，广东全方位、多层次地扩大对外开放，港澳在粤投资进入一个全新阶段。1992～1997年，广东签订利用港澳资金合同项目65592宗，协议利用资金增长超过1000亿美元，实际利用资金约为500亿美元，平均每宗利用资金超过150万美元，与1992年之前的五年相比，无论是协议资金、实际利用资金，还是平均每宗利用

①② 孟庆顺，雷强. 广东省志·粤港澳关系志［M］. 广州：广东人民出版社，2004.12-15.

资金额都增长了五倍以上。粤港澳三地投资的快速发展，极大地促进了商品、人员、资本和其他生产要素（如信息）在粤港澳三地的快速流动，极大地优化了粤港澳三地的生产要素配置。

2. 粤港澳三地贸易快速增长

随着粤港澳三地投资往来快速发展，广东省对香港、澳门的进出口贸易总额大幅增长，这种增长不仅是外贸总额价值的增长，而且还体现在港澳外贸结构中的比重，广东占比大幅提升。对广东而言，产品出口港澳占广东外贸总出口的80%以上，产品从港澳进口占广东总进口的70%以上。1997年，广东与港澳地区的进出口总额为1020.12亿美元，是1979年的102倍；1998年，广东从港澳的进口为435亿美元，占进口总量的80%。1979～1998年，广东对港澳市场出口累计达4500亿美元，占全省同期出口总额的76%。伴随着投资和贸易发展，粤港澳三地在金融方面的联系和合作也逐步加强，一方面港澳资本大量投向广东，必然带动商品贸易领域内的金融结算、投资领域的融资服务等；另一方面金融合作往来逐步加强，也会促进粤港澳三地更加紧密的投资和贸易往来，形成一种良性循环。

从某种程度上而言，自1979年以来，广东经济快速发展与毗邻香港、澳门这种地缘优势密不可分，香港和澳门首先选择到临近的广东投资带动了广东经济紧密联系、交流和发展，而广东与香港、澳门的分工发展，也为香港、澳门经济保持繁荣提供了空间保障，是其获得发展的重要条件。"前店后厂"特殊发展模式的形成，推动了香港、澳门和广东（主要是珠三角地区）资源要素整合，三地各自充分发挥地方比较优势，香港、澳门的资金技术优势与广东的劳动力成本和土地成本优势结合，香港的工业逐步转移到广东，推动了广东工业化进程加速，港澳地区则逐步发展成为国际金融和商贸中心。港、澳回归后，三地从三个不同国家管治下的对外关系变为在我国中央政府统一领导下的三个不同体制地区的国内关系。由于历史上不可分割的密切联系，改革开放以来又形成相互促进的特殊联系，三地以强大的开放发展能力、坚实的经济基础、富有活力的经济增长，也被称为中国的"金三角经济区"。1997～2012年广东省主要指标情况如表1-1所示。

表1-1 1997~2012年广东省主要指标情况

年份	GDP（亿元）	外商直接投资额（万美元）	一般预算收入（亿元）	第二产业生产总值（亿元）	人均GDP（元）
1997	7315.51	1171083	543.95	3647.82	10428
1998	7919.12	1201994	640.75	3991.97	11143
1999	8464.31	1165750	766.19	4264.32	11728
2000	9662.23	1128091	910.56	4868.75	12885
2001	10647.71	1193203	1160.51	5341.61	13730
2002	11769.73	1133400	1201.61	5935.63	15030
2003	13625.87	782294	1315.52	7307.08	17213
2004	16039.46	1001158	1418.51	8890.29	19707
2005	22366.54	1236400	1807.20	11339.93	24435
2006	26587.76	1451065	2179.46	13431.82	28534
2007	31777.01	1712603	2785.80	15939.10	33272
2008	36796.71	1916703	3310.32	18402.64	37638
2009	39482.56	1953460	3649.81	19419.70	39436
2010	46013.06	2026100	4517.04	23014.53	44736
2011	52673.60	2179800	5513.70	26205.30	50295
2012	57067.92	2354900	6228.20	27825.30	54095

（三）2000年到现在

1979~1999年，"前店后厂"特殊的分工合作模式下，广东经济快速发展，香港、澳门（特别是香港）顺利完成了从工业发展到服务业发展的产业转型升级。2002年，仅香港、澳门、广州、深圳和珠海五个城市的GDP就比"长三角"城市的GDP总和还多590亿元，"珠三角"及香港、澳门的GDP总量甚至超过"长三角"与京津唐城市群的GDP总和。但是，这种"前店后厂"发展模式的局限性逐渐暴露。

这一模式中，港澳资金多集中在劳动密集型制造业，企业多为OEM生产方式，研发能力弱，自有品牌少，创新动力不足，处于国际分工产业链的中低端环节，战略性新兴产业规模不大、发展不快。广东企业自主品牌出口仅占出口总额的 10% 左右，拥有自主品牌的企业也不足 20%。因此，产业集群向产业链高端升级困难，外部带动效应不显著，不但加大了环境压力，还因同质化竞争严峻而导致无谓的损耗。一方面，香港、澳门从制造业转移到广东进程中，由于更低的土地和劳动力成本，获得了更高的边际收益，在一定程度上阻碍了技术更新、生产模式更新等，无须推动产业升级便可继续获得发展，从而延长了劳动密集型产业的生命周期。另一方面，深圳、珠海因为毗邻港澳而获得优先发展，并进一步形成集聚优势，反而削弱了珠三角地区作为一个整体的竞争力。

与此同时，外部环境正在发生变化，客观上推动了粤港澳三地关系的演进。一方面，全球化加速推进，区域经济一体化趋势正在加速形成，我国经济版图呈现了区域间竞争加剧态势，长三角城市群发展迅速崛起、西部大开发势头不容忽视，客观上推动粤港澳三地加强合作，共谋发展。另一方面，随着中国加入世贸组织，贸易开放度必然更加深化，对粤港澳三地的自由贸易、贸易开放也提出了新的要求。2005 年《中国—东盟全面经济合作框架协议货物贸易协议》的签署，意味着粤港澳三地同时还将面对来自新加坡等东盟列国对内地市场的争夺。如无及时有效的应对，珠三角区域必将逐渐丧失对外开放和区域整合最优路径的优势。

三地更因此感受到加强合作的必要性与紧迫性，新一轮合作在多方积极推动下再次启动。三地的合作也逐渐由民间投资贸易推动的协调合作向政府主导推动的协调合作转变，三地政府先后主导成立了"粤港合作联席会议""粤澳合作联席会议"，三地的协调合作形成覆盖多层次、多渠道、多领域，呈现"民间自发＋政府机构＋半官方半民间"复合型特征，这种复合型合作关系正在推动粤港澳三地全面融合发展。而《内地与香港关于建立更紧密经贸关系的安排》（以下简称 CEPA）的签署，更大地推动三地经贸往来、融合发展。据统计，2007 年广东省新注册登记的港资企业约 6000 家，同比增长约 28%；投资总额约 156 亿美元，同比增长约 19%；注册资本约 100 亿美元，同比增长约 30%；香港方面认缴资本约 90 亿美元，同比增长约 25%。截止到 2007 年年底，广东省实有港资企业超过 4 万户，约占广东全部外商投资企业总数的 65%；香港投资总额约 2000 亿美元，约占广东省外资投资总额的 56%；港资注册资本超过 1000 亿美元，约占广东外资注册资本总额的 57%。CEPA 虽非针对粤港澳制定，却因近水楼台先得月的地域与人文优势，实质上为三地间更高级的合作奠定了基础，促成新型的"前店后厂"关系,从而加速粤港澳经济一体化的进程。

借由 CEPA 的签署,粤港澳三地经济一体化合作获得富有成效的进展,形成新的"前店后厂"模式。2003 年粤港合作联席会议第六次会议提出,粤港共同推进"大珠三角"经济合作,争取 10~20 年内把"大珠三角"建设成为世界上最繁荣、最具活力的经济中心之一,形成新型的"前店后厂"关系。三地在大型跨境基建、经贸合作等方面进行纵深合作,更加便捷、立体的现代交通网络体系加快推进,陆续建成深圳湾大桥、珠三角轨道交通、广东省内城市间高速公路、港珠澳大桥等,珠三角核心区的一体化合作正以前所未有的力度加速推进。

在这一过程中,广东也正大力推动经济转型发展,创新正在成为经济增长的动力,不断探索科技与产业结合的路子,广东产业结构也逐渐从"三来一补"加工贸易向高新技术产业转型升级,广东的产品逐渐从"三来一补"产品向高技术产品的转变,更进一步促进了港澳经济的发展。2008 年,粤港澳地区生产总值达到 7511.88 亿美元,占全国的 17.34%,商品进出口总额 14369.14 亿美元,占全国的 56.06%。广东对港澳进出口总额约 1422 亿美元,约占全省外贸总额的 21%;其中出口约 13588 亿美元,占全省出口总额的 34%。粤港澳三地发展逐步上升到国家发展战略,2008 年国务院印发了《珠江三角洲改革发展规划纲要》,2009 年国务院先后又批准印发了《横琴总体发展规划》《粤港合作框架协议》《深圳前海深港现代服务业合作区发展规划》,珠三角作为我国"试验区""先行区""重要国际门户""基地"和"经济中心"的五大功能凸显,也为深化粤港澳三地合作创新发展提供了一系列政策保障。2017 年,粤港澳大湾区整体 GDP 总量约 10 万亿元,仅次于东京湾区和纽约湾区,位列全球第三大湾区。广东 GDP 总量连续 32 年位于全国第一位,2017 年约占全国总量的 14%,其中珠三角地区约占全国总量的 10%。

三、粤港澳大湾区的地位及影响力

国家赋予粤港澳大湾区发展更高定位,承载建成国际一流湾区和世界级城市群时代使命。以经济规模论，与环长江口湾区、环渤海湾区等相比较，粤港澳大湾区具备一定的领先优势。与国际三大知名湾区（纽约湾区、旧金山湾区、东京湾区）相比较，粤港澳大湾区经济规模仅次于纽约湾区和东京湾区，2017 年已经超过旧金山湾区。粤港澳大湾区在国际、国内的影响力逐渐增强。

（一）与全国其他重点湾区比较分析

1. 环长江口湾区更高起点深化改革和扩大开放

环长江口湾区主要指长三角城市群。这里被誉为中国的"金三角"，由苏州南部、上海和浙江东北共 16 个城市构成，面积超过 10 万平方千米，约占全国国土面积的 1%；2017 年年底，该区域人口超过 7500 万，约占全国的 6%。目前来看，长三角城市群是我国经济发展总量规模最大的板块，其经济发展速度、未来发展潜力都是我国经济版图的突出亮点。16 个城市之间地缘毗邻，经济联系紧密、文化相融相同，融合发展历史渊源流长，根基厚实，内部也形成了分工较明确的层级架构，上海以其经济、金融、贸易和航运中心功能占据城市群的最高层级，江苏和浙江各市产业各具特色，分工合作发展已经具有较好的基础。

有研究认为[①]，长三角城市群总体呈现明显的空间规律，可概括为三点：一是上海对其他 15 城市的影响，依空间距离逐渐降低；二是苏州和杭州接受上海的强辐射，呈现对上海高度隶属关系，这种隶属关系不受空间距离影响；三是相较于上海，苏州和杭州对其他 12 个城市的隶属或者辐射影响小得多。换言之，长三角城市群中上海是强中心，具有强大的辐射带动能力，而苏州和杭州对其他城市的影响相对较小。因此，长三角城市群经济联系仍是围绕上海市为中心，形成典型的圈层结构。而上海其周边的苏州、无锡、杭州、宁波城市组团联系也呈现不断加强态势，且这种趋势仍在扩大（见图 1 - 1）。

另外，近年来长三角城市群的国际影响力逐渐增强，得益于中小城市国际化异军突起。长三角城市群中除了上海、杭州，其他城市越过强中心，直接或间接参与国际分工合作，积极推动国际化，从而成为长三角城市群国际化的重要力量。

---

① 张旭亮，宁越敏. 长三角城市群城市经济联系及国际化空间发展战略 [J]. 经济地理，2011（3）：353 - 359.

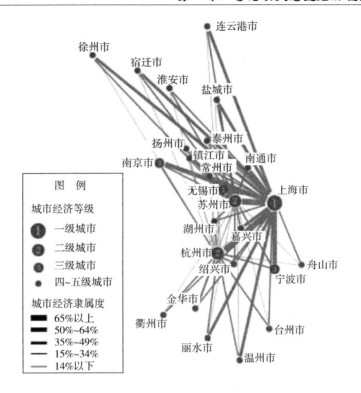

图1-1　长三角城市群城市经济等级和隶属度结构

长三角城市群圈层特征明显，各地城市化呈现明显的结构性；城市群总体实力领先于全国其他地区，16个城市的工业化和城市化水平比较高，且比较均衡。产业发展方面也基本形成了良好的竞合局面，各自在竞相发展特色产业的同时，也谋划着力合作共建世界电子信息产业基地，浙江还与上海合作共建环杭州湾国际石化制造基地等。长三角城市群的产业发展所形成的合力，正在成为加快产业升级和提升产业竞争力的有效手段。随着长三角一体化持续推进，上海"龙头"地位可能进一步增强，长三角各地依此制定城市发展战略，可能强化以上海为强中心的圈层结构，在新的驱动力作用下不断地外扩发展空间。

2. 环渤海湾区正在成为区域经济发展新平台

环渤海区域主要包括京津冀地区、辽东半岛和山东半岛。环渤海湾区海岸线资源丰富，拥有超过5000千米的海岸线，沿线港口密集，合计有60多个港口，与160多个国家和地区发生贸易往来，货物吞吐量约占全国的40%。受益于港口城市优先发展，初步形成"港口群＋产业群＋城市群"叠加优势，这种优势正在推动环渤海湾区港城螺旋状的发展。

环渤海地区是我国工业特别是重工业较发达地区，是我国重要的工业密集区，也是城市密集的区域，但由于区域规划起步较晚，其区域协调发展程度明显落后于长三角和珠三角区域。但是，近年来，随着京津冀协同发展战略部署，环渤海湾区已着力构建环渤海经济圈，谋划建设区域经济发展新平台，建立"多赢"的区域合作新机制。展望环渤海湾区周边区域发展态势，有东北老工业基地的振兴发展、天津滨海新区的开发建设、沈阳沈北新区的谋划，环渤海湾经济圈有望成为继珠三角、长三角之后的中国经济发展第三增长极。从发展腹地来看，环渤海湾区密集港口辐射服务的范围包括整个东北三省、内蒙古东部、京津冀地区、山东及河南等省份，显示强大的服务范围，也显示了环渤海港口群的发展对促进和带动河北省经济的发展具有战略性意义。

3. 粤港澳大湾区在新尝试、新实践中谋求更高质量发展

粤港澳大湾区区域优势明显。地处沿海，以泛珠三角为广阔腹地。港口群、机场群、高效现代化交通体系优势叠加。以 2017 年数据为例，粤港澳大湾区机场旅客吞吐量为 1.85 亿人次，而纽约湾区、旧金山湾区、东京湾区这一数值依次为 1.3、0.71、1.12。港口集装箱吞吐量，粤港澳大湾区为 6247 万标箱/年，纽约湾区、旧金山湾区、东京湾区这一数值依次为 465、227、766。可见，粤港澳湾区在对外往来的影响力与日俱增。

粤港澳大湾区经济实力坚实雄厚，2017 年大湾区经济总量接近 10 万亿元。改革开放以来，大湾区集聚的经济实力，发展水平全国领先。产业体系完备，各类集群优势增强。珠三角九个城市产业分工协作，制造业、新兴产业、海洋产业各具特色、优势互补，香港、澳门服务业发达，引领未来服务业发展标杆，具备构建现代产业体系的基础条件。

粤港澳大湾区创新要素集聚，已成为全国公认的特征。广东省一直以来交通便利，对外交流与联络便捷，最早具备创新意识和能力，一直处于创新前沿。粤港澳三地创新要素各具特色，香港的高校院所基础创新优势凸显，广州、深圳的创新优势各不相同，广州的科研院所、高校创新更强，深圳科技创新实力凸显，高新技术企业集聚。粤港澳三地近年来推进建设的大科学装置日益发挥作用。广

东省近来着力打造广东创新走廊，围绕广州科学城、东莞松山湖、深圳高新区、深圳坂雪岗科技城、深港科创特别合作区等集聚，提升协同创新能力，形成创新共同体。据 2018 年首都科技发展战略研究院发布的研究报告《构建创新支撑——中国创新城市 TOP10 的启示》显示，深圳、广州均位列第二、第四，北京排名第一，上海排名第三。深圳、广州加起来其影响力则大大超过北京、上海。

粤港澳大湾区国际化水平稳步上升，影响力日益增强。香港作为全球自由经济体，国际上一直处于国际金融中心、航运中心、贸易中心和国际航空枢纽等，拥有高度国际化、法制化的营商环境。澳门以旅游休闲闻名全球，也是中国与葡语国家商贸合作的重要平台，其国际化作用不断强化，国际多元文化交流功能不断增强。珠三角九个城市更是我国对外开放的窗口，广州自古以来就是国际商贸中心，深圳近年来依靠不断壮大的企业国际化推进，深圳也开始从全球制造转向深圳创造。通常用某个区域全球 500 强企业衡量该地区的国际影响力，对比 2018 年入选全球 500 强的企业数量，纽约湾区、旧金山湾区、东京湾区的这一数值依次为 23、12、38，而粤港澳大湾区为 20 家。可见，粤港澳大湾区国际化水平正在不断提升，影响力正在逐步增强。

粤港澳大湾区内部合作基础良好。改革开放以来，深港合作、珠澳合作、粤港合作、粤澳合作不断深化，在基础设施建设、商贸往来、投资推介、金融服务、科技教育、旅游休闲、生态环保、民生事业合作等领域都取得丰硕的成果，成效非常显著，各地的相互依存、互补共赢不断增强，正在形成更深层次、更全方位的合作格局。

（二）与国际知名湾区横向比较

1. 粤港澳大湾区依托经济崛起其国际影响力不断增强

全球化趋势不可逆转，新一轮产业革命和技术更新正在悄然发生，粤港澳大湾区凭借自身集聚的产业基础、市场空间、技术条件等优势，完全有能力承接新一轮的产业和技术转移，成为更具影响力的"世界制造业中心"。2018 年，粤港澳大湾区 GDP 以单一经济体计算，就世界大都市圈而言，仅排在东京湾区、纽约湾区之后，排第三位。粤港澳大湾区 GDP 由 1980 年的 350 亿美元增加到 2018

年的约 1.5 万亿美元，占全区经济总量的比重也由 0.3% 增至约 2%，在世界主要湾区中的地位和影响力不断提升。据香港投资推广署发布的大珠江三角洲报告结果称，大珠三角地区人口约 7000 万人，已经成为全球第四大经济体系，超越了日本、法国或韩国。

与此同时，粤港澳大湾区依托香港这一自由经济体，在国际作用方面的影响日益显著。香港具备优越的地理位置、良好的金融环境、完善的法律制度、发达的专业服务、富有吸引力的低税率等，成为跨国公司布局总部经济的天然优势，使香港成为全球众多跨国公司设立亚太总部的首选城市。2018 年，跨国公司在香港地区设立总部的约 1600 家，在香港成立办事处的约 2600 家，这两个数值远远高于上海相应的数值，更高于内地其他城市。

澳门也是世界上知名的自由贸易城市，澳门与欧盟和葡语地区关系密切，享受欧盟和美国市场的关税和配额优惠。加上近年来澳门和台湾直航，澳门与台湾的联系更加便捷，更拓展了其自由贸易的地位。港澳作为自由港与国际性城市，国际人才进入自由，信息灵通，港澳是世界金融中心，是欧美的资本投资中国的中转站；港澳是世界贸易中心，在培养适应国际竞争人才、开发利用人才方面都有着丰富的经验。

区域内的香港、广州、深圳、澳门、珠海五大机场间直线距离不超过 150 千米，机场密度居全国之首，在世界范围内实属罕见，有"全球最密机场群"之称。随着区域内加快基础设施一体化建设，以主要产业和经济规模为支撑的珠三角 1 小时经济圈正加速形成，将给机场带来充足的市场资源。为加强合作，促进共同发展，五大机场共同签署了合作备忘录，深入合作增强大珠三角地区航空产业发展实力，增强大珠三角地区机场群的整体竞争力，打造"世界级机场群"。

? 国际三大知名湾区建设发展概况

与国际三大知名相比较，当前粤港澳大湾区的发展存在差距，是必须承认的现实。国际三大知名湾区发展到今天，已经各具优势，并且占据湾区经济发展的高地。梳理其发展概况特征，有助于定位未来粤港澳大湾区发展方向或路径。

纽约湾区是全球的世界级金融中心和贸易中心，该湾区集聚的人口达到 6500

万人，占美国总人口的 20%，面积为 33484 平方千米，由纽约州、新泽西州、康涅狄格州等的 31 个县联合组成。2017 年，纽约湾区 GDP 约 15200 亿美元。纽约湾区是全球第一大国际金融中心、全球金融创新中心、国际航运中心。纽约作为其核心，是全球金融中心、商业中心，是美国第一大港口城市，重要制造业中心。纽约的服装、化妆品、印刷等发展位居湾区首位，军工、石油、机器和食品加工也处于重要地位。纽约一共有 58 所大学，其中哥伦比亚大学和纽约大学是世界著名大学。纽约的 CBD 曼哈顿，总面积约 60 平方千米，人口约 150 万人，集聚了全球银行、交易所、保险公司及大公司总部，集中了华尔街、百老汇、帝国大厦、联合国总部、中央公园、大都会艺术博物馆、格林威治村、第五大道等，是全球就业密度最高的城市，也是公交系统最繁忙的城市，日均旅客量近 3000 万人。纽约港自由贸易区为美国最大的自贸区，始建于 1979 年，是综合性自由贸易区，主要功能集合了自由贸易、货物中转、外国货物出港（进入美国）前不收关税。美国纽约港自由贸易区最富吸引力的是其实施的减税政策，纽约港自由贸易区实施了 22 条优惠政策，吸引企业选择纽约港进出口。

东京湾区是世界先进制造中心、金融中心和贸易中心，面积约 9700 平方千米，人口约 4300 万人，2017 年 GDP 约 24800 亿美元，占据日本 GDP 的 1/3。东京湾城市群是世界上经济最发达、城市化水平最高的城市群之一，有东京、千叶、川崎、船桥、横滨五个大城市。东京湾区是全球制造业创新中心、全球第四大国际金融中心、亚太地区航运枢纽。东京湾区集中了日本的钢铁、汽车、电子、机械、石化、炼油、有色冶金、造船等主要工业部门，形成了由横须贺港、木更津港、川崎港、千叶港、东京港、横滨港六个港口首尾相连的马蹄形港口群，年吞吐量超过 5 亿吨，构成了鲜明的港口错位分工体系。除了东京以外，横滨是日本第二大城市，以重化工为主，其炼油、机械、金属制品、电器、食品等产值占工业总产值的 80%，在国际市场上具备超强的竞争力。

旧金山湾区以硅谷引领科技创新而闻名全球，是全球科技创新中心、美国西海岸金融中心、西海岸的航运中心。旧金山湾区泛指环绕美国西海岸旧金山海湾一带的地域，面积达 17955 平方千米，共有 9 个县、101 个城市，总人口数在 700 万以上，是美国第五大都市（其他四大都市圈为纽约、洛杉矶、芝加哥、休斯顿），2017年旧金山湾区国民经济生产总值达到6500亿美元。近年来为方便研究，将旧金山分为北湾、中湾、南湾和旧金山湾，主要城市有旧金山、圣何塞和奥克兰。经过多年的发展，旧金山湾区在高新技术产业、国际贸易、旅游等方面取得了显著成效。旧金山湾区发展的成功要素主要包括以下四个方面：一是知识溢出，引出创新。湾区内拥有20多个著名大学，如斯坦福、加州伯克利大学，还有航天、能源研究中心等，引领全世界20多种产业。二是支持创新的风险投资、私募基金等资金保障，创造了良好的创业环境。三是富有活力的大批中小企业参与科技创新。四是具备对高端人才而言，更为重要的良好自然生态和文化社会的环境，使其能充分吸引、留住全球高端人才，维持领先地位。目前旧金山湾区是美国第五大城市群和高科技产业集中地区，但是其依然保留着多丘陵的海岸线海湾、森林山脉和开阔旷野。

国外部分城市湾区规划经验如表1-2所示。

表1-2 国外部分城市湾区规划经验

	名称	港口	周围城市	开发项目	特点和借鉴经验
亚洲	东京湾	横滨港、东京港、千叶港	东京、横滨、千叶	MM21、东京临海副都心开发等	大规模的综合开发，依托港口建设，发展规划化的重化工业和海运物流业，建立了世界规模的产业中心，通过政府的政策引导和市场调节，实现了产业在整个都市圈的联动格局，产业高度集中
	鹿儿岛	南港、新港	鹿儿岛县	鹿儿岛旅游开发	纯天然的海湾，非常注重湾区生态环境保护和治理，以"让美丽的鹿儿岛湾世代相传"为基本理念，制订了"鹿儿岛湾蓝色计划"
大洋洲	悉尼湾	达令港	悉尼	洛克斯区改造、悉尼歌剧院、达令港规划等	充分体现"以人为本"的原则，将湾区城市空间建设成步行者的天堂；坚持文化、社会和历史价值优先的原则，实现滨海湾区旧区的现代价值
美洲	旧金山湾	旧金山港、奥克兰港	旧金山、奥克兰、盛泽西	渔人码头旅游区改建	遵循可持续发展的"3E"原则，综合考虑湾区发展的产业、环境、居住、交通等一系列问题，建立轨道交通，增强了中心区域的集聚效应，使湾区成为富有国际竞争力的生活和工作区

续表

	名称	港口	周围城市	开发项目	特点和借鉴经验
美洲	印第安湾	迈阿密港	迈阿密	迈阿密滨海步行道	将几种单一用途功能的设施依附于步行道设计，集中建设，节约投资，增加使用效率
	曼哈顿河湾区	曼哈顿港、南街港	纽约曼哈顿	炮台公园区的总体规划及开发、南街港区开发等	位于下曼哈顿地区重要的位置，炮台山公园新区延续旧区城市肌理，用道路的有序延长和连接来创造新的尝试公共空间，新旧区融为一体；南街港区实现了用地性质的置换，由原来的码头转换为商业中心
	波士顿海湾	波士顿	波士顿	罗尔码头项目	创造一个有特色的巨型建筑，成为整个区域的标志，特有的建筑符号和建筑空间与周围环境协调地融合到一起，既满足了工作者的需要，也满足游客的视觉需要
	切萨皮克湾	巴尔的摩内港	巴尔的摩	巴尔的摩内港重建20世纪50年代	受城市 CBD 溢出效应的积极推进作用，港区用地置换成综合游憩商业区，湾区为原城市中心，开发使之具有混合使用功能
	英吉利湾	温哥华港	温哥华	加拿大商场（1986）	利用建筑造型充分体现海洋文化，充分体现多种功能的混合
欧洲	卡迪夫海湾	卡迪夫港	卡迪夫	卡迪夫海湾区规划	成果不仅包括规划本身，而且包括开发建设、开发控制政策和设计提案，按照各片区的位置，对其关键地段、城市形态、建设内容等给出原则性指南和意向性设计
	奥斯陆湾	奥斯陆港	奥斯陆	奥斯陆湾滨水地带开发	通过空间和用地的逐步公共化、景观化以及湾区空间与城市内部空间的整体规划来实现区域功能和形态上的转变，使该区域形成了一种集混合用地、港口用地和湾区开放空间于一体的区域，并按照一种最活跃的模式进行开发

资料来源：笔者根据深圳市决咨委 2017 年重点课题《发挥深圳枢纽作用共建国际一流湾区》研究报告整理得到。

四、粤港澳大湾区地理经济制度三大特征

空间发展一般包括三个维度，即地理（物理）空间、经济空间与体制制度空间。三个维度的空间发展是以空间内部城市或区域个体发展为基础，以整个空间结构优化、空间联系加深为方向。粤港澳大湾区建设以来的空间发展现状进行梳理如下。

（一）地理空间——大湾区"1小时经济圈"已具雏形

2018年9月，深中跨江通道工程项目中两座大桥①的主墩桩基开钻，标志着第二座跨海大桥项目全面进入建设施工阶段，是大湾区连接东西两岸（深圳与中山）的重要跨海通道，为湾区产业协同体系建设发展提供重要的交通联系支撑，预计2024年通车运行；同年9月末，广深港高铁通车运行，标志着大湾区建成首次纳入香港的湾区内城际高铁网络；10月末，大湾区第一座跨海大桥港珠澳大桥顺利通车，将珠海至香港的交通时间由通车前的3个多小时缩短至40分钟，显著提高珠江口西岸交通可达性，标志着香港与大湾区西边珠海、江门与中山等城市的经济要素流通全面提速，提高珠江口西岸城市的工业制造业产能利用；11月末，虎门二桥主线贯通，标志着大湾区重要跨江通道的进一步打通，极大地缓解虎门大桥通行压力，全面缩短广州南沙—番禺—东莞沙田通行时间，加速湾区核心区域交通基础设施的互联互通，2019年4月底通车。

此外，据不完全统计，截至2017年年底，粤港澳大湾区已建成全国领先的高速公路网络、水路交通网络和空港网络。高速公路里程已越4000千米，公路路网密度在一定程度上超越世界一流湾区；水路网络里程（内河航道）已越6000千米，形成围绕珠江口的珠三角"三纵三横三线"并连通港澳的航道网络；空港网络形成以香港—广州—深圳为核心的民航与港口交通运输系统，大湾区整

---

① 两座大桥是指伶仃洋大桥与中山大桥。

体民航旅客吞吐量已超 2 亿人次，集装箱吞吐量已越 8 千万 TEU；高速公路、航道水路与空港网络的全面发展为粤港澳大湾区内部货物运输、人力资源要素流通提供重要支持。

为了有效验证粤港澳大湾区交通基础互联互通对缩短地理空间，加速货物运输、人力资源要素流动、通勤等重要支撑，本书分别对 2017 年与 2019 年粤港澳大湾区 11 个城市之间（确切地说是城市中心坐标之间）时间旅行距离（分别对高速公路、高铁、水路等权重负值后进行综合测算，并非最短时间）进行测算，并通过对比来直观感受地理空间改善对运输、通勤时间的缩短效应（如表 1－3、表 1－4 所示）。不难看出，2017 年大湾区的时间旅行表中绝大多数城市之间的通勤时间在 2～3 小时，小部分在 1 小时（澳门—珠海、珠海—中山、广州—佛山、深圳—香港），极个别在 4 小时以上（香港—肇庆）；而 2019 年 1 月即高铁网络、跨海大桥等交通基础设施建设后，大湾区内部城市中心之间的时间旅行距离矩阵中的数值明显缩短，大部分城市中心之间的通行时间在 0.5～2 小时，少部分在 2 小时以上（香港—肇庆）。

表 1－3 2017 年粤港澳大湾区时间旅行距离 单位：小时

	东莞	佛山	广州	惠州	江门	深圳	肇庆	中山	珠海	香港	澳门
东莞	0.00	1.70	1.21	1.68	1.87	1.36	2.47	1.72	2.05	1.96	2.50
佛山	1.70	0.00	0.95	2.47	1.23	2.32	1.65	1.49	1.91	2.82	2.14
广州	1.21	0.95	0.00	2.04	1.53	1.91	1.81	1.62	2.04	2.52	2.27
惠州	1.68	2.47	2.04	0.00	2.85	1.65	3.24	2.69	3.00	2.34	3.41
江门	1.87	1.23	1.53	2.85	0.00	2.39	1.59	1.06	1.38	2.46	1.62
深圳	1.36	2.32	1.91	1.65	2.39	0.00	3.40	2.30	2.62	0.87	3.04
肇庆	2.47	1.65	1.81	3.24	1.59	3.40	0.00	2.34	2.61	4.25	2.85
中山	1.72	1.49	1.62	2.69	1.06	2.30	2.34	0.00	1.05	2.35	1.54
珠海	2.05	1.91	2.04	3.00	1.38	2.62	2.61	1.05	0.00	1.70	0.51
香港	1.96	2.82	2.52	2.34	2.46	0.87	4.25	2.35	1.70	0.00	1.38
澳门	2.50	2.14	2.27	3.41	1.62	3.04	2.85	1.54	0.51	1.38	0.00

资料来源：笔者根据高德地图测算并整理得到。

表1-4　2019年粤港澳大湾区时间旅行距离　　　　单位：小时

	东莞	佛山	广州	惠州	江门	深圳	肇庆	中山	珠海	香港	澳门
东莞	0.00	0.90	0.64	0.89	0.99	0.72	1.31	0.91	1.09	1.04	1.32
佛山	0.90	0.00	0.50	1.31	0.65	1.23	0.87	0.79	1.01	1.49	1.13
广州	0.64	0.50	0.00	1.08	0.81	1.01	0.96	0.86	1.08	1.34	1.20
惠州	0.89	1.31	1.08	0.00	1.51	0.87	1.72	1.43	1.59	1.24	1.81
江门	0.99	0.65	0.81	1.51	0.00	1.27	0.84	0.56	0.73	1.30	0.86
深圳	0.72	1.23	1.01	0.87	1.27	0.00	1.80	1.22	1.39	0.46	1.61
肇庆	1.31	0.87	0.96	1.72	0.84	1.80	0.00	1.24	1.39	2.25	1.51
中山	0.91	0.79	0.86	1.43	0.56	1.22	1.24	0.00	0.56	1.24	0.81
珠海	1.09	1.01	1.08	1.59	0.73	1.39	1.39	0.56	0.00	0.90	0.27
香港	1.04	1.49	1.34	1.24	1.30	0.46	2.25	1.24	0.90	0.00	0.53
澳门	1.32	1.13	1.20	1.81	0.86	1.61	1.51	0.81	0.27	0.53	0.00

资料来源：笔者根据高德地图测算并整理得到。

综上所述，大湾区实际经验数据以及时间旅行距离分析结果均表明粤港澳大湾区打造的"1小时经济圈"已初具雏形，以港珠澳大桥、广深港高铁为代表的现代化交通基础设施建设将粤港澳大湾区与世界三大湾区的差距进一步缩小，并为未来的赶超提供重要的地理空间基础。

（二）经济空间——大湾区呈显著的"中心—外围"结构

借鉴彭芳梅（2017）对粤港澳大湾区及周边城市空间结构与空间联系分析思路与方法，本书应用社会网络分析（SNA）对粤港澳大湾区11个城市的经济空间结构进行识别，具体主要应用UCINET软件展开SNA中心度分析与子群分析。中心度分析可以定量判断大湾区11个城市在整个湾区内部的节点"权利与地位"，是有效识别城市个体在城市群中所处位置及城市辐射能力的重要分析渠道；子群分析（凝聚子群分析）是在中心度分析基础上，更进一步识别城市群空间结构中的子结构，以相似位相凝聚构成大空间中的子群结构，是空间结构细分识别的有力手段。

如表1-5所示为粤港澳大湾区SNA中心度分析结果，不难看出粤港澳大湾区呈显著的"中心—外围"结构。首先，湾区内香港、深圳与广州三个城市的中心度居首，处于绝对的核心城市地位，对周边城市具有较大的影响力，且中间中心度数值高于均值同样表明这三个城市在整个大湾区经济联系中承担重要的中介作用。其次，东莞、佛山两个城市的中心度数值高于均值，表明这两个城市是整个湾区经济联系格局中的次中心城市，且东莞的中间中心度高于均值表明其发挥经济联系媒介的作用。最后，澳门、珠海、惠州、中山、江门、肇庆六个城市的中心度数值低于湾区整体均值，处于湾区经济联系格局中的外围位置，且并未发挥较为显著的经济联系媒介作用。

表 1-5　粤港澳大湾区 SNA 中心度分析

城市	节点中心度	接近中心度	中间中心度	城市	节点中心度	接近中心度	中间中心度
香港	100.00	100.00	18.10	珠海	31.82	59.46	0.00
广州	100.00	100.00	18.10	惠州	27.27	57.90	0.00
深圳	100.00	100.00	18.10	中山	27.27	57.90	0.00
东莞	81.82	84.62	8.00	江门	27.27	57.90	0.00
佛山	68.18	75.86	3.78	肇庆	27.27	57.90	0.00
澳门	54.55	68.75	1.44	Mean	58.68	74.57	6.14

如图 1-2 所示为基于 UCINET 软件测算的粤港澳大湾区空间子群分析结果图，不难看出，与中心度分析结果大体一致，整个大湾区 11 个城市可以分为 3 个子群，广深港为子群 1、莞佛澳为子群 2、珠惠中江肇为子群 3，其中子群 1 为大湾区中心城市，子群 2 为次中心城市（这里澳门归为次中心城市，不同于中心度分析中归为外围，与实际情况更为符合，说明分析结果可信度更高），子群 3 为大湾区的外围城市；整个大湾区呈显著的"中心—次中心—外围"两层圈层结构。

（三）制度空间——"一国两制三关税区"特殊的制度结构

到目前为止，粤港澳仍是我国经济最为活跃、外向型经济和市场化程度最高、竞争力最强的地区，也是发展极为急速、财富最为集中的地区之一。①

---

① 粤港澳. 维基百科，http：//zh. wikipedia. org/wiki/% E7% B2% B5 E6% B8% AF E6% BE% B3.

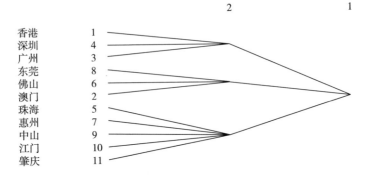

图 1-2　粤港澳大湾区空间子群分析

自改革开放基本国策实施以来，中央赋予广东特殊的政策和灵活的措施，粤港澳跨行政区域之间逐渐开始形成多种制度性合作平台。但是，尽管广东政府在中央支持下制定了若干有关经贸合作的政策措施，但港澳政府制度主动性不足，这种合作更多地体现在民间途径上。粤港澳区域合作制度的转变动力源自于市场驱动和微观主体的利益诉求，改革主体来自于基层，是自下而上的推进方向，主要以市场（企业）为主体，更多地体现出自发性和渐进性特点。

随着改革的深入，三地政府日益感受到"瓶颈"与挑战的压力，开始主动地、强制性地建立和完善相关制度，以加快突破跨区域合作障碍，创造新机遇，实现再发展。这种制度转型，以政府为主体，通过政策、法规和制度推动实施，是自上而下的推进方向，表现出的是激进式和突变性特点。其中，既有中央政府主导的强制性转型，也有地方政府主导的强制性转型。前者以签订 CEPA 为标志，中国内地市场进入了全面开放时期，为抢占先机，粤港合作提高到政府操作层面；后者则以粤港、粤澳间的联席会议制度、《粤港合作框架协议》和《粤澳合作框架协议》为标志。2008 年《珠江三角洲改革发展规划纲要（2008—2020)》进一步明确提出"将与港澳紧密合作的相关内容调入规划"，把粤港合作第一次明确提升为国家发展战略。2009 年广东《关于推进与港澳更紧密合作的决定》出台，成为推进粤港澳合作的重要标志。在此新形势下，2011 年《粤澳合作框架协议》签署，明确了完善合作机制建设等保障机制安排。粤港澳合作由此又迈入了一个新的时期。

由此可见，粤港澳大湾区与纽约、旧金山、东京三大世界一流湾区最大的区别在于三大湾区均处于相同国家、相同经济法律体制、同一个关税区乃至相同的语言文字和文化背景。而粤港澳大湾区则具备典型的"一国两制三关税区"的制度空间特征，即粤港澳同属中国；香港、澳门特别行政区实行有限期的资本主义经济制度、广东九市实行社会主义市场经济体制；香港、澳门特别行政区分别为 WTO 规则下的两个独立关税区，广东九市同属中国大陆的独立关税区。此外，粤港澳大湾区内部还有深圳、珠海两个经济特区，深圳前海、广州南沙、珠海横琴三个自贸区。如此不同于其他湾区的制度多样性特征尤其是经济体制（金融体制）、关税制度的分离给粤港澳大湾区内部经济融合与一体化发展带来巨大挑战，如何突破"一国两制三关税区"的制度空间壁垒，如何有效地发挥粤港澳大湾区制度多样性带来的制度互补性优势，是未来大湾区高质量空间发展的关键问题。

第二章　粤港澳大湾区经济功能演变与融合发展趋势

粤港澳大湾区发展，是我国从国家经济整体和长远发展需要出发而提出的一个新的国家区域发展战略，其经济发展功能不仅承担更高水平开发发展，而且承载着推动港澳融入国家发展大局，具有比原有的珠三角区域发展大不相同的战略内涵。在功能转向的宏观背景下，研究湾区内各地产业分工，提出大湾区经济融合趋势路径，有助于提升湾区经济整合效力，有助于发挥各地在"建成世界新兴产业、新进制造业和现代服务业基地"进程中的比较优势，对湾区内部协调发展提供某些参考价值。

一、以经济融合为纽带实现粤港澳大湾区功能转向

从《粤港澳大湾区发展规划纲要》具体内容看，粤港澳大湾区发展正是体现了国家在新的历史条件下的所推重大举措、更大谋划。以粤港澳大湾区各地经济融合为纽带，是实现粤港澳大湾区功能转向的主要路径。

(一) 湾区经济功能由"前店后厂"格局转向高质量开放格局

从我国区域经济战略与政策制定、实施与成效评价历史角度看，一个地区或

区域要提出新的地区或区域经济发展战略，必须具备四个主要条件：一要能加快重点地区经济发展和有效带动全国经济发展；二要能更好地落实国家重大发展和改革的战略与规划；三要能在深化改革上起表率作用；四要能推动更大范围内的跨境跨国区域合作，扩大对外开放。

经过多年发展，我国区域经济发展战略需要做出新的重大调整。自20世纪50年代以来，我国通过适时调整区域战略或政策，促进地区经济与全国经济协调发展。历史上有国家提出与实施工业规划与布局战略，通过调整工业布局来推进沿海与内地经济的协调发展；从改革开放初到20世纪90年代中后期，国家重点实施沿海地区经济率先发展战略，通过由东向西梯度推进，协调全国经济发展；从20世纪90年代中后期到党的十八大之前，国家重点提出并实施推进西部大开发、振兴东北地区等老工业基地、促进中部地区崛起、鼓励东部地区率先发展四大区域发展战略，以协调中东西部经济与全国经济的协调发展。历次区域经济战略的提出与实施，都显著促进了地区经济与全国经济的快速、协调与平衡发展，增强了中国经济的综合与整体实力，提高了中国在世界经济中的地位。

党的十八大以来，中国进入了新的历史时期，国家相继提出了"一带一路"倡议、推动京津冀协同发展战略、建设长江经济带战略，各有侧重。上述三大战略并非是新时期的区域经济新战略的全部，三大战略尤其没有覆盖我国南部沿海地区。粤港澳大湾区发展到今天，已经不再是改革开放之初，湾区经济"前店后厂"贸易格局，而是支撑我国南部沿海地区，在发展现代制造业、新兴产业、科技创新、生态文明建设、优质生活圈等方面引领全国，积极融入"一带一路"倡议，支撑我国经济发展参与全球更高开放格局，引领我国经济发展走向世界发展前沿。正因如此，粤港澳大湾区经济功能转向引领更高质量开放格局。

（二）湾区创新成为我国经济发展的主要动力源泉

在国内经济版图，甚至全球经济版图上，粤港澳大湾区的创新已经成为一个亮点，湾区创新引领经济发展，正在成为我国经济发展的主要动力源泉。一方面，粤港澳大湾区是我国经济的重要增长极。粤港澳大湾区是我国改革开放最早、创新意识和氛围最强、体制机制环境最健全、经济发展最快、社会进步最好、整体竞争力最优、对全国产业与科技带动力最大的区域。另一方面，粤港澳大湾区在"一带一路"建设中具有十分突出的优势。地理区位优越，以环珠江口区域为核心，背靠大陆面向南海，地处国际航运线要冲，是我国海上丝绸之路沿线国家往来距离最近的经济发达区域，拥有世界级海港空港群。这种向海优势集中体现在拥海开放，创新整合能力强，依托发达的港口群、机场群等，构筑高效开放网络，更容易实现创新引领经济发展。

（三）经济融合成为推动"一国两制"新发展的关键纽带

粤港澳大湾区对实施国家战略意义十分重大，是环南海经济圈最重要的经济引擎，是国家海洋强国和经略南海的重大战略平台，是创新型国家建设的重要支撑，是带动华南区域发展的战略引擎，是促进港澳经济社会繁荣稳定的重要保障。粤港澳大湾区经济融合，有利于加快粤港澳地区经济发展和有效带动全国经济发展；有利于更好地落实新时期国家各项重大发展和改革战略与规划；有利于发挥粤港澳在全国深化改革上的表率作用，更快、更好地推进全国改革，健全与完善社会主义市场经济体制；有利于深化跨境跨国区域经济合作和扩大对外开放，使中国经济更广更深更好地融入全球经济，成为真正的开放型经济国家。因此，粤港澳大湾区经济融合是推动"一国两制"事业取得新发展的关键纽带。

二、粤港澳大湾区城市群经济功能设想与定位

粤港澳大湾区城市群已经由单个中心增长点发展成为多中心网络共生。随着经济进一步融合发展，未来湾区城市格局可能会沿着"珠江两岸—湾区入海口"布局多个"大都市区＋连绵区"，形成港深莞惠大都市区、广佛大都市区、珠澳中大都市区、其他地区（如江门、肇庆等）逐步发展成为连绵区，功能各有差异。

（一）港深莞惠大都市区：科技创新引领＋智能制造

粤港澳大湾区建设承载着特定的战略意义，在于确保港澳长期繁荣稳定，推

动港澳参与国家发展大局，顺利实施"一国两制"方针。因此，经济融合的结果，首先可能形成港澳莞惠大都市区。香港和深圳两地因为地理邻近，历来经济联系紧密，近年来融合成效显著，经济融合力度加大，为可能形成的大都市区打开想象空间。东莞紧邻深圳，改革开放以来，成为最容易接受香港、深圳辐射带动的城市，近年来随着深圳企业的就近外迁，东莞智能制造业获得长足发展。惠州虽然目前经济发展不如香港、深圳、东莞，但是经过多年的发展，惠州已经形成高效的航空、陆路、机场等立体交通体系，随着湾区经济融合发展，最终惠州会融入港深莞惠大都市区。

香港作为全球自由经济体，可以起到连接大湾区与全球的桥梁作用。作为国际金融中心、航运中心、商贸中心和航空枢纽，香港的国际影响力显著优于湾区内其他城市。但是，由于经济增长缺乏稳固持续支撑等短板，湾区经济融合为香港发展注入新的活力和物理空间，香港依托已有的科技创新、基础创新优势、专业服务优势、金融创新、商贸等优势，在融合发展中，获得新的发展机会，进一步成为港深莞惠大都市区的强大核心。

深圳作为最早提出发展湾区经济的城市，最先理解湾区经济发展进程中的创新、开放、集聚、宜居要素。对标世界知名湾区，深圳最能立足具备的科技创新优势、金融发展方向、开放发展需求。如今粤港澳大湾区发展不仅仅是湾区经济发展，将"港澳所"需放在首要位置，"湾区所向"是经济发展所达层级方向指引。因此，深圳未来的发展定位注重与香港配合，成为香港和内地联合的中心点。始终把握的是以创新推动深港合作，在制度创新、对外开放创新等方面探索更多方式，形成更大突破。在科技创新方面，立足长远，携手香港，共同打造创新共同体。在金融等现代服务业创新方面，大力推进前海发展，成为大都市区新标杆。

东莞地理位置特殊，早期经历了"三来一补"加工业的繁荣发展，近年来逐步转向智能制造高地。尤其是东莞松山湖高新区，依托邻近香港、深圳的天然便利，成为深圳智能制造企业对外拓展的首选地，东莞的计算机、通信和其他电子设备制造业成为目前的优势产业。港深莞惠大都市区的形成过程中，凭借地理优势和现有的深圳东莞某些行业已具备的较完整产业链，东莞会优先发展成为智能制造高地，形成"香港、深圳的科技创新引领，东莞智能制造"的格局。值得指出的是，东莞位处港深广经济轴带重要节点，厚街、虎门等地未来可能更多融入广佛大都市区，樟木头、塘厦、松山湖等地更多融入港深莞惠大都市区。

（二）广佛大都市区：商贸文化科教中心＋高端制造

毫无疑问，广州是广佛大都市群的核心，定义为综合区域中心，凭借其拥有众多高校和科研人才，可以发展成为湾区政治、经济、文化中心。佛山因为邻近广州，历来发展具有很多天然优势。近年来，佛山通过空间区划调整优化和交通整合，在高速交通、地铁建设等方面，积极对接广州，形成地面高速畅通，地下轨道接驳，有望成为广佛大都市区的发展次中心。

此外，广州在工业和制造业方面有较好的基础，拥有大型钢铁、汽车制造方面的良好基础，在重工业发展的基础上，带动广佛大都市区的发展。在产业有序升级过程中，注重发展高新技术产业。佛山目前的优势制造业有电气机械和器材制造业，是中国陶瓷之都、家电之都、华南最大金融材料加工基地。但是，未来大湾区经济融合发展，产业会在湾区内部流动转移，广州未来可能演进的方向，重点是发展国际商贸、科技教育、文化、金融创新、高端咨询、现代物流等，成为湾区强核心，成为国际大都市。佛山则是更好地配合广州功能实现，成为高端先进装备制造业发展高地，强化与广州的互动合作，同时带动广佛大都市区外延区如肇庆等的发展，提升湾区经济融合质量。

（三）珠澳中大都市群：旅游休闲＋交通枢纽＋特色制造

相较于珠江东岸经济发展，湾区内珠江西岸的经济发展水平明显落后，珠海、中山、江门的经济体量远远落后于深圳、广州、东莞等地。珠海也是我国建设最早的特区城市，但是 2017 年，珠海 GDP 不到 3000 亿元，与深圳相差约 10 倍。但是近年来珠海通过创新土地开发模式，加大与澳门的合作交流，并且享受了政策红利，在珠澳融合方面取得显著成效。这种政策红利效应有可能推广到中心翠亨新区、江门大广海湾区域等。与此同时，珠海目前是西岸先进制造业重要基地，宜居宜游环境较好，是珠江西岸的中心城市。澳门虽然面积较小（仅 31 平方千米），但是其传统旅游和博彩业发展闻名全球，历来又是我国与葡语系国家文化交流基地，未来这一特色定位仍将维持，并得到强化。澳门在珠海横琴开发建设过程中获得了新的发展机会。中山是历史文化名城，制造专业镇特色突出，虽然经济体量较小，2017 年 GDP 为 3633 亿元，但是近年来中山发展速度较快，随着深中通道建成通车、虎门二桥建成通车，中山成为连接珠江东西两岸的交通枢纽，发展前景较好，潜力强大，后续发展空间较大。因此，珠海、澳门、中山有可能成为珠江西岸最有前景的珠澳中大都市区，定位为"旅游休闲 + 交通枢纽 + 特色制造"。

综上所述，粤港澳大湾区从整体来看，香港、深圳、广州经济发展和工业化程度最高，一定会成为中心城市，引领湾区内部各大都市区的发展；珠海、澳门、中山发展后劲较大，空间较大，随着湾区经济融合，基础设施互联互通加强，有望成为珠江西岸新的珠澳中大都市区。对于佛山、东莞、惠州而言，目前发展初具规模，不仅已经主动受到中心城市的辐射带动，自身也逐步形成小集群，发展成为区域次中心；江门、肇庆目前尚处于大湾区城市群的外延区，未来融合发展进程中，逐步发展成为绵延区，最终实现粤港澳大湾区经济融合发展局面。

三、粤港澳大湾区全要素生产率与城市产业分工分析

未来大湾区发展将进一步推动湾区产业分工合作，将湾区内各地比较优势发挥出来。识别当前湾区各城市产业发展效率，产业分工路径，有助于判别分析发展前景和趋势。

（一）理论分析和研究方法

1. 理论分析

德斯梅特和汉斯柏格（Desmet & Hansberg，2009）提出的空间发展理论指出，技术创新与扩散是企业空间选址和产业结构变迁的重要影响因素。企业通过吸收技术扩散和创新提高要素生产率，进而在土地竞拍中获取更高租金的土地进行生产，在经济发展初期，地区制造业的技术创新与技术扩散要先于地区服务

业，因此早期制造业开始在城市中心集聚，并产生本地市场效应（Home Market Effect，HME），制造业的集聚吸引商贸服务业在周边地区的发展，并伴随劳动力的产业间迁移带动技术扩散，进而提高服务业的技术水平。随着中心地区制造业集聚程度加深，拥堵成本逐渐成为制造业厂商选址的重要因素，因此相对技术水平较低（垄断利润较小）的企业从中心地带迁出，通过技术扩散与创新提高要素生产率的企业逐渐迁到中心地带，如此往复产生新经济地理学中的"选择效应"与"分类效应"，城市内部产业结构在空间发生转移，中心区域集聚要素生产率高的企业，而外围分布着相对较低水平生产率的企业。同样，企业在整个城市群的空间选址，产生与城市内部相同的产业分工演化过程，即中心城市往往集聚要素生产率较高的企业，而外围城市的企业生产率相对较低。因而，从空间发展理论角度来说，笔者认为大湾区城市群内部各个城市全要素生产率的时空演变必然会对城市群以及城市个体的产业空间分布产生影响。

此外，从全要素生产率的内涵来看，全要素生产率的提高主要包括技术效率改善与技术进步。技术效率一般是指给定技术水平下，对资源要素的配置使用效率。大湾区经过改革开放以来的外向型经济发展，境内深圳、广州等城市全要素生产率的提高不再依赖外向经济贸易往来的技术模仿与输入型技术扩散，而逐步走上依靠原始科技创新带来的技术进步来带动全要素生产率的不断攀升。因此，笔者认为大湾区中心城市（广州、深圳、香港、澳门）的全要素生产率的提高未来更加依赖于科技创新过程产生的技术进步，而相对外围的肇庆、江门、中山等城市则仍然需要注重技术效率与技术进步的双重贡献。

2. 研究方法

以往关于城市全要素生产率的研究方法主要采用 DEA – Malmquist 指数方法与随机前沿 SFA 方法，笔者鉴于 DEA – Malmquist 指数无须设定生产函数以及其对全要素生产率分解的便捷性选其作为粤港澳大湾区城市全要素生产率测算与分解的研究方法。DEA – Malmquist 指数主要是通过生产前沿距离函数比来度量生产效率，且可将生产效率分解为技术效率（EF）与技术进步（TC），技术效率指数又可进一步分解为纯技术效率（PE）与规模效率（SE）。式（2 – 1）为 Malmquist 指数的计算公式，式中 $D_t^i(x_t^i, y_t^i)$ 表示以时间 t 为技术参考（生产前沿）下，t 时间的生产距离函数；根据定义如式（2 – 2）中上半部分所示，可将

Malmquist 指数进一步调整为 $EF \times TC$ 的形式，即分解为技术效率与技术进步，下半部分表示当规模报酬可变时，技术效率中可将规模因素拆分，分解为剔除规模效应的纯技术效率与规模效应产生的效率；具体数据分析过程应用 DEA 分析软件 DEAP 2.1。

$$\underbrace{M^i_{t+1}(x^i_t,\ y^i_t,\ x^i_{t+1},\ y^i_{t+1})}_{Malmquist指数} = \left[\frac{D^i_t(x^i_{t+1},\ y^i_{t+1})}{D^i_t(x^i_t,\ y^i_t)} \times \frac{D^i_{t+1}(x^i_{t+1},\ y^i_{t+1})}{D^i_{t+1}(x^i_t,\ y^i_t)}\right]^{1/2} \quad (2-1)$$

$$
\left.
\begin{aligned}
M^i_{t+1}(x^i_t,\ y^i_t,\ x^i_{t+1},\ y^i_{t+1}) &= \underbrace{\frac{D^i_{t+1}(x^i_{t+1},\ y^i_{t+1})}{D^i_t(x^i_t,\ y^i_t)}}_{EF_{t+1}} \times \\
&\quad \underbrace{\left[\frac{D^i_t(x^i_t,\ y^i_t)}{D^i_{t+1}(x^i_t,\ y^i_t)} \times \frac{D^i_t(x^i_{t+1},\ y^i_{t+1})}{D^i_{t+1}(x^i_{t+1},\ y^i_{t+1})}\right]^{1/2}}_{TC_{t+1}} \\[2ex]
M^i_{t+1,v,c}(x^i_t,\ y^i_t,\ x^i_{t+1},\ y^i_{t+1}) &= \underbrace{\frac{D^i_{t+1,v}(x^i_{t+1},\ y^i_{t+1})}{D^i_{t,v}(x^i_t,\ y^i_t)}}_{PE_{t+1,v}} \times \\
&\quad \underbrace{\left[\frac{D^i_{t,v}(x^i_t,\ y^i_t)}{D^i_{t,c}(x^i_t,\ y^i_t)} \times \frac{D^i_{t+1,c}(x^i_{t+1},\ y^i_{t+1})}{D^i_{t+1,v}(x^i_{t+1},\ y^i_{t+1})}\right]}_{SE_{t+1,v,c}} \times \\
&\quad \underbrace{\left[\frac{D^i_{t,c}(x^i_t,\ y^i_t)}{D^i_{t+1,c}(x^i_t,\ y^i_t)} \times \frac{D^i_{t,c}(x^i_{t+1},\ y^i_{t+1})}{D^i_{t+1,c}(x^i_{t+1},\ y^i_{t+1})}\right]}_{TC_{t+1,c}}
\end{aligned}
\right\} TFP\ 分解
$$

$$(2-2)$$

（二）指标选取及数据来源

1. 城市产出变量

根据以往研究，笔者选取城市自身的地区生产总值指标作为唯一的城市产出变量。根据 DEA – Malmquist 指数方法要求，这里选取的城市地区生产总值需采用实际 GDP 数据。笔者根据 11 个城市名义 GDP 的面板数据选定一个基期，并以基期作为不变价格结合各年 GDP 指数测算研究所需的实际 GDP，且将名义 GDP 与实际 GDP 的比例作为平减指数对其他包含可变价格信息的数据进行平减处理。

2. 城市投入变量

由于粤港澳大湾区"一国两制三关税区"的特殊格局，笔者根据数据可得性与完备性原则，仅仅选取物质资本与人力资本作为大湾区城市的投入变量来测算全要素生产率。

物质资本变量通过永续盘存法对各年实际固定资产投资总额进行存量运算获得。这里令第 t 年城市 i 的物质资本存量为 K_t^i，根据永续盘存法可知其计算公式为：

$$K_t^i = K_{t-1}^i (1 - \delta) + I_t^i / p_t^i \qquad (2-3)$$

式中，δ 为固定资本折旧率，I_t^i 为 t 年城市 i 的名义固定资产投资总额（未剔除价格因素），I_t^i / p_t^i 为剔除价格因素后的实际固定资产投资额（由于缺少大湾区 11 个城市各年份固定资产指数等数据，无法通过获取与测算固定资产平减指数来剔除价格因素，因此根据以往研究采用 GDP 平减指数对名义固定资产投资总额数据进行平减）。永续盘存法的关键在于折旧率与基期资本存量的设定，这里借鉴霍尔和琼斯（Hall & Jones）对全球经济发展主要国家地区做资本存量测算时采用的折旧率以及关于基期资本存量的设定，即令 $\delta = 0.06$，基期资本存量 = 基期实际固定资产投资额/6%。

人力资本变量相对而言更难获取贴近模型本身的指标数据，以往研究主要采用平均受教育年限或年平均从业人口来度量城市地区的人力资本水平。鉴于粤港澳大湾区现有数据无法满足平均受教育年限指标对教育结构数据的要求，因而笔者选择年均从业人口数据来作为人力资本的代理变量。

3. 城市产业分工变量

经典的经济地理研究中，一般采用区位商等指标来测度区域不同地区的分工与结构，但是由于境内外产业统计数据尤其是细分产业统计数据测度口径的不一致，很难直接通过区位商等指标来衡量城市产业分工。关于城市群功能分工的度量方法，采用服务业产值与工业制造业产值的产业机构比例来作为城市产业分工的代理变量。

4. 数据来源

笔者以广东省广州、深圳、东莞、佛山、惠州、中山、珠海、肇庆、江门九市加上香港和澳门两个特区为研究对象，以数据可得性、数据全面性为原则，选取 11 个城市 2000～2017 年共 18 个年度的面板数据，各模型中数据来源于 2000～2016 年的《香港统计年刊》《澳门统计年鉴》《广东省统计年鉴》、国研网区域数据、World Bank 数据。此外，在应用 DEA – Malmquist 指数方法测算全要素生产率过程中使用的地区生产总值、资本存量等涉及价格因素影响的指标均以 2000 年不变价格的指数进行平减得到，消除价格波动对经济变量的影响。

（三）大湾区 11 城全要素生产率时空分析

1. 大湾区全要素生产率的城市空间分布特征

对 2000～2017 年大湾区 11 个城市的全要素生产率进行时空演变分析，如表 2 – 1 为 2000～2017 年粤港澳大湾区全要素生产率及其分解的均值特征。表 2 – 1 中数据表明，在这 18 年间，大湾区整体全要素生产率均值增长为 3.6%；对于单个城市个体而言，除东莞（－2.7%）外其他 10 个城市的全要素生产率均值均呈现一定比例的增长，其中广州（8.3%）、深圳（4.7%）、珠海（7.9%）、佛山（5.7%）与中山（7.9%）的增长率为 4.7%～8.3%，其余在 2.5% 以内。

表 2 – 1　2000～2017 年粤港澳大湾区各城市全要素生产率及其分解的均值特征

城市	effch	techch	pech	sech	tfpch
广州	1.039	1.042	1.080	0.963	1.083
深圳	1.011	1.036	1.080	0.936	1.047
珠海	1.049	1.028	1.060	0.990	1.079
佛山	1.035	1.021	1.056	0.980	1.057
惠州	1.027	0.996	1.018	1.009	1.024
东莞	0.976	0.997	1.016	0.960	0.973
中山	1.054	1.024	1.061	0.993	1.079
江门	1.034	0.989	1.022	1.012	1.023
肇庆	1.036	0.980	1.025	1.010	1.015
香港	1.001	1.014	1.000	1.001	1.015
澳门	1.000	1.010	1.000	1.000	1.010
Mean	1.024	1.012	1.038	0.986	1.036

资料来源：笔者测算整理。

此外，表2-1中还详细给出大湾区11个城市全要素生产率的分解指标的均值情况。首先来看技术效率（effch）与技术进步指标（techch），表中数据表明，大湾区整体的技术效率与技术进步指标均大于1，分别增长2.4%与1.2%。单个城市方面，技术效率方面均值特征基本与全要素生产率均值类似，仅仅东莞一个城市呈现负增长，下降2.4%，其余10个城市均呈现不同比例的正向增长，最大值为中山（5.4%）；技术进步方面均值特征存在显著的空间差异，其中惠州、东莞、江门与肇庆四个城市呈现负增长，广州与深圳是大湾区技术进步的主要城市，分别增长4.2%与3.6%。权衡来看，技术效率与技术进步指标均大于1的城市有广州、深圳、香港、珠海、佛山与中山六个城市，两个指标均小于1的城市仅东莞一个。在以上两个指标均大于1的六个城市中，香港与深圳两个城市的全要素生产率增长主要源自技术进步（即技术进步指标＞技术效率指标＞1），其余广州、佛山、珠海与中山四个城市的全要素生产率增长主要源自技术效率提高（技术效率指标＞技术进步指标＞1）。

再来看技术效率的分解指标即纯技术效率（pech）与规模效率（sech），表2-1中数据表明，大湾区整体的纯技术效率大于1，呈年均3.8%增长，规模效率小于1，呈1.4%的负增长。从单个城市来看，首先是纯技术效率，11个城市除香港、澳门外的九个城市均呈现正增长，香港、澳门值为1即未改变，增长率最高城市为8%的广州与深圳；规模效率方面，仅香港（0.1%）、惠州（0.9%）、江门（1.2%）、肇庆（1%）四个城市正增长，其余城市呈不同比例的负增长，降低比例最大的为深圳，降幅达6.4%。两个指标综合考察来看，仅惠州、江门与肇庆三个城市的技术效率增长来自两个指标的正增长（pech与sech均大于1），其余技术效率正增长城市的增长来源主要是依靠纯技术效率的增长，而技术效率负增长的东莞，其技术效率降低的来源是因为规模效率的下降引起的，即规模效率降低4%，而其纯技术效率增长1.6%。

综上所述，2000～2017年，粤港澳大湾区整体的全要素生产率增长3.6%，其中技术效率贡献2.4%，技术进步贡献1.2%，因此大湾区整体全要素生产率的增长是技术效率与技术进步综合作用的结果，两者中主要源自技术效率的提高。此外，粤港澳大湾区整体的技术效率增长主要依靠纯技术效率的增长（贡献3.8%），而受到规模效率降低（贡献－1.4%）的负面影响。

2. 大湾区全要素生产率的时间演变特征

笔者还通过测算 2000～2017 年大湾区全要素生产率及其分解指标的逐年变化来考察大湾区全要素生产率的时间演变规律，计算结果如表 2－2 所示，并根据表 2－2 数据绘制大湾区全要素生产率时间演变图，如图 2－1 所示。

表 2－2　2000～2017 年粤港澳大湾区全要素生产率及其分解的均值特征

年份	effch	techch	pech	sech	tfpch
2000～2001	1.022	1.014	1.092	0.935	1.035
2001～2002	1.046	1.054	1.019	1.026	1.103
2002～2003	1.018	0.968	1.027	0.991	0.985
2003～2004	1.015	1.028	0.997	1.018	1.044
2004～2005	1.256	0.799	1.040	1.208	1.003
2005～2006	1.047	0.984	1.057	0.991	1.030
2006～2007	1.015	1.025	1.031	0.985	1.041
2007～2008	0.984	1.033	0.992	0.992	1.017
2008～2009	0.879	1.145	1.026	0.857	1.006
2009～2010	0.795	1.333	1.006	0.790	1.060
2010～2011	0.927	1.138	1.039	0.892	1.055
2011～2012	1.027	1.015	1.061	0.968	1.043
2012～2013	0.990	1.062	1.058	0.936	1.052
2013～2014	1.189	0.859	1.052	1.130	1.021
2014～2015	1.311	0.778	1.076	1.218	1.020
2015～2016	1.040	1.008	1.045	0.996	1.049
2016～2017	0.959	1.106	1.025	0.935	1.060
Mean	1.024	1.012	1.038	0.986	1.036

资料来源：笔者测算整理。

表 2－2 中数据表明，在 2000～2001 年到 2016～2017 年共 17 个时间区间大湾区整体全要素生产率除了 2002～2003 年（负增长，－1.5%）外，其余所有时间区间的全要素生产率均呈正增长，整体围绕 3.6% 的均值附近小幅波动，增长最大区间为 2001～2002 年，增长率为 10.3%，2008 年国际金融危机后大湾区全

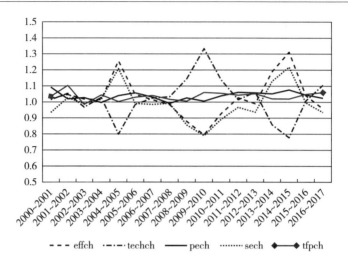

图 2 - 1　2000 ~ 2017 年粤港澳大湾区全要素生产率时间演变

数据来源：笔者测算整理。

要素生产率增长幅度呈现逐年下降趋势，直到 2015 年开始增幅重新逐年上扬。从全要素生产率的分解来看，大湾区整体技术效率的时间演变呈较大幅度的震荡态势，且在 2007 ~ 2011 年受全球经济危机影响，呈负增长，其余年份主要正向增长。技术进步方面，从表 2 - 2 中数据不难看出，大湾区技术进步的时间演变规律在趋势上与技术效率呈一定程度的负相关关系，表明大湾区技术效率的改善与否与技术进步改善有一定的负相关关系，且在全球经济危机期间，大湾区技术进步效应明显，表明经济危机时期大湾区全要素生产率提升主要依赖技术进步，且大湾区技术效率的改善与其外向型经济有一定关联。从整体来看，技术效率与技术进步指标均大于 1 的年份区间有 "2000 ~ 2001 年" "2001 ~ 2002 年" "2003 ~ 2004 年" "2006 ~ 2007 年" "2011 ~ 2012 年"；全要素生产率增长源自技术效率增长的年份区间（技术效率大于技术进步指标的年份区间）有 "2000 ~ 2001 年" "2004 ~ 2005 年" "2005 ~ 2006 年" "2011 ~ 2012 年" "2013 ~ 2014 年" "2014 ~ 2015 年" "2015 ~ 2016 年"，其余年份除 "2002 ~ 2003 年" 外，大湾区整体全要素生产率增长均源自技术进步改善。

　　再来看技术效率分解的时间演变规律。如图 2 - 1、表 2 - 2 所示，技术效率分解指标中的纯技术效率在趋势上呈与全要素生产率负相关的小幅波动态势，且除"2003～2004年"与"2007～2008年"两个时间区间外，其余年份区间均呈正增长；而另一个指标规模效率在趋势上与技术效率指数呈现比较明显的同步演变态势，但仅有"2001～2002年""2003～2005年""2013～2015年"三个区间增幅为正值，其余年份均呈负增长，规模效率受全球经济影响比较明显，表明大湾区规模效率与其外向型经济有一定关联。从贡献角度来看，仅仅规模效率为正增长的五个区间是规模效率指数大于纯技术效率指数，其余时间规模效率指数均小于纯技术效率指数，且联合均值数据特征足以表明大湾区整体技术效率改善主要依赖于纯技术效率改善。

（四）城市全要素生产率与产业分工关联分析

笔者根据大湾区产值比例数据计算出11个城市的产业分工数据，如表2-3所示仅仅选取2000年、2004年、2008年、2012年与2016年共五年数据进行展示分析（2000～2017年全年数据见附表1）。从表中数据不难看出，大湾区除肇庆外的10个城市的（三产产值/二产产值）的比例基本呈现波动上涨趋势，表明大湾区绝大多数城市的产业结构逐步由工业化向服务化转向，其中广州、香港与澳门三个城市的（三产产值/二产产值）比值始终大于1，即三个城市均以服务业为主导产业，且香港与澳门两个城市的服务化程度较高，表明其产业分工主要集中在服务业领域；深圳、珠海与东莞基本实现从基期2000年的工业化主导向服务业主导的产业结构调整过程，且服务化程度逐年攀升；而大湾区中的佛山、惠州、中山、江门、肇庆五个城市多数年份的（三产产值/二产产值）仍小于1，表明这五个城市仍属于工业型经济体。

表2-3 部分年份大湾区11个城市产业分工情况

城市 ＼ 年份	2000	2004	2008	2012	2016
广州	1.21	1.20	1.52	1.83	2.36
深圳	0.88	0.62	1.04	1.26	1.50
珠海	0.73	0.69	0.78	0.89	1.02
佛山	0.76	0.64	0.49	0.58	0.65

城市 \ 年份	2000	2004	2008	2012	2016
惠州	0.47	0.54	0.58	0.63	0.76
东莞	0.71	0.76	0.89	1.10	1.14
中山	0.69	0.46	0.60	0.76	0.87
江门	0.85	0.81	0.60	0.80	0.94
肇庆	0.98	1.03	1.11	0.83	0.77
香港	5.02	7.26	9.92	11.02	10.46
澳门	4.27	6.81	6.43	21.27	12.87

资料来源：笔者测算整理。

结合以上对大湾区 11 个城市全要素生产率的分析可知：首先，如表 2 - 1 所示，香港、澳门两个城市的全要素生产率及其分解指标均大于（或等于）1，即全要素生产率、技术效率、技术进步、纯技术效率与规模效率均处于增长态势（部分指标不变，即值为 1），与此同时这两个城市的产业分工情况也均处于大湾区完全服务化的"领头羊"地位。其次，在大湾区 11 个城市中仅仅广州、深圳、香港与澳门四个城市的技术进步增长指数大于技术效率的增长指数，表明这四个城市的全要素生产率增长更加依赖于技术进步增长的贡献作用，这种空间分布特征也与国家《粤港澳大湾区发展规划纲要》中提出"推进'广州—深圳—香港—澳门'科技创新走廊建设"相契合，也与大湾区科技创新产业分工的实际空间分布情况相契合。佛山、中山与珠海作为中心城市的毗连区域，全要素生产率指数及其分解指标总体呈"1 < 技术进步指数 < 技术效率指数"且"规模效率指数 < 1"，即全要素生产率提高主要依赖于纯技术效率改善带动，从产业分工角度来说，可以理解为接受中心城市对其的辐射带动作用下的产业转移与劳动力迁徙被动提升其技术效率尤其是纯技术效率以及一定程度的技术进步，两者综合作用提升城市全要素生产率的增长，带动城市内部产业结构的调整以及空间分布的优化。再次，在大湾区 11 个城市中仅惠州、江门与肇庆三个城市同时满足"技术进步指数 < 1 < 技术效率指数"与"规模效率指数 > 1"，而这三个城市的产业分工数据表明三者仍处于工业化阶段，这就表明这三个城市的全要素生产率的提升主要依赖技术效率的改善与增长，且规模效率改善表明三个城市的工业化仍处于城市内部的制造业集聚阶段。最后，比较令人费解的是东莞全要素生产率指数及其分解指标背后的产业分工内涵。如表2-1所示，东莞的数据整体除纯技术效率指标呈正向增长外，其余四个指标均小于1，呈负增长，而东莞的产业分工数据基本与广州、深圳的变动情况一致，且东莞一直是大湾区内部外向型经济的代表，这与全要素生产率的情况不大相符。

　　针对以上情况，笔者认为出现这种反差的原因主要有两方面：一是在于东莞独特的地理位置，二是选取的时间区间内全球经济波动对其经济发展的负面影响。具体来说，东莞地处广州与深圳两个大湾区中心城市的中间地带，其城市内部的产业分布较大程度上与广州、深圳相联系，更确切地说是被中心城市所吸纳，成为中心城市的外围拓展，而因此中心区域（广州与深圳）技术效率、技术进步的改善对边缘地区的辐射带动作用并不能有效地作用于外向型经济明显的东莞，因为长期处于外向型经济的东莞在技术效率与技术进步方面与中心城市的差距远没有中山、江门、肇庆等大湾区外围城市与中心城市的差距大，所以中心城市的正向辐射带动不能有效地发挥作用，进而使东莞不能呈现像佛山、珠海等城市一样的全要素生产率变动。此外，东莞作为大湾区外向型经济的代表城市在考察期2000~2017年先后经历亚洲经济危机与美国金融危机两次经济负面冲击，必然对伴随外贸联系的技术与知识转移、扩散过程产生较为显著的负面影响，加之近年来劳动力成本的高企，以台商为代表的外贸加工企业的加速撤离，加剧了这种负面影响，进而使外向型的全要素生产率提高渠道收紧，因此各项数据均呈现一定程度的下降，反而产业分布呈服务化态势。

　　结合空间发展理论可以推测：首先，已经完成并且较早完成经济服务化转型的城市在全要素生产率及其分解指标上表现良好，服务化程度较高的城市基本完成城市内部"制造业向中心城区集聚—集聚产生的拥堵成本增加、传统服务业集聚—低端制造业由中心区向外扩散、服务业要素生产率高升—高端服务业（生产性服务业）逐渐集聚中心城区"的产业分工的结构与空间分布调整，逐步成为中心城市。其次，伴随着中心城市服务化的过程向周边城市转移扩散的制造业，带动加快周边欠发达城市的工业化进程，进而通过提升周边城市全要素生产率的提高而促使外围城市也逐步开启工业化向服务化迈进的进程。

四、粤港澳大湾区经济融合发展趋势

未来粤港澳大湾区经济融合有三大不可逆转的趋势：一是在"走出去"开放发展中不断融合，在三大平台创新发展中不断融合。二是在CEPA民间推动的基础上，各地政府必须积极谋划和协调推进成为不可逆转的趋势。三是依托创新制度和体制机制，实现湾区内部要素的自由流动，才能真正增强湾区经济融合发展的可持续张力。

（一）机遇叠加推动创新开放融合发展

我国提出"一带一路"倡议为湾区开放发展提供了更大的舞台。近年来，我国资金进出形成顺差，说明我国在对外开放发展方面，更加主动推动投资，对我国目前的生产、销售、服务环节扩大影响、提升效率具有显著效果。粤港澳大湾区地处"一带一路"桥头堡，通过自身集聚的改革开放优势，在国际市场上寻求新的发展平台，实现"走出去"战略，与"一带一路"沿线国家协作合作，推动粤港澳大湾区开发发展进程。

另外，国家层面积极部署推动前海深港合作现代服务业合作示范区、广州南沙粤港澳全面合作示范区、珠海横琴粤港澳深度合作示范区三大平台的建设和发展，这对于粤港澳大湾区来说是另一重大机遇。上述三大平台功能区定位不相同，各有侧重，共同目标就是要深化粤港澳大湾区合作。三大平台的建设，一方面要求充分利用港澳两地成熟的制度优势、人才优势等，形成互动合作交流，共谋发展。另一方面，三大平台成为内地和港澳融合发展、对外开放的窗口。因此对粤港澳大湾区来说，抓住三大平台开发建设机遇，大力推动改革，对接全球一流营商环境，培育与国际市场接轨的体制机制，最终推动实现粤港澳大湾区的融合发展。

（二）大湾区内部各地积极谋划和协调推进

如前所设想，粤港澳大湾区融合发展，就是要实现粤港澳三大经济一体化，湾区内形成"大都市区＋城市连绵区"。虽然有诸多研究从国际三大知名湾区的发展历程和经验，找到一些可参照的经验做法，比如有的研究者建议参照北美自贸区的模式，提出某些建议，但是粤港澳三地最大的与众不同就是"一国两制"。以往珠三角九个城市的一体化发展取得丰硕成果，粤港、粤澳合作也取得丰硕成果，如今要在更高起点上谋划大湾区内的融合发展，难度大大超过以往。2003 年的 CEPA 是在民间协调下推进的，已经成为粤港澳三地制度一体化的一部分，此次湾区各地更应加强合作，起到主导和协调作用，积极谋划，从完善制度、构建和促进建设协调机制方面有更大突破。只有这样，粤港澳大湾区融合发展才能超越以往的成就，才能真正建成国际一流湾区和世界级充满活力的城市群。

（三）以要素自由流动增强融合发展的可持续张力

未来粤港澳大湾区的融合发展，必须是建立在要素自由流动基础之上。贸易自由往来，已基本实现。基础设施建设互联互通，也并非难中之难。最难的是要素的自由流动，包括人才、资金、技术等生产要素的自由流动。这就需要在三地制度对接、机制对接方面积极谋划推动，创新粤港澳大湾区合作的体制机制，让商品贸易、资本流动、技术创新和交流等，能在湾区内部顺畅流动，从而增强湾区经济融合发展的可持续张力。

附表1 2000～2017年粤港澳大湾区11个城市的产业分工情况

年份 城市	2000	2001	2002	2003	2004	2005	2006	2007	2008	2009	2010	2011	2012	2013	2014	2015	2016	2017
广州	1.21	1.30	1.36	1.25	1.20	1.46	1.44	1.48	1.52	1.63	1.64	1.67	1.83	1.91	1.95	2.12	2.36	2.54
深圳	0.88	0.83	0.81	0.67	0.62	0.88	0.90	1.00	1.04	1.14	1.12	1.15	1.26	1.30	1.35	1.43	1.50	1.41
珠海	0.73	0.73	0.74	0.71	0.69	0.82	0.76	0.76	0.78	0.86	0.78	0.79	0.89	0.91	0.94	0.97	1.02	1.04
佛山	0.76	0.77	0.76	0.71	0.64	0.60	0.55	0.51	0.49	0.56	0.57	0.54	0.58	0.58	0.59	0.63	0.65	0.71
惠州	0.47	0.48	0.49	0.49	0.54	0.59	0.57	0.58	0.58	0.68	0.60	0.62	0.63	0.64	0.68	0.73	0.76	0.82
东莞	0.71	0.74	0.74	0.80	0.76	0.75	0.71	0.75	0.89	1.06	0.96	0.99	1.10	1.17	1.10	1.14	1.14	1.06
中山	0.69	0.63	0.58	0.50	0.46	0.57	0.57	0.59	0.60	0.68	0.68	0.75	0.76	0.76	0.77	0.80	0.87	0.96
江门	0.85	0.87	0.85	0.85	0.81	0.72	0.68	0.65	0.60	0.59	0.67	0.70	0.80	0.82	0.87	0.90	0.94	0.89
肇庆	0.98	0.99	0.95	1.12	1.03	1.72	1.46	1.26	1.11	1.18	0.96	0.87	0.83	0.77	0.70	0.70	0.77	1.31
香港	5.02	5.50	6.04	6.76	7.26	7.90	8.45	10.20	9.92	10.28	10.63	11.03	11.02	10.90	10.90	11.00	10.46	10.73
澳门	4.27	5.18	5.85	5.99	6.81	5.85	4.60	5.22	6.43	10.76	17.54	20.79	21.27	23.28	17.21	10.96	12.87	11.92

第三章 粤港澳大湾区及周边地区空间结构与实证研究

《粤港澳大湾区发展规划纲要》对空间布局做了明确安排，总体思路是"极点带动、轴带支撑、辐射周边"。本章根据近年统计数据对粤港澳大湾区及周边城市共23个城市的多指标数据，应用TOPSIS评价法计算城市综合质量，基于改进引力模型测算城市间空间联系作用，绘制空间联系图直观考察城市群整体空间联系特征与空间结构。研究发现，粤港澳内部城市的综合质量、联系水平均存在显著的空间非均衡分布特征，粤港澳网络联系呈现出由港深穗向周边梯度衰减态势，且表现出显著的圈层结构特征。此外，通过应用社会网络分析方法中的网络密度分析、中心度分析、核心—边缘结构分析和凝聚子群分析，进一步验证空间联系分析所得结论。研究表明，粤港澳大湾区及周边城市在空间结构上表现为显著的"核心—半边缘—边缘"结构和三级圈层结构特征，整体网络联系过度依赖港深穗的辐射带动和中介桥梁作用，缺乏合理的梯度层级。最后为未来粤港澳建设世界一流城市群提出构想。

一、引言与文献综述

2017年3月5日，《政府工作报告》中提出粤港澳大湾区城市群发展规划，再次将湾区经济和粤港澳发展问题上升到国家层面。湾区经济在空间组织形态上是否会与作为国家空间引擎的城市群经济高度契合，即湾区经济规划如何落脚到城市群规划层面？2013年12月深圳率先提出发展湾区经济，2015年3月首次在国家层面提出打造粤港澳大湾区，2016年3月粤港澳大湾区建设上升到"十三五"规划层面，2017年3月《政府工作报告》改为《粤港澳大湾区城市群发展规划》，直到2019年《粤港澳大湾区发展规划纲要》明确目标是将粤港澳大湾区打造成世界一流的城市群。因此，如何识别粤港澳大湾区及周边城市的空间联系特征，明晰城市之间空间组织结构，并最终落脚到中心与周边城市融合发展是粤港澳大湾区城市群建设的重要课题。

近年来，由于湾区经济的独特经济形态，不少国内学者对此展开研究。陈德宁、郑天祥、邓春英（2010）提出粤港澳共建环珠江口湾区经济，从湾区经济视角探讨粤港澳区域构筑和谐经贸关系、加快经济社会融合的思路。刘艳霞（2014）通过分析、比较研究世界主要发达湾区以及国内湾区的形成与发展，总结湾区经济成功发展路径，她强调湾区规划的空间层次性、统筹协调发展。鲁志国、潘凤、闫振坤（2015）构建湾区经济四维评价体系，并通过因子分析对纽约湾区、东京湾区、旧金山湾区与深港湾区进行评价，文中指出深港湾区相较三大湾区仍有差距，湾区经济发展应当注重区域特色和体制机制创新。伍凤兰、陶一桃、申勇（2015）应用"三力模型"与系统动力学方法分析湾区经济动力演进过程与机理，指出湾区经济与港口发展由港口经济向创新经济演进的四个阶段，还提出湾区经济中政府规划引导、市场和开放的作用。马忠新、伍凤兰（2016）梳理国内湾区形成发展历程，并应用主成分分析对湾区开放度进行综合评价，研究表明我国湾区经济是根据自然地理特征形成，且开放度呈由湾区向腹地梯度分布。谭刚、申勇（2017）从国家战略层面出发，指出了粤港澳大湾区建设对国家"一带一路"倡议的枢纽意义，从四个层面剖析粤港澳大湾区打造世界湾区经济新高地的开放形态、实力基础、战略前景和建设路径。

尽管国内外学者针对湾区经济展开较多的理论与实证研究，但现有研究主要集中于湾区经济的概念界定、形成发展、国内外湾区经济发展对比和评价等方面，鲜有学者从城市群经济空间结构、区域融合发展的角度来审视粤港澳大湾区城市群建设背后的空间相互作用和协调发展，本章试图从这一角度着手，通过对粤港澳大湾区及周边城市内部城市之间的空间联系分析，探讨城市群的核心—边缘划分，从空间结构和空间组织角度研究粤港澳大湾区及周边城市融合发展思路。

二、研究的空间范围和方法

（一）关于研究空间范围的说明

目前，虽然《粤港澳大湾区发展规划纲要》已经明确大湾区空间范围，但是研究空间格局更应着眼于至少包含广东省湾区周边地区在内的城市。唐杰等（2017）同样认为粤港澳大湾区的空间范围研究不仅仅局限于珠三角与港澳的"9＋2"格局，应当将整个广东地区包含在内。梁琦（2017）也认为世界一流的城市群不仅仅需要全球性的创新中心、金融中心城市，还需要广阔的腹地和相当规模的人口集聚。本书认为以唐杰、梁琦为代表的空间划分方法存在一定的合理性，即应当尝试从更广的视野来界定粤港澳大湾区城市群的空间特征，除了传统的"9＋2"还应将粤东西北广阔的资源生态纳入整个城市群规划中，拓宽湾区的发展腹地。因此，本书研究的空间范围是整个广东省加上港澳特别行政区的"一省两特别行政区"的"21＋2"格局，我们将其界定为粤港澳大湾区及周边城市。这样的空间划分，一方面突出粤港澳大湾区的规划主体地位，同样将周边的广阔腹地纳入研究范围，更好地分析空间联系与空间结构。

本书的对象是广东省 21 个地级市和香港、澳门两个特别行政区，城市群总人口 11644.29 万人，总面积 180771.334 平方千米。首先从经济总量、人口密度等角度了解粤港澳大湾区及周边城市的空间分布格局。如图 3-1 所示，经济总量与人口密度高度集中在粤港澳大湾区的港深穗地区，且基本由三地向湾区其他城市乃至周边地区呈梯度递减态势。城市群内部城市经济社会发展空间分布特征、空间结构特征正是本书后续要分析的主要内容。

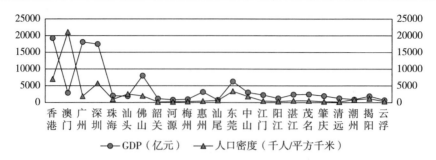

图 3-1　2015 年粤港澳经济总量、人口密度概况

（二）研究方法

1. 空间联系分析

以往研究表明，经济空间联系的测度是经济空间结构研究的重要内容，区域经济空间联系的静态研究可以确定区域的中心和腹地、单中心或多中心、空间结构的形式，从多个时间维度研究可以动态考察区域经济空间结构的形成、演进和规律过程。因此，本书通过空间联系分析方法展开对粤港澳大湾区及周边城市空间结构的分析。传统引力模型广泛应用于针对地理距离衰减、空间相互作用等领域，是空间联系分析中最经典、最常用的分析模型，本章通过对引力模型的些微改进用来分析粤港澳大湾区及周边各城市之间的空间联系作用方向和强度，具体改进思路：借鉴传统引力模型的模型思想，将城市之间经济联系作用强度 F_{ij} 设为城市综合质量与城市间空间距离的函数，且城市间联系强度随着距离呈指数衰减，本书采用更贴近现实的新经济地理学中冰山成本的假定形式，将衰减函数定义为 $e^{-\beta_{ij}d_{ij}}$，即粤港澳大湾区及周边各城市间经济联系强度 F_{ij} 的表达式为：

$$F_{ij} = GM_iM_je^{-\beta_{ij}d_{ij}} \tag{3-1}$$

$$TF_i = \sum_j F_{ij} = \sum_j GM_iM_je^{-\beta_{ij}d_{ij}} \tag{3-2}$$

式中：F_{ij} 为地区 i，j 间的经济空间联系作用强度、TF_i 为地区 i 的空间联系总量；G 为引力常量，通常取 1；u_i、u_j 分别为地区 i、j 的综合质量；d_{ij} 为地区之间的距离，β_{ij} 为地区 i，j 之间联系强度的衰减因子，反映相互作用的衰减速度。

表3-1　城市综合质量评价指标

评价对象	编号	指标（单位）	指标含义
城市综合质量 M	1	地区生产总值（亿元）	经济水平
	2	人口总数（万人）	人口规模
	3	就业人口（万人）	就业规模
	4	固定资本形成额（亿元）	投资水平
	5	进出口总额（亿美元）	外贸水平
	6	旅游收入（亿元）	旅游实力
	7	一般财政支出（亿元）	财政实力
	8	零售总销售额（亿元）	消费能力
	9	港口货物吞吐量（万吨）	港口货运水平
	10	金融业在岗职工（万人）	金融实力
	11	制造业在岗职工（万人）	制造业实力
	12	实际利用外资（万美元）	外资吸引力

对于这23个城市的综合质量 M 的测算，本书鉴于数据可得性、全面性等原则选取地区生产总值（亿元）、人口总数（万人）等共计12个指标（具体指标见表3-1），应用 TOPSIS 评价法对选取的评价指标体系进行测算。此外，为了有效测度粤港澳大湾区及周边城市内部空间网络联系特征，在分析时需对相互作用的空间联系数据进行处理，还原真实联系作用情况的方向性（为下一步应用社会网络分析提供现实基础），本书设计城市间联系作用存在方向性，且作用强度的测算如下式：

$$\mathop{R}_{i\to j} = \frac{M_i}{M_i + M_j} M_i M_j e^{-\beta_{ij} d_{ij}}; \quad \mathop{R}_{j\to i} = \frac{M_j}{M_i + M_j} M_i M_j e^{-\beta_{ij} d_{ij}} \tag{3-3}$$

$$P_i = \sum_j \mathop{R}_{i\to j} = \sum_j \frac{M_i}{M_i + M_j} M_i M_j e^{-\beta_{ij} d_{ij}}; \quad N_i = \sum_j \mathop{R}_{j\to i} = \sum_j \frac{M_j}{M_i + M_j} M_i M_j e^{-\beta_{ij} d_{ij}} \tag{3-4}$$

式中，$\mathop{R}_{i\to j}$ 为城市 i 对城市 j 的空间作用强度，$\mathop{R}_{j\to i}$ 为城市 j 对城市 i 的空间作用强度；P_i 为城市 i 对外作用强度的总和，实际含义是内部网络中城市 i 对其他城市的影响力；N_i 为所有其他城市对城市 i 作用强度的总和，实际含义是内部网络中城市 i 受其他城市影响的程度。

综上，本书对粤港澳空间联系的分析框架，将由描述城市自身变量 $\{M_i,$ $TF_i，P_i，N_i\}$ 与城市之间空间联系变量 $\{R_{i \to j}, R_{j \to i}, F_{ij}\}$ 一起来搭建分析框架和理论基础。

2. 社会网络分析

社会网络分析研究方法在近年来被广泛应用于各种网络组织结构分析中。已有部分学者（侯赟慧、刘洪，2006；陈映雪、甄峰、王波等，2012）将 SNA 引入城市群空间组织结构分析中，考察城市群的整体网络特征、密度、结构。据此，本书引入 SNA，分别应用网络密度分析、中心度分析及凝聚子群分析等对粤港澳大湾区及周边城市群的空间组织结构展开研究。

3. 数据说明

粤港澳空间联系分析研究的原始数据为 2015 年广东省、香港和澳门共 23 个城市的统计数据，数据均来源于对应年份的《广东省统计年鉴》《中国统计年鉴》《香港统计年刊》《澳门统计年鉴》。

三、空间联系特征分析

（一）城市自身特征分析

（1）城市综合质量、经济联系总量差异明显。根据 TOPSIS 评价法以及公式（3－2）测算得出粤港澳大湾区及周边各城市综合质量 M_i 和经济联系总量 TF_i，如表 3－2 所示。不难发现，排序第一的香港两项指标为（74.98，13252.02），几乎是潮州（? 19，390.24）的三十多倍，粤港澳各城市间综合质量和经济联系总量均差异显著，表现为明显的空间分异和非均衡分布特征。香港遥遥领先排列第一位，随后深圳、广州紧随其后，其次是围绕在以上三个城市周边的东莞、佛山、澳门及其余湾区城市，最后是粤东西北地区；等级分布情况基本与城市经济发展分布相匹配。综合质量和经济联系总量领先的港深广及周边围绕其他湾区城市是发达地区，落后的粤东西北也正是欠发达地区，表明城市间的经济空间联系与区域经济社会发展有一定的逻辑关联。具体表现为：与周边经济联系水平较高的地区往往表现出较好的经济发展水平，而与周边联系较弱的城市往往经济落后。

表3-2　2015年粤港澳大湾区城市自身特征（按综合质量排序）

序号	城市	M_i	P_i	N_i	$P_i - N_i$	$TF_i = P_i + N_i$
1	香港	74.98	10332.34	2919.68	7412.66	13252.02
2	深圳	41.34	5576.28	3562.71	2013.57	9138.98
3	广州	39.33	5215.12	3364.18	1850.94	8579.31
4	东莞	21.98	2408.33	2687.41	-279.08	5095.75
5	佛山	17.69	1754.3	2318.42	-564.12	4072.72
6	澳门	16.2	1478.7	2283.23	-804.53	3761.93
7	湛江	12.01	674.86	1164.59	-489.73	1839.45
8	惠州	9.63	696.75	1548.96	-852.21	2245.71
9	珠海	8.17	559.66	1459.84	-900.18	2019.5
10	中山	8.15	559.27	1425.64	-866.37	1984.91
11	江门	7.16	450.32	1261.27	-810.95	1711.59
12	汕头	6.42	289.08	834.76	-545.68	1123.84
13	茂名	6.37	284.37	833.32	-548.95	1117.69
14	揭阳	6.04	272.52	827.01	-554.49	1099.53
15	肇庆	5.01	239.98	883.59	-643.61	1123.57
16	梅州	4.34	156.11	620.6	-464.49	776.71
17	清远	4.26	183.83	781.06	-597.23	964.89
18	韶关	3.1	94.75	513	-418.25	607.75
19	河源	2.89	92.9	543.54	-450.64	636.44
20	阳江	2.68	76.52	475.12	-398.6	551.64
21	汕尾	2.57	73.31	479.8	-406.49	553.11
22	云浮	2.43	67.47	455.44	-387.97	522.92
23	潮州	2.19	48.32	341.92	-293.6	390.24

　　（2）核心边缘结构初识别。基于式（3-3）、式（3-4）计算23个城市 i 的 P_i、N_i 值，结果如表3-2所示。根据函数 P_i、N_i 的定义可知，城市 i 的 P_i 值

反映其对其他所有城市作用强度总和，是其综合影响力的重要体现；城市 i 的 N_i 值则刚好体现的是城市自身所受其他所有城市作用总和，反映其接受辐射的能力。因此城市自身（$P_i - N_i$）值的大小从某种程度上可以表现为城市所处空间网络结构中的地位特征。

据此，本书认为：①（$P_i - N_i$）值为正值的区域一般是城市群中的发达地区。②城市 i 的（$P_i - N_i$）正值越高，城市在群体中所处的位置越核心，且（$P_i - N_i$）值最高的城市一定是城市群的核心城市。表 3 - 2 中（$P_i - N_i$）值最高的城市是香港（7412.67），可以看成是粤港澳的核心城市，其次是深圳（2013.57）、广州（1850.94）是次中心城市，这三个城市同时也是粤港澳大湾区的中心城市；这背后的逻辑可以理解成质量效应，即城市综合质量越大，其（$P_i - N_i$）值越高，现实中粤港澳大湾区城市的（$P_i - N_i$）值普遍高于周边城市。③当城市 i 的（$P_i - N_i$）值小于 0 时，N_i 值排列靠前的几个城市往往是围绕在核心城市、次中心城市周边，接受中心地区的辐射能力较高，相对 N_i 值越低的城市往往离中心区域越远，处于整个城市群的外围地带。表 3 - 2 中（$P_i - N_i$）负值中 N_i 值较高的有东莞、佛山、澳门、湛江、惠州、珠海等城市，这几个城市几乎都是粤港澳大湾区组成城市，而 N_i 值较低的城市则大多集中在粤东西北地区即周边城市；这一现象的背后逻辑是空间联系作用的距离效应，即在（$P_i - N_i$）负值的城市中，离核心城市越近的地区 N_i 值越大，而显然粤港澳大湾区即是整个城市群的核心区域。

（二）城市间联系特征分析

（1）空间分异特征明显，联系水平呈梯度递减。如图 3 - 2（a）所示为根据引力模型测算绘制的空间联系图，不同的颜色代表联系作用的强弱。不难看出，整个粤港澳大湾区及周边城市的空间联系存在显著的等级特征，空间联系密度高的地区主要集中在环珠江口湾区附近，湾区周边海岸线则并没有出现显著的网络密度，整个联系结构的陆地邻近地理特征显著，且联系密度由环珠江口向周边乃至粤东西北地区呈放射状的梯度衰减。此外，为了研究经济空间联系水平与城市自身经济发展的关系，本书绘制地区生产总值与联系水平的空间拟合图，如图 3 - 2（b）所示。不难发现地区生产总值较高的地区往往联系密度较高，空间拟合效果较为显著，可以推测城市经济发展水平与城市空间联系水平之间的确存在一定的正向关系，即与其他经济联系紧密的城市往往经济发展水平较高。经济联系意味着资源要素的跨区域流动，联系越紧密，区域间要素流通渠道越畅通，经济社会发展水平往往越高。

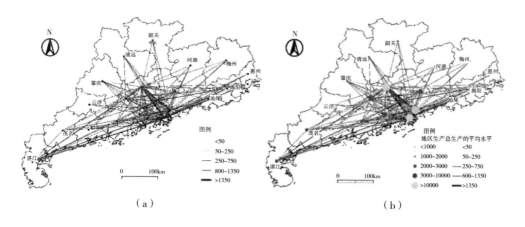

图 3－2　2015 年粤港澳空间联系

（2）空间圈层结构特征明显。如图 3－3 所示为根据引力模型测算的城市间空间联系作用（有向，出于清晰考量，绘图中并未加入方向箭头）绘制的空间联系图。

通过观察不同联系水平下的空间联系分布情况，我们可以对粤港澳整体的空间结构进行识别分析。不难发现，整个城市群内部具有较为显著的圈层结构特征，依然是按照粤港澳大湾区属于整个城市群的核心区域，周边城市构成外围。更进一步，最核心的圈层是空间联系线最粗的节点城市即港深穗莞地区，其次是周边毗邻的佛山和澳门，形成第二圈层，再将中山、珠海、惠州、江门等纳入形成第三圈层；这三个圈层内的空间联系密度和强度较高，表现为粤港澳大湾区内部城市之间的紧密联系；反观湾区外部，即第三圈层外密度和强度下降明显，也可以理解为粤港澳大湾区对周边城市的辐射带动作用并未能得到有效利用，因此湾区内外界限比较清晰。

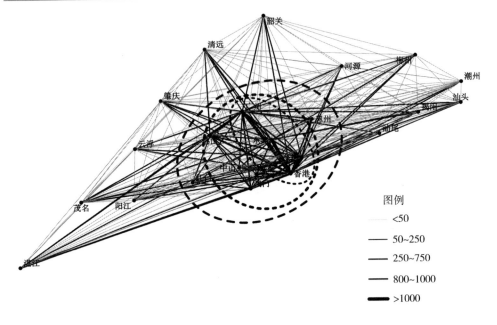

图 3 - 3 2015 年圈层结构

四、社会网络分析

（一）网络密度分析

粤港澳大湾区及周边城市在不同连接阈值下的经 UCINET 测算的实际空间联系网络密度如表 3 - 3 所示。在连接阈值设定为 3 时，网络密度为 0.8933，很接近于 1，表明网络密度较高；但当连接阈值不断增大至 12.753（原始数据的中位数）时网络密度降至 0.5217，阈值到 40 时已下降至 0.2648；足见粤港澳整体空间联系网络密度稳定性不高，整体水平相对较低，城市群内部城市之间的联系较弱，层次鲜明，与上文空间联系图的分析基本一致。

表3-3 网络密度分析（不同连接阈值下）

连接阈值	≥3	≥5	≥12.753	≥40
整体网络	0.8933	0.7470	0.5217	0.2648

（二）中心度分析与核心—边缘结构分析

中心度分析主要是衡量网络结构中节点在网络中"权利"与地位的重要指标，具体主要通过测算网络节点城市对应的节点中心度、接近中心度与中间中心度三个指标［具体测算方法可借鉴刘军（2009）］，来判断该节点城市在整个网络中所处的地位和影响力，可以有效检验城市自身特征分析中的相关结论。

表3-4 中心度分析

城市	节点中心度	接近中心度	中间中心度	城市	节点中心度	接近中心度	中间中心度
香港	100	100	18.102	中山	27.273	57.895	0
澳门	54.545	68.75	1.443	江门	27.273	57.895	0
广州	100	100	18.102	阳江	13.636	53.659	0
深圳	100	100	18.102	湛江	31.818	59.459	0
珠海	27.273	57.895	0	茂名	31.818	59.459	0
汕头	22.727	56.41	0	肇庆	27.273	57.895	0
佛山	68.182	75.862	3.781	清远	22.727	56.41	0
韶关	18.182	55	0	潮州	13.636	53.659	0
河源	18.182	55	0	揭阳	22.727	56.41	0
梅州	18.182	55	0	云浮	13.636	53.659	0
惠州	27.273	57.895	0	Mean	38.340	64.630	2.936
汕尾	13.636	53.659	0	Std. Dev	29.146	15.518	6.133
东莞	81.818	84.615	8.001				

基于城市空间有向联系作用的粤港澳大湾区城市网络的中心势为67.53%，中间指数为4.05%，这表明网络中节点中心度最高的城市——香港、广州和深圳（均是最大值100）不仅仅拥有绝对的核心支配地位（节点中心度与接近中心度均为最大值100），还在整个网络中扮演中介桥梁的角色（三者中间中心度为18.102＞4.05）。以上分析结果再次证明香港、广州和深圳在整个城市群中的核心地位。再来看整体的中心度分布情况，不难发现三个中心度指标的空间分布情况均存在显著差异，整体表现出一定的等级特征。其中反映节点地位的节点中心度与反映靠近中心程度的接近中心度的空间分布情况基本验证空间联系分析中的核心边缘结构特征，而反映网络结构中介能力的中间中心度指标中除了核心的三个城市外，东莞表现突出（8.001）。

如图3-4所示为节点中心度、中间中心度下对应的网络图，两个图中的香港、广州与深圳三个城市节点地位最核心（节点大小），港深穗三城构成整个城市群的核心圈，连同周边的澳门、东莞、佛山是城市群的二级圈层，图中节点中心度比较低的城市位于网络结构的最外层，形成外围边缘的三级圈层，整个网络呈显著的核心边缘特征，且网络密度较低。

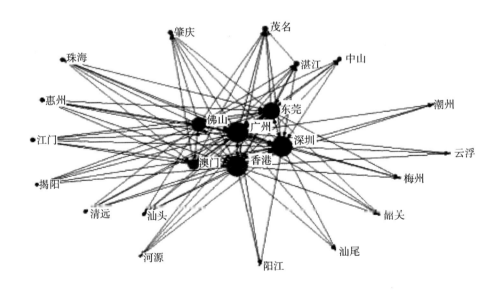

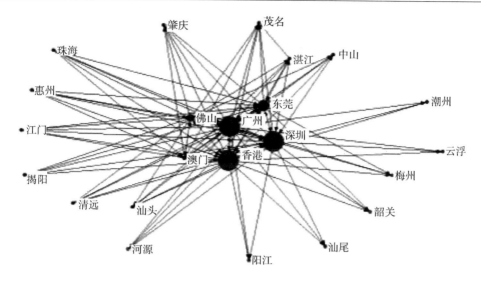

图3-4　节点中心度与中间中心度网络图

对此，本书采用 SNA 中的核心—边缘结构分析进行验证，首先通过核心—边缘绝对模型对粤港澳大湾区及周边城市网络进行分析，如表 3-5 所示。整个网络的核心—边缘结构拟合度达到 0.982，大致得到核心区域为香港、澳门、广州、深圳、佛山和东莞六个城市，其余 17 个城市为边缘区域。更进一步，应用核心—边缘连续模型测算每个城市的核心度来修正绝对模型结果，得到表 3-6。基本可以按照核心度的大小将整个网络划分为三个圈层，即第一圈层（核心度在 0.3 以上）有香港、深圳和广州，是绝对的核心圈；第二圈层（核心度在 0.2 和 0.3）有东莞、佛山、澳门、湛江、惠州、中山和珠海共七个城市构成半边缘圈层；第三个圈层是剩下的 13 个城市，核心度在 0.2 以下。整体网络结构呈"核心+半边缘（粤港澳大湾区）+边缘（周边城市）"的空间圈层形态分布，湾区内外界限明显。

表3-5　核心—边缘结构组成

序号	城市
1	香港　澳门　广州　深圳　佛山　东莞
2	珠海　汕头　韶关　河源　梅州　惠州　汕尾　中山　江门　阳江　湛江　茂名　肇庆 清远　潮州　揭阳　云浮

表 3 - 6   城市核心度排序

序号	城市	核心度	序号	城市	核心度
1	香港	0.303	13	江门	0.169
2	深圳	0.303	14	揭阳	0.165
3	广州	0.302	15	清远	0.164
4	东莞	0.286	16	汕头	0.162
5	佛山	0.267	17	河源	0.158
6	澳门	0.252	18	梅州	0.157
7	湛江	0.218	19	韶关	0.154
8	惠州	0.212	20	汕尾	0.151
9	中山	0.207	21	阳江	0.15
10	珠海	0.204	22	云浮	0.15
11	茂名	0.175	23	潮州	0.149
12	肇庆	0.17			

(三) 凝聚子群分析

经济空间联系是空间结构形成与发展的基础，城市群网络中根据联系紧密程度将城市群划分为若干个子群，每个子群内部联系紧密，可以看作空间结构中的组织。因此，本书应用凝聚子群分析来对粤港澳大湾区及周边城市的空间组织架构进行剖析。如图 3 - 5 所示，根据 UCINET（最大分割深度为 2，集中标准为 0.2）测算结果将粤港澳大湾区及周边城市划为 4 个子群组织，（香港、广州、深圳）为子群 1，"省会 + 特区 + 特别行政区" 为典型政治中心城市组合；（澳门、佛山、东莞）为子群 2，主要分布在子群 1 周边，属于紧挨中心城市的半边缘区域；（珠海、湛江、清远、江门、惠州、中山、肇庆、茂名）为子群 3，主要围绕在子群 1、子群 2 周边分布；（汕头、汕尾、阳江、韶关、河源、潮州、揭阳、云浮）为子群 4，主要分布在粤东北地区；同样，四个子群组织在空间上呈由内向外的圈层结构。

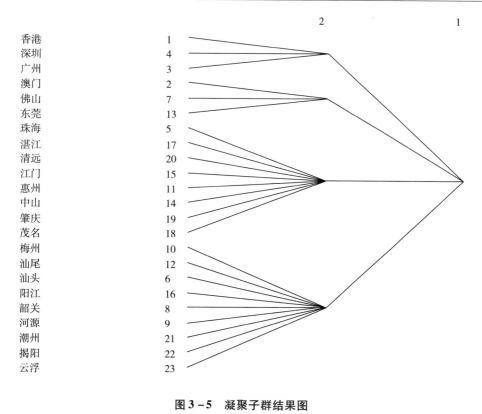

图 3－5　凝聚子群结果图

五、简短结论与启示

（一）粤港澳大湾区与周边地区呈典型的圈层结构

本书分别通过改进引力模型和 SNA 方法对粤港澳大湾区及周边城市的空间联系特征、空间结构特征和空间组织进行识别分析，得出以下结论：

（1）粤港澳大湾区及周边城市表现出一定的空间联系特征，整体网络密度较低，联系水平相对较低；区域内城市的整体发展水平、综合实力与城市自身与其他地区的联系作用息息相关。整体网络联系过分依赖核心城市香港、广州和深圳的辐射、桥梁作用，缺乏合理的梯度中心城市作为层级增长极。

（2）粤港澳大湾区及周边城市在空间结构上表现为显著的"核心—半边缘—边缘"结构和三级圈层结构特征；在空间组织上可划分为四个子群组织，组织间是核心—边缘的地位关系；湾区内外界限明显，粤港澳大湾区的辐射带动作用并未得到有效发挥。陆地地理邻近集聚特征明显，但海岸线地理邻近特征并不明显；整个粤港澳的湾区经济特征也主要体现在环珠江口附近区域，缺乏内陆纵深和海岸线的延展。

（二）粤港澳大湾区高质量空间发展制约因素

在习近平总书记亲自谋划、部署和推动下，在《深化粤港澳合作 推进大湾区建设框架协议》的指引下，粤港澳大湾区在交通信息等基础设施互联互通、金融融合、协同创新等领域不断大胆探索、积极改革，在过去几年取得长足的融合发展。然而在当前"重要战略机遇期"背景下，相较于世界一流湾区，粤港澳大湾区在地理空间、经济空间以及制度空间均存在制约自身高质量空间发展的阻碍约束。

（1）地理空间联系精度仍有潜力。广深港高铁、港珠澳大桥、虎门二桥等一系列大湾区交通基础设施建设均顺利落实并继续推进，有效地消解大湾区内部地理空间阻隔对经济联系的负面影响作用。然而，目前的大湾区内部交通基础设施的互联互通建设离高精度协同仍有较大的距离。具体来说，一是"多式联运"体系建设仍不完善，交通市场化推行的"多式联运"可以高效地发挥不同交通载体网络的优势，系统性地降低空间成本，目前大湾区内部城市之间的"多式联运"体系不够健全，陆路、水路与空港之间高效的交叉联系运输格局仍未形成，从而造成现有交通基础设施资源的错配与损失。二是大湾区交通网络信息化建设仍缺乏统筹，城市个体之间的交通信息化壁垒显著，不利于大湾区整体信息化管理，增加湾区整体交通信息统筹成本，如货柜车双重安检、双重驾照、双保险等。三是空港运输存在同质化竞争，粤港澳大湾区内部拥有四大港口、三大国际化机场，空港运输的客户存在一定比例的交叉，造成一定程度的同质化竞争，缺少高精度的分工协同，长期来看不利于湾区整体空港运输发展。四是缺少独立的湾区交通基础设施建设管理主体，仍采用多方协商沟通等形式，降低管理统筹效率，提高管理摩擦成本，不利于未来湾区交通一体化建设。

（2）经济空间联系有待加强。经济空间联系的微观基础是金融资本、技术知识、劳动力等各种资源要素在区域间的跨区域流动。从粤港澳大湾区经济空间联系现状分析结果可知，大湾区经济空间联系格局尚处于"中心—次中心—外围"的圈层结构，离发达湾区的空间网络结构仍有一定的距离，这背后的主要制约因素即是微观要素流通存在阻碍。主要包括两个方面：一方面金融空间联系不够紧密。彭芳梅（2009）通过对粤港澳大湾区金融发展、空间联系与经济增长的研究发现，粤港澳大湾区金融空间联系整体较弱，金融空间发展呈显著的空间集聚态势，从演化的角度来看，是从21世纪初的单核集聚（香港为唯一的集聚城市，即大湾区金融中心城市）不断发展演化为现在的多核集聚（香港、深圳与广州三个金融中心城市，整体金融发展香港＞深圳＞广州）态势，另一方面大湾区金融集聚发展过程中中心城市金融集聚对周边城市经济发展有负向影响作用。以上研究结果表明，大湾区整体金融空间联系程度不够紧密，金融融合发展尚处于初级阶段，离金融一体化仍具有较大的距离。

（3）创新联系与协同程度不足。2017年，WIPO根据PCT专利数据对全球的区域创新指数进行测算，报告指出深港地区的区域创新集群指数位居全球第二位，仅次于东京—横滨地区，高于以"科技湾区"著称的旧金山湾区。但粤港澳大湾区的协同创新与创新空间联系仍有较大的发展空间，其制约因素主要体现在：一是源头自主创新的协同与联系较弱，中兴、华为事件引发的芯片危机思考是大湾区源头创新能力短缺的重要体现，而源头创新能力提升依赖创新资源要素的联系与合作，具体体现在高校、科研院所等科研载体之间的协同程度较低、国家省市等实验室创新载体之间协同性较低、开放共享效率较低，大湾区内部的科研创新载体的"1＋1＞2"的创新协同潜能尚未有效地挖掘利用。二是大湾区内部城市各级政府在创新补贴政策制定、孵化器、加速器等创新激励环节缺乏产业协同性，存在一定城市的政府政策同质竞争，不利于长期创新生态体系的构建；这一点主要体现在地方政府在创新政策制定环节过度看齐国家创新政策，而忽视地区自身的产业发展特征以及企业创新面貌，从而带来类似不考虑产业发展现状的清一色"未来产业"补贴政策。

（4）智力流通渠道不畅。人力资本的流通渠道不畅越来越成为阻碍大湾区高质量空间发展的约束因子，人力资本的跨区域流通受阻不但削弱跨境人力资本累积的人力资本存量对经济增长产生正向作用，还削弱通过人力资本跨境带来的知识与技术扩散带动区域经济发展，此外因为流通渠道不畅同样削减由于人力资本跨区消费增加需求带来增长。具体表现为：一是由于大湾区内部通勤空间成本较高导致跨市通勤比例较少（仅有2.2%），虽然在逐年增长但总体比例远低于世界一流湾区；二是由于人才签证政策对智力跨境流通形成阻塞压力，如内地往来香港持商务签（S签）的人需人才计划引进否则无法在港就业；三是教育、医疗、工资待遇、资格认定等生活工作环境的差别对待引起的智力流通不畅，如港人在内地考取律师资格仍无法参与刑事诉讼案件等。

（5）制度多样性优势利用不足。"经济发展，制度先行"是深圳从改革开放初的小渔村摸爬滚打成40年后的大湾区核心城市最质朴的改革经验，充分利用经济特区立法权以及中央对经济特区的多样性制度安排，"大胆探索，小心落实"，凭借市场与制度之间相互摩擦和边界试探，取得长足发展。然而，大湾区整体在"一国两制三关税区"的多样性、互补性制度的利用上缺乏深圳的胆识与魄力，整体制度创新进展较慢。这部分主要有三个层次的问题：一是当今世界的经济社会发展格局和政治形势相较于改革开放初期发生剧烈变化，中国已发展成为世界第二大经济体，制度层面创新的试错成本越来越高，使制度上的大胆改革变得越来越难以推动，粤港澳大湾区各行政主体缺少制度创新动力；二是粤港澳大湾区当前的制度改革已经触及"一国两制"的根本内容，改革已涉深水区，制度创新需要国家经济体制层面的配合与支持；三是粤港澳大湾区的制度创新涉及部门、机构较多，需要机构部门之间的统筹协调，单靠单一部门的推动很难完成制度层面的突破创新，以上三个问题的叠加使大湾区未能有效发挥自身制度多样性与互补性优势。

（三）研究启示

以上分析结论为未来粤港澳大湾区及周边城市群建设发展带来以下启示：

（1）加强粤港澳城市间的经济空间联系。未来应当加强粤港澳大湾区及周边城市空间联系基础设施的建设，通过增加高铁布线密度来快速缩短城市间的经济空间距离，加大城市间的联系作用强度；此外，城市内部空间可以通过科学合理的空间规划来缩短城市内部空间距离。内外空间距离的缩短可以有效地降低要素流动成本，加快各类资源要素在区际间流通，有效推动整个城市群的一体化融合发展。

（2）加强粤港澳大湾区及周边城市空间结构内部的梯度层级建设。未来应当根据划分的四个空间组织形成相应的经济区域，并在每个组织或者经济区内部培植一个或多个中心城市作为梯度增长极，实现组织内的空间结构复杂化演进，加大整个城市群的空间联系密度，促进城市群空间结构由圈层结构向复杂的网络结构特征转变。

（3）融入国家"一带一路"倡议，扩大湾区经济的空间范围和腹地纵深。未来应积极融入"海上丝绸之路"建设，沿着环珠江口湾区向东北（延伸至福建漳州、厦门沿海）、西南的港口、海岸线进行拓展，扩大湾区经济的空间范围，并在湾区经济的带动效应下沿着海岸线向陆地纵深拓展延伸，加快整个城市群的融合发展。

六、构建粤港澳大湾区世界一流城市群圈层结构

合理的圈层结构对城市群内各城市明确自身定位、建立合理分工格局具有重要意义。粤港澳大湾区城市群第一梯队包括了三个城市：香港、广州和深圳，它们体量相近、各有优势，空间联系紧密，通过基础设施互联互通、制度创新等，未来这三个城市组合起来作为粤港澳大湾区城市群的"超级核心"，然后依次向外构成"小9＋2"紧密圈、"粤＋2"扩展圈和"大9＋2"辐射圈，据此构建更为合理的圈层结构。

（一）原有珠三角圈层结构已不适应大湾区的新要求

从2009年起广东省实施珠三角一体化战略，这一战略将珠三角九市划分为广佛肇、深莞惠和珠中江三个经济圈。这一圈层结构在当时就有"近期"的限定，[①]如今粤港澳大湾区城市群包含香港和澳门，之前的三个经济圈已经不能适

---

① 2009年6月，广东省政府办公厅发布《关于加快推进珠江三角洲区域经济一体化的指导意见》，提出："近期以推进广佛肇、深莞惠和珠中江经济圈一体化为重点，推进城市群规划建设一体化，实现各经济圈内部及相互之间基础设施的共建共享"。

应新的要求。

原有圈层结构将珠三角分为三个圈，这在当时的经济发展和交通建设水平上是可行的，但同时也具有局限性，即人为将整个城市群割裂为几部分。现在已经提出粤港澳大湾区城市群建设，"大湾区"要求整个区域的整体化而不是隔离化发展。粤港澳大湾区只能是在现有的强强联合核心圈下，逐层外扩，但本身不能分割。大湾区城市群只能围绕一个圈融合，而不能划为若干个各自融合。

原有的珠三角"三圈"结构主要依据地缘甚至城市的知名度而结成，并不完全符合城市群形成和发展的规律。从实施情况来看，不同的"圈"之间效果差异很大。2017年统计数据显示，原有是三个圈层中，无论是省与圈层还是圈层内部战略重点一致性的评分都是广佛肇最高，其次为深莞惠，而珠中江最低。这是因为珠中江这一圈层本身不合理，珠中江以珠海作为核心城市，但珠海比圈内的中山、江门两市经济体量都要小，缺乏应有的带动作用，此外，珠中江三个城市加起来仅相当于佛山或东莞一个二流城市的水平，不足香港、广州和深圳其中任何一个的半数，显然不宜作为一个独立的经济圈。

如今核心圈层必须把香港、澳门纳入。珠三角一体化战略的实施背景是国际金融危机造成的外贸出口和经济增长困难，是由广东省政府制定并经中央政府批准的，主要出发点是广东本省的区域经济发展。在《珠江三角洲地区改革发展规划纲要》中虽然也提出了"推进与港澳紧密合作、融合发展"的要求，但作为一项省内规划并未将港澳直接纳入进来，港澳仅属于外部合作地区。此次国家实施的粤港澳大湾区城市群明确将港澳纳入并置于突出位置，必须围绕与港澳的合作来进行重新进行战略布局。

（二）根据经济规律构建更为合理的圈层结构

粤港澳大湾区城市群的11个城市之间具有明显的发展梯级，具有优势互补和分工协作的广阔空间。必须依据内在经济需要而不是城市的级别、地位、知名度来构建圈层结构。焦点是香港、广州和深圳三个城市的"核心"之争，应当搁置争议，从长远发展着眼，将三个城市组合起来共同作为粤港澳大湾区城市群的超级核心。

如前文所述，大湾区城市群发展梯级明显，具有广阔协作空间粤港澳大湾区城市群 11 个城市发展水平各不相同，表现出较为齐整的梯级分布。从经济总量来看，粤港澳大湾区城市群的 11 个城市可以分作三个层级：第一层级是香港、广州和深圳，这三个城市经济总量大体相当，GDP 均超过或接近 2 万亿元，各自相当于我国排名靠中间的一个省的 GDP，如陕西省在全国排名第 15 位，2016 年经济总量 1.9 万亿元；第二层级是佛山和东莞，GDP 分别为 8630 亿元和 6828 亿元，相当于我国经济规模较小的省区 GDP，如西藏；第三层级是其余六个城市，GDP 均在 2000 亿~3000 亿元。从发展程度来看，粤港澳大湾区城市群内 11 个城市人均 GDP 差异显著，区域发展极不平衡。澳门和香港是第一层级，远高于其他城市，澳门人均 GDP 差不多达到肇庆、江门的 10 倍之多；深圳、广州、珠海、佛山、中山是第二层级，人均 GDP 均在 10 万元上下；东莞、惠州、江门、肇庆是第三层级，尤其是肇庆，其人均 GDP 直到 2015 年以前都一直低于全国水平，在全国来说属于"不发达地区"，直到 2016 年才超过全国水平。从产业结构来看，香港和澳门是典型的发达地区和空心化城市，第三产业占比均达到或接近90%；广州、深圳第三产业占比在 60%~70%，属于后工业化或服务经济已占据主导地位的城市；东莞、珠海、中山第三产业占比在 50% 左右，正处于工业经济向服务经济加速转型阶段；其余的江门、惠州、佛山、肇庆第三产业占比在40% 上下，尚处于工业经济快速发展阶段。

从以上三个指标来看，粤港澳大湾区城市群 11 个城市构成较为齐整的梯级分布，城市之间存在按超大城市带动大城市再带动中等城市的动力，也存在产业从发达城市到不发达城市梯度转移的趋势，由于这种层次分明的梯级关系，各城市间存在优势互补、分工协作的巨大空间。

大湾区城市群圈层结构的构建必须遵循经济规律。城市群之所以会出现，首先是因为超大城市的经济聚集效应，由于聚集产生需求、分担成本、汇集信息和创新要素，在这种聚集效应达到饱和时就会产生外溢，带动周边城市形成层级分工布局。大湾区城市群圈层结构必须遵循这一基本规律，按照经济体量、带动能力、分工关系来进行构建，而不能按照城市地位、级别或知名度来人为指定。

（三）构建"核心圈＋紧密圈＋扩展圈＋辐射圈"的大湾区城市群圈层结构

香港—深圳、广州—佛山强强联合，无疑是粤港澳大湾区城市群当之无愧的

"超级核心",不仅是大湾区要素汇集中心,也是大湾区带动力的源泉,可以源源不断地发挥增长极的作用。围绕这一超级核心,根据经济发展水平和空间地理关系,可依次向外扩展,形成"核心圈 + 紧密圈 + 扩展圈 + 辐射圈"的四圈层结构,如图3-6所示。

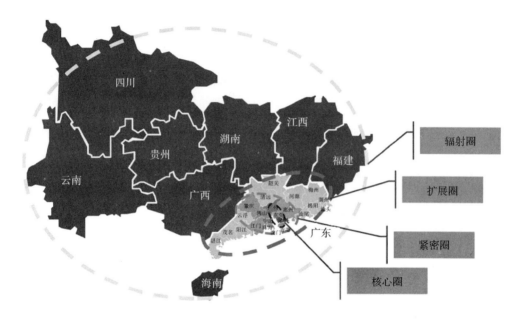

图3-6 粤港澳大湾区圈层结构

(1) 以"广—深—港"作为粤港澳大湾区城市群"超级核心"。以"广—深—港"作为粤港澳大湾区城市群的"超级核心",进一步强化"广—深—港"之间的交通设施,实现交通主轴的加粗化、快捷化、便利化,促进城市间的通勤往来,形成产业发达、生活舒适、高度一体的国际大都会区。以深港合作为突破口,进一步减少通关往来障碍,实现深圳和香港同城化、融合型发展。进一步发挥香港金融、深圳科技创新、广州先进制造业的优势,实现互补和错位发展。统筹提升三个城市的港口基础设施,建成世界航运和贸易中心。"广—深—港"将成为粤港澳大湾区城市群的强大"动力室"。

(2) 以"小9+2"作为粤港澳大湾区城市群"紧密圈"。"小9+2"指粤港澳大湾区城市群的"二区九市":香港、澳门两个特别行政区以及广州、深圳、珠海、佛山、江门、东莞、中山、惠州和肇庆九个城市。应以"小9+2"作为粤港澳大湾区城市群的"紧密圈"，同时也是基本圈，在不加注明的情况下，人们通称的粤港澳大湾区城市群指的就是这个圈层。应在这一圈层大力发展湾区经济，通过开放的经济结构、高效的资源配置能力、强大的集聚外溢功能、发达的国际交往网络，将粤港澳大湾区城市群建设成为更具活力的经济区、宜居宜业宜游的优质生活圈和内地与港澳深度合作的示范区，打造国际一流大湾区和世界级城市群。

（3）以"粤+2"作为粤港澳大湾区城市群"扩展圈"。"粤+2"指广东全省域以及香港、澳门两个特别行政区。建设粤港澳大湾区城市群应以"粤+2"为扩展圈，推进产业梯度转移和先进制度向粤东、粤西、粤北扩散，推动广东省实现新一轮发展。通过基础设施互联互通建设，构建协同发展现代产业体系，提升市场一体化水平，进一步强化广东作为全国改革开放先行区、经济发展重要引擎的作用，为全国推进供给侧结构性改革、实施创新驱动发展战略、构建开放型经济新体制提供支撑，同时也为维护香港、澳门的长期繁荣稳定贡献力量。

（4）以"大9+2"作为粤港澳大湾区城市群"辐射圈"。"大9+2"指泛珠三角地区九个省区：广东、福建、海南、江西、广西、贵州、云南、湖南、四川，以及香港和澳门两个特别行政区。"大9+2"地区拥有全国1/5的国土面积、1/3的人口和1/3以上的经济总量，在国家区域发展总体格局中具有重要地位。应充分发挥粤港澳大湾区在管理创新、科技进步、产业升级、绿色发展等方面的辐射带动和示范作用，带动中南、西南地区发展。促进城市群之间和城市群内部分工协作，形成以大城市为引领，以中等城市为依托，以重要节点城市和小城市为支撑的新型城镇化和区域经济发展格局。

第四章 粤港澳大湾区金融禀赋与融合发展

《粤港澳大湾区发展规划纲要》明确围绕"建设国际金融枢纽""大力发展特色金融产业""有序推进金融市场互联互通"三个方面，部署了粤港澳大湾区金融发展、空间布局、各市分工等。不难推测，金融发展对粤港澳大湾区经济发展具有举足轻重的作用，从某种程度上而言，金融禀赋和湾区内空间联系及结构，对粤港澳大湾区建成世界一流城市群具有重要的支撑作用。本章从研究国际湾区金融引领发展格局角度切入，分析了粤港澳大湾区金融发展的显著特征，研究粤港澳大湾区金融发展、空间联系与湾区经济增长，为推动粤港澳大湾区金融融合发展提出某些建议。

一、粤港澳大湾区金融禀赋特点明显，发展潜力巨大

（一）国际三大知名湾区呈现"金融＋"引领发展格局

纵观国际知名湾区发展历程，至今仍然试图以"金融＋"的业态发展模式引领全球，这种"金融＋"的模式包括"金融＋现代服务""金融＋前沿科技创新""金融＋未来产业"等，湾区强大的金融禀赋，并以此为基础支撑形成分工格局，正在逐渐成为湾区经济的核心优势。

1. 纽约湾区：金融助推产业转型

纽约湾区是世界金融中心、国际航运中心，截止到 2017 年湾区人口约 2300 万人，约占全美的 20%，GDP 约 1.4 万亿美元，约占全美的 9%。20 世纪 70 年代以来，纽约制造业开始外迁转移，市中心曼哈顿逐渐形成金融商务集群。随着美国科技和经济的持续发展，国际资本进一步向纽约湾区集聚。曼哈顿产业主要集中在金融、保险、房地产，空间布局上新城以华尔街为中心的金融集群，以第五大道为中心的商贸中心。曼哈顿以纽约湾区 8% 的占比贡献了 70% 的产值，而金融业的贡献率达到 40% 以上[①]。

纽约湾区的发展，首先受益于伊利运河的建成，依托地理区位优势吸引货物和资本向湾区集聚，制造业首先得到发展，到 1860 年，纽约成为全美制造中心。"二战"后，随着美元在世界货币体系中强大影响力，曼哈顿金融业发展进入"快车道"，制造业逐渐搬离商务成本趋高的纽约湾区。与此同时，充足的制造业内劳动力为金融业提供了人力保障。100 多年来，华尔街一直是在全球金融中心，有关数据显示 2900 多家金融、外贸机构在华尔街集聚。纽约湾区金融业的集聚和发展，逐步彰显纽约湾区的金融国际化优势，成熟和便利的上市规则、巨大的资本规模、强大的宣传力等，吸引了全球各地新兴公司、高科技公司、高新制造业公司赴美上市，进一步增强纽约湾区金融发展优势。由此可见，金融发展助推了纽约湾区产业转型升级。

2. 旧金山湾区："金融 + 科技"推动科创公司涌现

旧金山湾区的金融发展和纽约湾区大不相同。旧金山湾区既没有纽约湾区那么多的传统机构，也没有大型证券交易场所。旧金山湾区的金融集聚体现在举不胜举的风投公司，主要集中在沙丘路（Sand Hill Road）。

旧金山湾区的科技公司主要集中在著名的硅谷，这些科技公司创业风险很高，很难从传统金融机构获得融资，而风险投资企业恰巧偏好这些科技创业公司，从而促成了旧金山湾区最有代表性的"金融 + 科技"产业特点，旧金山湾区也发展成为以风投著称的科技专业性金融中心。

目前，旧金山湾区闻名全球的 KPCB（Kleiner Perkins Caufield&Byers）和红

① 亚洲金融智库. 粤港澳大湾区金融发展报告［M］. 北京：中国金融出版社，2018：13.

衫资本（Sepuoia Capital），因为成功投资了微软、谷歌、亚马逊、甲骨文、思科等科技公司，而成为全球科创投资界的领军风投公司。旧金山湾区不仅有一系列大型科技巨头，同时也孵化了注入 Instagram、Evernonte 等大量中小型科创公司。

当前，旧金山湾区科创与风投资本形成良性互动。一方面创业风险极高的科技公司大量集聚吸引了风投资本涌向湾区；另一方面创业成功后的科技公司创始人转身成为风险投资人，以其自身的判断能力和创业经验投资或者扶持其他科技创业公司，助力湾区内涌现更多的科技创新企业。

3. 东京湾区：政府主导下"金融 + 产业"不断融合

东京湾区，也称日本首都圈，位于日本东岸，强大的制造业是东京湾区的支柱产业，而金融尤其是传统银行对制造业融资的大力支持，才是东京湾区制造业崛起的有力保障。回顾 20 世纪东京湾区发展历程不难得知，随着"二战"后经济复兴，在外贸政策的导向下，东京湾区制造业逐步形成规模。而"二战"后的复兴时期，日本的金融发展接受政府干预较多，日本秉持实用主义原则，通过实施各种政策性金融政策，为日本重化工企业提供金融支持，制造业得到强有力的发展。随着经济的不断发展、产业分工不断细化等，东京湾区内的金融、咨询、研发等生产型服务业得到发展。可见，东京湾区在政府主导下，"金融 +"产业不断融合发展。

东京湾区虽然也是国际金融中心，但是和纽约湾区的交易所相比，东京湾区金融市场国际化程度相对较低。纽约湾区上市公司除了美国本土企业外，还有新加坡、加拿大、英国、以色列、爱尔兰、德国、法国、比利时、中国、韩国等国家的公司，而东京证券交易所仅 6 家外国上市公司。据有关统计数据显示，东京交易所前 20 大上市公司中，绝大部分都是湾区内部企业。由此可见，东京湾区的金融显著支撑湾区内部企业发展所需，从而更加强化湾区企业密度、资源集聚优势。

（二）对标国际知名湾区，粤港澳大湾区金融禀赋特点

金融服务为湾区产业集群、科技创新、要素集聚提供不可或缺的支持。对比国际三大知名湾区发展过程中"金融 +"发展经验，以期为粤港澳大湾区建成国际一流湾区和世界一流城市群提供借鉴或启示。

1. 粤港澳大湾区金融基础较好

粤港澳大湾区金融产业在亚洲地区具有较好基础。香港是全球三大国际金融中心之一，广州和深圳在全球金融中心排名也位居前列①。目前，粤港澳大湾区金融业总体规模在全球都具有影响力，截止到 2017 年年底粤港澳大湾区三地银行总资产约 7 万亿美元，超过纽约湾区和旧金山湾区。

2. 先进制造业继续发展和新兴产业蓬勃发展将释放更多金融需求

粤港澳大湾区产业体系完备，新兴科技产业蓬勃发展，实体经济发展必然催生金融需求，需要集聚的金融要素为实体经济提供保障。综观国际知名湾区，产业和金融联动发展，已成为湾区经济形态"典范"。粤港澳大湾区既有深圳科技企业集群，也有广州、佛山制造业集群，还有其他城市的特色产业集聚，不难推测未来粤港澳大湾区实体经济发展必然释放金融需求。

3. 粤港澳大湾区经济金融已呈现梯级发展态势

目前，粤港澳大湾区已初步形成层级分明的金融发展格局，大致可以分为三个层级：第一层级是金融业增加值超过 1000 亿元的香港、深圳、广州，截止到 2017 年年底数据，香港和深圳的金融增加值都超过 3000 亿元，占 GDP 比重超过 10%，广州金融增加值约 2000 亿元。第二层级是东莞、佛山、澳门，作为大湾区重要的金融城市，其金融增加值在 200 亿元到 500 亿元，金融业相对发达。第三层级就是金融增加值在 200 亿元以下的其他城市，包括中山、珠海、惠州、江门、肇庆五市，这五个城市 2017 年 GDP 均在 500 亿元以下，金融业增加值更是落差较大。这种金融业发展层级态势，反映湾区内金融集聚空间巨大，金融对城市群专业化分工的影响空间巨大。

4. 粤港澳大湾区金融科技创新方兴未艾，潜力巨大

经过改革开放以来的快速发展，粤港澳大湾区的金融科技创新已经处于全球领先地位。关于金融科技创新的定义，已有多种表述，不尽相同②。我们认为，粤港澳大湾区的金融科技创新主要指技术以及由技术所带来的金融发展模式创新。就目前来看，粤港澳大湾区金融科技创新生态发展呈现体系逐步完善、实力

---

① 英国 Z/Yen 集团与中国（中国）综合开发研究院 2018 年 3 月联合发布的第 23 期全球金融中心指数。

② 相关定义请参阅亚洲金融智库研究报告《粤港澳大湾区金融发展报告》（第 141 页）。

有待提升阶段。

（1）从总体来看，处于全球领先，企业创新活跃，发展潜力巨大。2018 年，浙江大学互联网金融研究院对全球金融科技发展程度进行了研究和排名，结果显示前五位依次是长三角地区、旧金山湾区、京津冀地区、大伦敦地区和粤港澳大湾区，在城市排名中深圳、香港和广州分别位居第 7 位、第 13 位和第 14 位。大湾区的金融基础扎实，2017 年香港、广州和深圳金融业生产总值在 7800 亿元左右，北京和天津加起来的该行业产值约 5500 亿元。从企业创新活跃程度角度来看，中关村互联网金融研究院等机构的研究结果显示，以品牌知名度、企业竞争力和融资额度来看，全国 100 强榜单中粤港澳大湾区有 15 家企业入围，深圳占比最多，广州、东莞的金融科技创新项目也有突出表现。

（2）从行业层面看，生态体系相对完善，实力有待提升。金融科技创新的主体大致包括通过技术提供服务的金融创新公司、监管公司，还包括传统金融机构，生态分为生产者、投资者和监管者。粤港澳大湾区内基本上是金融科技创新生态链全覆盖，相当完善。但是粤港澳大湾区的金融科技企业实力尚不够强大，这些企业大多处在天使轮，真正上市的尚为少数。据统计，2017 年我国主要区域金融科技企业上市公司数目，京津冀地区有 103 家金融科技企业上市，长三角地区有 157 家金融科技企业上市，而粤港澳地区只有 72 家金融科技企业上市，可见粤港澳大湾区金融科技实力尚低于其他区域。

（3）从区域布局层面看，广东金融科技细分领域全覆盖，香港虚拟银行快速发展。广东省的金融科技企业覆盖了所有金融科技行业的所有子行业，包括金融基础设施、金融信息服务、互联网金融资产管理到 P2P、互联网消费金融等几乎所有行业。而香港金融科技细分领域中，区块链数字货币企业遥遥领先，虚拟银行迅猛发展。更为重要的是，香港对虚拟银行的监管，特别值得研究。香港对所有银行的监管坚持实质重于形式，出台了专门的虚拟银行监管规则，与传统银行一样遵守同一套监管规则，这样能更有效地监管虚拟银行的发展。

综上，国际知名湾区通过"金融＋"，引领发展格局。对标国际知名湾区，粤港澳大湾区金融发展已经呈现某些显著特征，随着实体经济的发展，金融发展前景广阔，金融禀赋优势强化，有利于推动粤港澳大湾区城市群专业化分工。考察区域金融禀赋，应从当地经济发展对金融需求的显著特点出发，而粤港澳大湾区的现在和未来都呈现科技创新引致金融深化的特点。因此，首先有必要分析粤港澳大湾区金融科技创新的禀赋状况。其次，粤港澳大湾区内部是在一个国家内部拥有两种制度、三个关税区、四大中心城市，在这种结构下湾区内部的金融禀赋也颇有特色，进而本章内容重点分析粤港澳大湾区金融禀赋状况，为后面的进一步分析城市空间结构、分工、发展路径提供依据。

二、粤港澳大湾区金融禀赋、贸易开放度与经济空间演化

根据粤港澳大湾区经济发展特征，构建纳入金融禀赋与贸易开放度的非对称自由资本模型，并采用数值模拟方法考察粤港澳大湾区金融禀赋与贸易开放度对经济空间演化的作用机制。研究发现，粤港澳大湾区金融禀赋与贸易开放度的空间异质性是整个湾区经济空间分异的重要原因，且两者对经济体内部企业区位调整、产业布局与经济空间演化的作用存在显著的空间异质特征。在给定贸易开放度条件下，不同地区金融禀赋发展对经济体产业区位布局和经济空间演化的作用大致相似；而在给定金融禀赋约束下，不同地区贸易开放度的提高对经济空间演化的作用有显著差异，且作用性质与初始金融禀赋高低直接相关。

（一）问题的提出

粤港澳合作本质上是"一个国家、两种制度、三个独立关税区"独特格局下区域合作的新尝试，而区域合作的关键是资本流动带动下的区域经济空间协同发展，这都需要金融服务的支持与相对开放的贸易环境。因此，如何根据粤港澳大湾区阶段性发展实际，充分发挥地区内金融禀赋、贸易开放度对经济要素的空间优化配置作用，是实现打造国际一流湾区和世界级城市群目标的重要研究。

（二）文献回顾

1. 金融发展与经济空间演化

从学术研究轨迹来看，以往研究着重关注金融发展与经济增长的关系，且将两者几乎所有的因果关系都检验过，包括正向促进作用（Levine，1997；Aghion，2004）、负面影响（Menkhoff，2000）、经济增长带动金融发展（Muhammad Adnan Hye Q，2011）、两者相互促进（林毅夫、孙希芳、姜烨，2009）、两者存在倒"U"型关系（李志军、奚君羊，2012）等。近年来，空间经济学的兴起将学者的注意力逐步转移到空间层面的金融发展与经济空间发展研究上。不少学者开始应用新经济地理学经典模型展开金融发展、金融集聚等影响产业布局、区位选择以及经济空间演化的理论与实证分析（蒋三庚、宋毅成，2014；黄德春、徐慎晖，2016）。倪鹏飞、刘伟、黄斯赫等（2014）构建纳入证券市场的自由资本模型，分析指出金融资本通过证券市场的跨区域配置资源能力对区域经济协调发展产生影响。陈刚、王苏生、韩雪（2017）分别从微观企业层面与城市空间层面梳理金融空间分布、产业结构变迁与城市功能分工三者之间的内在关联逻辑，指出金融空间布局对产业空间布局以及区域协调发展的重要作用。此外，部分学者开始应用空间计量分析考察金融发展、金融空间集聚对经济发展的空间溢出效应。李红、王彦晓（2014）利用城市时空面板数据，构建了改进空间杜宾模型分析金融空间分布（集聚与空间溢出）对城市经济增长的影响机制，研究指出金融从业人员规模、空间集聚程度以及金融产出密度对地方经济增长和空间发展有显著促进影响，且在空间层面表现出正的溢出效应，这种金融的空间集聚并没有表现出拥挤效应。孙志红、王亚青（2017）利用西北五个省的空间面板数据，运用空间计量模型同样得出金融集聚对经济增长的正向的空间溢出效应，并指出金融空间溢出的正向引导作用需要政府区域政策的配合。

2. 贸易开放度与经济空间演化

现有国内外研究多关注贸易开放度与区域经济发展问题，且大多通过各自国家地区的实证数据论证贸易开放度对区域经济发展的积极推动作用（Frankel & Romer，1999；H. Yanikkaya，2003；黄新飞、舒元，2010；贾中华、梁柱，2014；R. Sbia 等，2014；徐靖、孟娟，2015）。随着 Martin 和 Rogers（1995）通过构建自由资本（FC）模型将空间维度引入传统的国际贸易研究，大多数学者开始关注贸易开放与区域经济空间集聚问题。Hanson（1998）通过研究贸易改革对墨西哥区域工业就业的影响，指出国际贸易会引起产业部门重新分配资源、影响企业区位选择并带来经济集聚。Kinoshita、Campos（2003）通过对 25 个转型经济体的面板数据分析研究，指出贸易开放度对 FDI 的区位选择有决定性作用。梁琦（2003）通过对跨国公司区位选择的理论与实证分析，指出 FDI 区位选择的驱动力在于贸易开放度与产业集聚的关联效应。熊灵、魏伟、杨勇（2012）通过空间面板数据分析贸易开放对中国区域增长的空间效应，研究指出我国区域贸易开放度的空间异质是经济发展空间发展异质的重要原因。

3. 金融发展、贸易开放度与经济空间演化

关于金融发展、贸易开放度与经济空间演化的关系，国内外学者侧重于通过理论与实证分析论证金融发展与贸易开放度对经济增长的作用机制，基本肯定金融发展以及贸易开放对区域经济发展的积极推动作用（李心丹和路林，1999；Yucel，2007；Menyah，Nazlioglu，Wolde－Rufael，2014；Kaushal，Pathak，2015）。少数学者开始从空间层面研究金融发展、贸易开放与经济空间演化的关系。张辉、刘鹏等（2016）通过构建纳入金融服务部门的自由资本模型，考察金融空间异质性、贸易自由化对区域产业布局的作用机理，他们认为金融从业规模、从业人员金融知识异质性、信息扩散以及贸易自由化等会影响产业集聚。

尽管以往国内外研究已经对金融发展、贸易开放度与经济空间演化展开较为丰富的理论分析与实证研究，且相关研究已开始逐步向空间维度渗透。然而，现有文献主要是从同一经济发展体制下的区域金融与贸易开放角度出发，肯定金融发展与贸易开放度对经济空间发展的影响作用；鲜有学者将具有"一个国家、两种制度、三个独立关税区"特征的粤港澳大湾区作为研究对象，将三者纳入同一个空间经济学理论框架下，从贸易成本与资本收益两个角度出发，综合考察区域金融禀赋发展、贸易开放程度影响区域产业布局、左右经济空间演化的内在机制。本章试图从这一角度着手，通过构建纳入金融禀赋的非对称自由资本模型，应用数值模拟综合考察金融禀赋与贸易开放度对经济发展的空间效应，为未来粤港澳大湾区通过金融发展改革、贸易政策改革推动经济协同发展提供理论支撑。

（三）理论模型

1. 模型假设

本书考察粤港澳大湾区金融禀赋、贸易开放度与经济空间发展的基本模型是基于空间经济学视角，应用拓展的非对称自由资本模型来考察一个"三地区两部门两要素"经济体。模型假设：

（1）考察一个（$3 \times 2 \times 2$）的经济体，包含 R_1、R_2、R_3 的三地区、农业与实体产业两个生产部门、资本与劳动力两类生产要素。其中，三地区 R_1、R_2、R_3 在消费者偏好、技术水平与资源禀赋等对称（不用考虑李嘉图的比较优势），在贸易自由度方面是不对称的。

（2）农业部门是不变弹性的瓦尔拉斯完全竞争部门，不同区域生产同质农产品，且农产品在区域间流动不存在贸易成本，农产品以劳动力为唯一生产要素；实体部门是 DS 垄断竞争、规模报酬递增、无范围经济的产业部门，实体产业部门通过金融支持获得 1 单位资本作为固定投入，劳动力作为可变投入用以生产差异化的制成品，制成品跨区域贸易遵循非对称冰山交易成本设定，如图 4 - 1 所示为经济体的结构，交易成本非对称包含两层意思，一是相同区域间交易成本非对称 $\tau_{ij} \neq \tau_{ji}$，二是不同区域间交易成本非对称（如 $\tau_{12} \neq \tau_{23}$）。

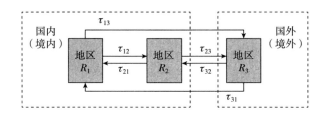

图 4 - 1　三地区经济体的基本结构

（3）资本逐利，根据资本收益率高低跨区域流动，但劳动力只能区域内跨部门流动。整个经济体的资本、劳动力、产出以及企业数总量为 K、L、E 与 N，且 $K = N$；且初始情况下，地区 R_i 的资本禀赋份额、劳动力份额、支出份额与企业份额（市场规模）分别为 s_k^i、s_L^i、s_E^i 与 s_n^i。

借鉴张辉、刘鹏等（2016）对企业固定成本的设定，我们假定企业使用一单位的固定资本需要支付$\pi(1+r)$作为使用成本，其中π为地区资本收益率，r为购买金融服务的费率（可看成金融服务价格）。金融服务价格（费率）r由地区自身金融发展实力即金融禀赋决定，且区域金融禀赋越高，金融发展水平越高，提供金融服务的能力越强，相对应金融服务价格越低。因此，假定金融服务价格与金融禀赋之间满足$1+r_i=\dfrac{\gamma}{fe_i}$，其中，$\gamma>0$为形状参数。

此外，以往研究表明，贸易成本非对称的原因主要包括贸易开放度不对称与金融禀赋水平不对称（倪鹏飞、刘伟、黄思赫，2014；张辉、刘鹏等，2016）。因此，本书将贸易成本看成贸易开放度（$open$）与金融禀赋（fe）的复合函数，从各个变量的科学内涵角度出发，不难理解：地区的贸易成本与贸易开放度、金融禀赋两个因素均呈负相关关系。因此，我们假设地区间贸易自由化是关于贸易开放度、金融禀赋的CD函数，据此将反映贸易成本的冰山贸易成本函数设定如下（这里假设三地区贸易自由化关于贸易开放度、金融禀赋的弹性形参相同为$\{\gamma_1,\gamma_2\}$）：

$$\phi=\tau^{1-\sigma}=open^{\gamma_1}fe^{\gamma_2},\ 0\leqslant\{\varphi,\ open,\ fe\}\leqslant1<\{\sigma,\ \tau\},\ 0<\{\gamma_1,\ \gamma_2\}<1$$

$$(4-1)$$

式中：令$\phi=\tau^{1-\sigma}$反映贸易自由化水平，与贸易开放度（$open$）与金融禀赋（fe）一样表达的都是地区间相对高低水平，因而取值均在$[0,1]$区间内。

2. 行为主体分析

代表性消费者效用采用经典的$C-D$效用函数，制成品为不变替代弹性CES函数形式，三地区代表性消费者偏好、效用函数形式均相同，且农产品与制成品的支出份额固定，分别为$1-\mu$与μ，制成品之间的替代弹性为σ，地区i的制成品种类数为n_i（同时也为企业数），消费支出为E_i，消费者的制成品价格指数为P_{Mi}，且假定不存在储蓄漏出。

$$U=C_M^{\mu}C_A^{1-\mu},C_M=\left(\int_{i=0}^{N}c_i^{\frac{\sigma-1}{\sigma}}di\right)^{\frac{\sigma}{\sigma-1}},P_{Mi}=\left(\int_{i=0}^{N}p_i^{1-\sigma}di\right)^{\frac{1}{1-\sigma}}$$

$$p_AC_A+\int_{i=0}^{N}p_ic_idi=E_i,0<\mu<1<\sigma,N=n_1+n_2+n_3\qquad(4-2)$$

由代表性消费者效用最大化可推出 $C_{Mi} = \dfrac{uE_i}{P_{mi}}$，$C_{Ai} = \dfrac{(1-u)\ E_i}{P_{Ai}}$，且代表性消费者对制成品的消费是三个地区制成品的 CES 加总，因此得出地区 j 的消费者对地区 i 生产的制成品的需求量 c_{ij} 为：

$$C_{ij} = \mu E_j \frac{P_{ij}^{-\sigma}}{P_{Mj}^{1-\sigma}} = \mu E_j \frac{P_{ij}^{-\sigma}}{\Delta_j N}, \Delta_j N = P_{Mi}^{1-\sigma} = \int_{i=0}^{N} P_i^{1-\sigma} di \qquad (4-3)$$

式中：p_{ij} 为地区 i 生产的制成品在地区 j 的价格，满足 $p_{ij} = \tau_{ij} p_i$。

根据自由资本模型可知，农产品价格在各地区是相等的（不存在贸易成本，没有贸易摩擦损耗），且满足 $p_{Ai} = w_{Li} a_A = p_{Aj} = w_{Lj} a_A$，因此劳动力工资水平各区域相等（劳动力可以跨部门流动），统一记为 w_L。

实体产业部门为垄断竞争部门，企业生产使用收益率为 π 的一单位资本需要支付利率为 r 的资本成本，据此第 m 种制成品的生产成本函数为：

$$TC_m = \pi(1+r) + w_L a_M x_m \qquad (4-4)$$

地区 1（其他两地区以此类推）的 m 种制成品产出水平 $x_{1,m}$ 满足：

$$x_{1,m} = c_{1,m} + \tau_{12} c_{12,m} + \tau_{13} c_{13,m} \qquad (4-5)$$

3. 短期均衡

短期条件下，资本不可以自由流动。由 DS 垄断竞争以及自由资本模型可知，企业制成品定价为固定成本加成定价，满足：

$$p_i = \frac{w_L a_M}{1 - 1/\sigma} = p \qquad (4-6)$$

据此换算各地区的制成品价格指数 P_{Mi} 如下：

$$P_{Mi}^{1-\sigma} = n_i p^{1-\sigma} + \sum_{j \neq i} n_j (\tau_{ji} p)^{1-\sigma} = N p^{1-\sigma} \left[s_n^i + \sum_{j \neq i} \varphi_{ji} s_n^j \right] \qquad (4-7)$$

此外，DS 垄断竞争下企业均衡时超额利润为零，即企业经营利润刚好弥补固定成本，因此地区 i 的资本收益率满足：

$$\pi_i = \frac{p x_i - w_L u_M x_i}{1 + r_i} = \frac{p x_i}{\sigma} \frac{f o_i}{\gamma} \qquad (4-8)$$

根据式（4 - 3）、式（4 - 5）、式（4 - 7）、式（4 - 8）可推出地区 i 的资本收益率 π_i：

$$\pi_i = b \frac{E}{N} B_i \frac{f e_i}{\gamma}, b = \frac{\mu}{\sigma}, B_i = \frac{s_E^i}{\Delta_i} + \sum_{j \neq i} \phi_{ij} \frac{s_E^j}{\Delta_j}, \Delta_i = s_n^i + \sum_{j \neq i} \phi_{ji} s_n^j \qquad (4-9)$$

4. 长期均衡与模型标准化

资本长期情况下可以自由流动，由资本流动引起的经济结构变动由要素流动方程 $\dot{s}_n = (\pi_i - \pi_j) s_n (1 - s_n)$ 决定，即存在两种长期均衡情形：① $s_n (1 - s_n) = 0$，求得 $s_n = 0$ 或 1，即实体产业部门空间分布呈稳定的 CP 结构，且产业空间布局呈完全集聚或不集聚态势。② $\pi_i - \pi_j = 0$，即地区之间资本收益率相当，资本不再流动，产业空间布局与支出结构稳定。本书着重考察第二种情形下的均衡状态，即 $\pi_i - \pi_j = 0$ 时各变量间的作用关系。

为了简化模型分析，本书选择合适的度量衡对模型进行标准化处理，简化思路借鉴 FC 模型，即选农产品作为计价单位，且农业部门单位劳动产出为一单位农产品，可得 $p_A = a_A = w_L = 1$。实体产业部门中令 $\dfrac{a_M}{1 - \dfrac{1}{\sigma}} = 1$，可得 $p_M = \dfrac{w_L a_M}{1 - \dfrac{1}{\sigma}} = p = 1$。

此外，将经济体的资本总量、总支出、企业种类与数量总数均单位化为 1，即 $K = 1$，$E = 1$，$N = 1$，由此可得 $n_i = s_n^1$，$E_i = s_E^1$。

据此，由 $\pi_i - \pi_j = 0$，联合式（4 - 8）及标准化过程，可推出 $B_1 fe_1 = B_2 fe_2 = B_3 fe_3$，即均衡状态由以下隐函数方程组决定（出于简洁考虑未将 $\varphi_{ij} = open_{ij}^{\gamma_1} fe_{ij}^{\gamma_2}$ 代入方程组）：

$$\begin{cases} \dfrac{(fe_1 - fe_2\varphi_{21}) s_E^1}{s_n^1 + \varphi_{21} s_n^2 + \varphi_{31} s_n^3} + \dfrac{(fe_1\varphi_{12} - fe_2) s_E^2}{\varphi_{12} s_n^1 + s_n^2 + \varphi_{32} s_n^3} + \dfrac{(fe_1\varphi_{13} - fe_2\varphi_{23}) s_E^3}{\varphi_{13} s_n^1 + \varphi_{23} s_n^2 + s_n^3} = 0 \\[4mm] \dfrac{(fe_1 - fe_3\varphi_{31}) s_E^1}{s_n^1 + \varphi_{21} s_n^2 + \varphi_{31} s_n^3} + \dfrac{(fe_1\varphi_{12} - fe_3\varphi_{32}) s_E^2}{\varphi_{12} s_n^1 + s_n^2 + \varphi_{32} s_n^3} + \dfrac{(fe_1\varphi_{13} - fe_3) s_E^3}{\varphi_{13} s_n^1 + \varphi_{23} s_n^2 + s_n^3} = 0 \end{cases} \quad (4-10)$$

式中：$\phi_{ij} = open_{ij}^{\gamma_1} fe_{ij}^{\gamma_2}$，$s_n^1 + s_n^2 + s_n^3 = 1$，$s_E^1 + s_E^2 + s_E^3 = 1$。本书考察金融禀赋、贸易开放度对区域经济空间演化的影响机制，在模型中即是考察 $\{fe_i, open_{ij}\}$ 对市场份额（产业空间份额）$\{s_n^1, s_n^2, s_n^3\}$ 的作用机制，通过式（4 - 10）以及给定变量值来求出 $\{s_n^1, s_n^2, s_n^3\}$ 关于 $\{fe_i, open_{ij}\}$ 的表达式。虽然 FC 模型一般都可以求出显性解，但本书的三地区非对称 FC 模型变量较多，求解相对复杂且显性解繁杂不易观察变量之间的关系，因此，我们将通过 MATLAB 进行数值模拟来判断变量间的内在关系。

（四）粤港澳大湾区经济空间发展：数值模拟

出于贴近客观现实考虑，基准模型中的三个地区随着粤港澳大湾区所处阶段的不同对应不同的城市组合，借鉴伍凤兰、陶一桃、申勇等（2015）对湾区经济发展阶段与动力演进机制的分析思路，我们从经济开放与贸易自由化的角度出发，认为当前粤港澳大湾区已经由过去的经济特区阶段转向自由贸易区阶段，未来将向贸易一体化阶段转变。据此，我们主要分析当前自由贸易区阶段不同地区金融禀赋、贸易开放度对经济空间演进的影响机制。

粤港澳大湾区的自由贸易区发展阶段对应：2015 年广东三个自贸区正式挂牌到粤港澳贸易一体化初期。这一时期，地区 1 代表"9 + 2"格局中的境内非自贸区城市（佛山、东莞、惠州、中山、江门、肇庆），地区 2 代表境内自贸区城市（主要是广州、深圳、珠海），地区 3 代表香港、澳门两个特别行政区。地区间的贸易自由度设定为：

$$\tau_{13} = \tau_{12}\tau_{23} = (\phi_1\phi_2)^{\frac{1}{1-\sigma}}, \quad \tau_{23} = \phi_2^{\frac{1}{1-\sigma}}, \quad \tau_{31} = \tau_{32} = \phi_3^{\frac{1}{1-\sigma}}, \quad \tau_{12} = \tau_{21} = \phi_1^{\frac{1}{1-\sigma}} \quad (4-11)$$

据此得到 $\{s_n^1, s_n^2, s_n^3\}$ 关于 $\{fe_i, open_{ij}\}$ 的隐函数方程组：

$$\begin{cases} \dfrac{(fe_1 - fe_2\phi_1)s_E^1}{s_n^1 + \phi_1 s_n^2 + \phi_3 s_n^3} + \dfrac{(fe_1\phi_1 - fe_2)s_E^2}{\phi_1 s_n^1 + s_n^2 + \phi_3 s_n^3} + \dfrac{(fe_1\phi_1\phi_2 - fe_2\phi_2)s_E^3}{\phi_1\phi_2 s_n^1 + \phi_2 s_n^2 + s_n^3} = 0 \\[4mm] \dfrac{(fe_1 - fe_3\phi_3)s_E^1}{s_n^1 + \phi_1 s_n^2 + \phi_3 s_n^3} + \dfrac{(fe_1\phi_1 - fe_3\phi_3)s_E^2}{\phi_1 s_n^1 + s_n^2 + \phi_3 s_n^3} + \dfrac{(fe_1\phi_1\phi_2 - fe_3)s_E^3}{\phi_1\phi_2 s_n^1 + \phi_2 s_n^2 + s_n^3} = 0 \end{cases} \quad (4-12)$$

式中：$\phi_i = open_i^{\gamma_1} fe_i^{\gamma_2}$，$s_n^1 + s_n^2 + s_n^3 = 1$，$s_E^1 + s_E^2 + s_E^3 = 1$。支出份额参数 s_E^1、s_E^2、s_E^3 等界定方法借鉴陈飞（2009），魏丹、许培源（2015）中的设定，根据 2015 年三个地区生产总值占经济体的比重确定对应的市场份额，得到 $s_E^1 = 0.29$，$s_E^2 = 0.45$，$s_E^3 = 0.26$。

为了直观考察金融禀赋、贸易开放度对经济空间演化的空间异质作用，本章通过锁定相应两个地区参数，然后分别考察地区 1、地区 2 自身金融禀赋、贸易开放度变化如何影响经济体整体的产业区位变化和经济空间演化。

1. 金融禀赋对经济空间演化的影响

（1）锁定地区 1、地区 3 的金融禀赋。假设地区 1、地区 3 的金融禀赋已知，

$fe_1 = 0.45$，$fe_3 = 0.65$，且三地贸易开放度已知，将以上代入式（4-12）通过数值模拟得出经济体三个地区市场份额随着地区 2 金融禀赋变化的曲线图（图 4-2（1））。当地区 2 的金融禀赋 $fe_2 < 0.05$（某一临界值，节点受参数设置影响）时，地区 2 金融服务效率较低、企业生产的固定资本投入较高、跨区域贸易壁垒较高，地区 1、地区 3 的资本优势、贸易成本优势显著，资本主要在地区 1、地区 3 之间流动，资本流动带动实体产业部门选择在地区 1、地区 3 进行生产。当地区 2 的金融禀赋 $fe_2 > 0.05$ 临界值时，其金融禀赋增长会增加地区自身的金融服务效率，降低金融服务成本和贸易成本中的金融要素成本，提高该地区贸易自由度，减小交易摩擦，进而增强地区实体经济部门的企业资本收益，资本向该地区流动并带动经济体内部其他地区产业向该地区转移，扩大该地区市场份额和经济规模，形成本地市场放大效应和经济空间布局的集聚演化。

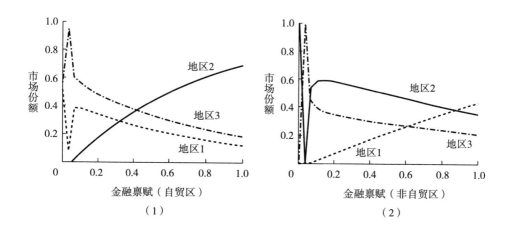

图 4-2　不同地区金融禀赋对经济空间演化的影响

（2）锁定地区 2、地区 3 的金融禀赋。我们假设地区 2、地区 3 的金融禀赋已知，赋值为 $fe_2 = 0.6$，$fe_3 = 0.65$，且三地贸易开放度已知，将以上代入式（4-12）通过数值模拟得出经济体三个地区市场份额随着地区 1 金融禀赋变化的曲线图（图 4-2（2））。当地区 1 的金融禀赋 $fe_1 < 0.05$（某一临界值，节点受参数设置影响）时，地区 1 实体部门从事生产活动的固定资本投入较高、与其他地区的贸易成本较高，地区 2、地区 3 在资本成本、收益以及贸易成本上均较地

区 1 有显著的比较优势，资本主要集中在地区 2、地区 3。当地区 1 金融禀赋发展水平跨过这一临界值时，自身金融禀赋的发展开始追赶地区 2、地区 3 的资本、贸易成本优势，并不断循环累积，形成本地市场放大效应。

对比图 4-2（1）（2）不难发现，地区 1 与地区 2 金融禀赋的发展对经济体空间格局的作用机制是相似的，表现为：跨越临界点后地区自身金融禀赋的发展会不断提升自身金融服务效率、降低资本成本与贸易成本，进而不断提升地区自身的市场份额，且形成一定程度的本地市场扩大效应。与此同时，跨越临界点后地区金融禀赋的攀升，会使其他两个地区中相对金融禀赋较弱地区的市场份额呈倒 "U" 型变化态势，而较强禀赋地区的市场份额呈双曲线（第一象限）分布态势。

2. 贸易开放度对经济空间演化的影响

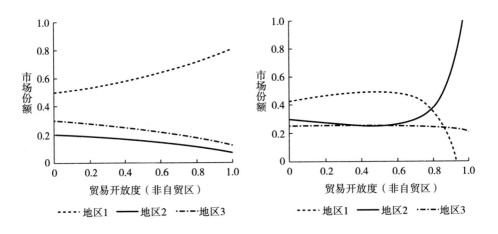

图 4-3　不同地区贸易开放度对经济空间演化的影响

（1）锁定地区 1、地区 3 的贸易开放度。如图 4-3（1）所示为本书通过数值模拟得出粤港澳大湾区经济体三个地区市场份额随着地区 2 贸易开放度变化的曲线图。显然，在初始状态下地区 2 已经占有比地区 1、地区 3 更高的市场份额（由初始参数设定决定）。随着贸易开放度不断提高，地区 2 的贸易自由度不断提高，贸易成本不断降低，相对于地区 1、地区 3 的资本优势、贸易成本优势更加显著，促使地区 1、地区 3 的资本不断流向地区 2，资本流动带动实体产业部门的区位调整，导致两地区的市场份额不断下降，地区 1 的市场份额不断提升，且成本关联的循环累积因果不断增强，加强本地市场扩大效应。

（2）锁定地区 2、地区 3 贸易开放度。如图 4－3（2）为 MATLAB 数值模拟绘制的粤港澳大湾区经济体三个地区市场份额随着地区 1 贸易开放度变化的曲线图。显然，地区 1 贸易开放度的发展变化对粤港澳大湾区经济体产业布局与经济空间演化的影响不同于地区 2，即影响作用存在一定的空间异质特征。与地区 2 不同，地区 1 贸易开放度在 ［0，0.42］ 区间内时，贸易开放度的提高并不会带来地区 1 市场份额的提高，原因主要是在此区间内的贸易开放度提升虽然可以降低地区 1 的贸易成本，但是由于地区 2 的本地市场扩大效应，其相对地区 1 仍然具有资本收益的优势，因此这一区间地区 1、地区 3 的市场份额均呈下降趋势。当跨过这个区间后，地区 2 相对地区 1 的比较优势在不断降低，已不足以抵消地区 1 贸易开放度对市场份额的提升效应，因而地区 1 的份额开始攀升。随着地区 1 贸易开放度的进一步提升，地区 2 本地市场放大效应消失，地区 2 相对地区 1 的比较优势开始削弱，直至大约 $open_1 = 0.8$ 的位置地区 2 的市场份额被地区 1 反超。这个阶段，地区 1 贸易开放度提升引起的贸易成本降低是市场份额提升的主要动力，贸易壁垒的削弱不仅仅抵消了地区 2 的份额上升因素，而且加快资本流入，带动实体产业部门的区位迁入，形成经济空间集聚态势。

对比图 4－3（1）（2）不难发现，地区 1 与地区 2 贸易开放度的发展对经济体空间格局的作用机制是截然不同的，表现为：初始份额优势区域贸易开放度的提高，直接放大本地市场扩大效应，加速资本向该地区流入，带动企业区位调整，形成集聚经济格局；而初始份额劣势区域贸易开放度提高并不能立竿见影地提升自身市场份额，在开始一段时间内，贸易开放度的提升主要被用来抵抗来自地区 2 对其的吸引凝聚效应，随着贸易开放度的不断提高，地区 1 慢慢摆脱地区 2 的吸纳作用，并且逐步建立自身的本地市场放大效应和循环累积因果。

（五）简要结论与启示

本章应用纳入金融禀赋、贸易开放度的非对称自由资本模型，对粤港澳大湾区产业区位选择和经济空间演化机制展开理论分析，并通过数值模拟直观考察地区金融禀赋、贸易开放度对经济体产业布局的空间效应，得出以下结论：

（1）地区金融禀赋、贸易开放度在一定程度上均有助于地区自身产业发展和经济空间集聚；且各地区金融禀赋与贸易开放度的符合作用对经济体产生的空间符合效应是决定粤港澳大湾区经济空间演化分异的重要因素；这都与以往研究结论相似。

（2）在粤港澳大湾区各地区贸易开放度高低确定的情况下，不同地区金融禀赋对产业区位布局和经济空间演化的作用大致相似。

（3）在粤港澳大湾区各地区金融禀赋大小确定约束下，贸易开放度对产业区位布局和经济空间演化的作用同样存在空间异质性，且空间效应性质与初始金融禀赋设定有关。

（4）区域金融禀赋与贸易开放度对产业空间集聚、经济空间演化的边际效应存在显著差异。随着地区金融禀赋的不断发展，贸易开放度对实体产业部门空间集聚的边际促进效应，形成本地市场放大效应，加速经济体空间集聚，扩大经济空间分异特征；而随着地区贸易开放度的不断提高，金融禀赋对实体产业部门空间集聚的边际促进效应存在空间异质性。

以上分析结论为未来粤港澳大湾区经济空间发展带来以下启示：

（1）整体提升粤港澳大湾区金融服务实体经济发展效率，加快推动粤港澳金融创新与协同发展。金融禀赋的发展不单单是传统金融的"量增"发展，而是综合发展水平的提高，表现为金融服务经济效率不断提高的"质升"过程。从本章的自由资本模型分析可知，地区金融禀赋的发展有助于自身对其他地区经济要素的吸附与集聚，加快资本流入、形成与累积，推动区域外企业调整区位选择，形成本地市场扩大效应。因此，未来粤港澳大湾区发展必须高度重视金融支持作用，具体主要从资本与贸易两方面着手。资本方面，重点推进人民币国际化、利率市场化进程，积极探索离岸金融创新、构建离岸金融体系，多渠道提高湾区资本收益、降低资本成本。贸易方面，重点融入"一带一路"倡议，主动推进粤港澳大湾区金融输出，创新金融模式与金融协同，积极鼓励湾区金融海外布局与海外金融合作，配合国家"一带一路"倡议，提升大湾区国际影响力。

（2）科学有序地推进粤港澳大湾区的贸易开放政策改革，将境内的开放格局从现有的三个自贸区不断扩大，一方面有助于吸引海外 FDI 流入，另一方面有助于吸引大湾区周边地区乃至广大的内陆腹地的经济要素向大湾区集聚。海外

FDI 的引入还会产生一定程度的正外部性，通过知识扩散、技术扩散等渠道提升大湾区经济效率。大湾区对周边与广阔内陆腹地的吸附作用，可以为大湾区经济发展提供丰富的劳动力与人力资本，同时也给大湾区的延伸拓展提供城市空间。此外，循序推进大湾区贸易开放有助于粤港澳的贸易融合，加快经济一体化进程。

三、粤港澳大湾区金融发展、空间联系与粤港澳大湾区经济增长

如前所述，国际知名湾区仍然试图以"金融＋"的业态发展模式引领全球，这种"金融＋"的模式包括"金融＋现代服务""金融＋前沿科技创新""金融＋未来产业"等，湾区金融纵深发展和一体化进程正在逐渐成为湾区经济的核心竞争要素。相较这一点，粤港澳大湾区由于"一二三四"（一国两制、三关税、四中心城市）的特征，区域金融一体化进程仍然处于初步融合阶段，金融资源要素在空间不能自由配置逐渐成为制约粤港澳大湾区跨越发展的一个重要因子。笔者对粤港澳大湾区空间现状、产业格局现状已有阐述，本书主要是摸清粤港澳大湾区内部城市金融发展、金融空间联系对大湾区经济增长的带动作用，为进一步提出大湾区高质量空间发展路径某些建议提供研究依据。

（一）相关研究综述

以往国内外学者研究表明，金融发展水平与所在地区的经济增长水平之间存在一定的因果关系，单就我国而言，不同发展阶段、不同城市的金融发展与经济增长的关系同时出现促进作用（李苗苗、肖洪钧、赵爽，2015）和金融排斥（张国俊、周春山、许学强，2015）。近年来，传统金融发展理论逐渐受到"空间"属性的冲击，且随着空间计量经济学的发展，越来越多的学者将空间要素加入金融发展与经济增长的研究中，开始考察金融空间分布如何作用区域经济发展。国外学者较早地对金融集聚与经济增长关系展开研究，指出金融集聚过程伴

随着知识、技术的空间流动集聚，带动产业结构变迁，进而促进经济活动的集聚与扩散，带动区域经济增长和向周边辐射，国内学者对我国不同时间、地区也展开实证分析，同样得出类似的结论（王丹、叶蜀君，2015）。随着相关研究的丰富和深入，关注金融与经济空间作用关系的研究分化为两个层面，即理论与应用（蒋三庚、宋毅成，2014）。理论层面上，随着空间经济学理论模型的不断发展，带动部分学者将金融要素的空间分布引入经典空间经济模型中，从微观企业行为角度入手，通过数值模拟分析金融空间分布与产业结构变迁、经济发展等之间的时空演变关系（张辉、刘鹏等，2016）。应用层面，则是从金融发展和金融空间分布的实际问题出发，考察空间异质性相关问题的原因与破解思路（李红、王彦晓，2014；苏建军、黄解宇、徐璋勇等，2015；孙志红、王亚青，2017）。目前，从实证分析入手，探讨粤港澳大湾区金融发展的空间特征对经济增长的研究较少。梁经伟等（2018）对影响粤港澳大湾区经济发展因素展开实证分析，指出金融发展、金融与创新的交叉项均对大湾区经济发展有促进作用；邹薇、樊增增（2018）从利用2001～2016年面板数据，从金融规模、效率和结构三个层面分析金融支持粤港澳大湾区经济发展现状，指出金融支持作用存在异质性。以上实证分析均未纳入空间属性，仅通过一般的面板计量模型进行实证分析，忽略金融发展自身的空间溢出、空间联系特征对经济发展的影响。

鉴于此，本部分内容试图从应用层面入手，即了解粤港澳大湾区内部金融禀赋不均衡、城市间金融联系不够深入的现状，尝试通过实证数据来摸底金融禀赋、金融联系对大湾区整体经济增长具体作用机制。

（二）研究数据说明

1. 金融发展评价指标体系

由于金融发展是一个多维度、综合性较强的变量，仅仅用金融业产值、金融从业人员数等单一变量很难科学代表一个地区或者城市金融发展的真实水半。因此，以往研究中考察金融发展对经济增长的作用机制，往往将构建一个金融发展指数，通过多维度、多指标的综合考量来表征地区金融发展水平。较为普遍的处理方式是将金融发展解构成三个维度，即金融规模、金融结构和金融效率，金融规模反映地区金融发展的整体体量，金融结构反映物质资本构成结构，金融效率反映金融体系的运转效率，通过具体指标体系构建来度量（熊湘辉、徐璋勇，2015；邹薇、樊增增，2018）。然而，以上金融发展指标体系构建思路中缺少对金融稳定的考量，尤其是对当下中央三大攻坚任务中的防范系统性金融风险的忽视，本书认为三维度体系不够妥当，应当将金融风险纳入构建四个维度的金融发展指标体系，即金融发展规模、金融效率、金融结构和金融风险，更符合当前经济发展的现实。具体来说，对于粤港澳大湾区 11 个城市金融发展水平的综合测算，本书基于数据可得性原则、全面性原则，从四个维度共选取金融机构机构数、金融机构年末从业人员数等合计 10 个指标（如表 4-1 所示，具体指标选取综合以上研究）构成金融金融发展综合质量评价指标体系，并应用 TOPSIS 评价法进行综合测算得出城市金融发展质量 M。

表 4-1　粤港澳大湾区金融发展综合质量评价指标体系

评价对象	子指标	具体指标（单位）
金融发展质量（M）	发展规模（scal）	金融机构数（个）
		金融机构年末从业人员（人）
		金融业总产值（亿元）
		金融业产值占 GDP（%）
		金融机构存款（亿元）
		金融机构贷款（亿元）
	金融效率（effi）	贷存比（%）
		金融业人均产出（万元/人）
	金融结构（stru）	财政支出/固定资产形成总额（%）
	金融风险（risk）	房地产完成投资额/固定资产投资形成额（%）

2. 金融空间联系模型

以往研究已经表明金融发展存在空间自相关，金融要素的空间流动会带动知识、技术和劳动力等资源要素的空间配置，因此产生经济发展的空间自相关效应。因此，构建金融空间联系模型刻画大湾区内部城市间金融相互联系的特征是前提。由于微观层面城市间金融联系数据很难获取，尤其是基于流方法的金融要素跨区域流动数据更难获取，因此本书拟采用国际贸易研究中常用的引力模型来度量大湾区内部的金融联系。传统的万有引力模型逐渐成为经济空间联系分析的主流工具，模型包含经济联系中很重要的空间属性，即空间普遍联系及联系作用力的地理衰减特征（彭芳梅，2017）。本书试图在以往研究基础上进行细节改进，将地理空间距离衰减函数形式设定为 $e^{-\beta_{ij}d_{ij}}$，即更贴近冰山成本实际的指数型衰减，将引力模型的质量刻画改成金融发展综合质量，即通过 TOPSIS 评价法进行综合测算得出的金融发展得分作为引力模型中的质量。综上，本书构建的金融空间联系具体模型如下：

$$F_{ij} = GM_iM_je^{-\beta_{ij}d_{ij}} \tag{4-13}$$

$$TF_i = \sum_j F_{ij} = \sum_j GM_iM_je^{-\beta_{ij}d_{ij}} \tag{4-14}$$

式中：F_{ij} 为大湾区内部城市 i、j 间的金融空间联系强度，TF_i 为城市 i 的金融联系总量；G 为引力常量，通常取 1；M_i，M_j 分别为城市 i、j 的金融发展得分；d_{ij} 为大湾区城市之间的距离，β_{ij} 为城市 i、j 之间金融联系强度随地理空间衰减的参数因子，表征衰减速度。本书大湾区之间距离 d_{ij} 的度量应用 Arcgis 软件计算交通可达性得出旅行时间距离[①]，β_{ij} 取值借鉴以往研究，为 [1，2] 区间，β_{ij} 值越大，衰减速度越快，鉴于粤港澳大湾区内部交通基础设施互联互通仍处于发展阶段，本书拟将 β_{ij} 取值为 1.5。

3. 金融发展、空间联系与经济增长模型

传统的研究基本阐释了地区金融发展对自身经济增长的作用，但忽视了金融发展本身的空间特征，即忽视了区域间金融空间联系、空间集聚对经济增长的影响作用。因此，本书将金融发展和金融空间联系分别纳入经济增长分析框架，分别构建金融发展与经济增长模型、金融空间联系与经济增长模型，用于对比考察粤港澳大湾区金融支持经济发展的影响机制。

基于经典内生经济增长理论研究经验，本书构建大湾区金融支持经济增长模型如下：

$$Y_{it} = AK_{it}^{\alpha_K}L_{it}^{\alpha_L}Fin_{it}^{\alpha_{Fin}}X_{it}^{\alpha_X} \tag{4-15}$$

对以上 CD 函数模型进行对数化处理即可得到面板数据模型，这里为了对比

---

① 相关定义请参阅亚洲金融智库研究报告．粤港澳大湾区金融发展报告．

观察不同模型的作用机理，基于数据可得性与全面性原则（由于缺少度量全要素生产率层面的详细全面数据，固将 A 从模型中去除），本书设定三个模型：一是以金融发展质量构建的模型；二是以金融发展下的四个指标即金融发展规模、金融效率、金融结构和金融风险构建的模型；三是以金融空间联系构建的模型。设定的三个普通面板模型如下：

model1_ 金融发展模型：

$$\ln Y_{it} = \alpha_K \ln K_{it} + \alpha_L \ln L_{it} + \alpha_{Fin} \ln fin_{it} + \alpha_X \ln X_{it} + u_i + \gamma_t + \varepsilon_{it} \qquad (4-16)$$

model2_ 金融子指标模型：

$$\ln Y_{it} = \alpha_K \ln K_{it} + \alpha_L \ln L_{it} + \alpha_{sca} \ln sca_{it} + \alpha_{effi} \ln effi_{it} + \alpha_{stru} \ln stru_{it} +$$
$$\alpha_{stab} \ln stab_{it} + \alpha_X \ln X_{it} + u_i + \gamma_t + \varepsilon_{it} \qquad (4-17)$$

model3_ 金融发展模型：

$$\ln Y_{it} = \alpha_K \ln K_{it} + \alpha_L \ln L_{it} + \alpha_{Fin} \ln fc_{it} + \alpha_X \ln X_{it} + u_i + \gamma_t + \varepsilon_{it} \qquad (4-18)$$

式中：Y_{it} 为城市 i 第 t 年的地区生产总值；K_{it} 为城市 i 第 t 年的物质资本水平，即固定资产投资形成的资本存量水平；L_{it} 为城市 i 第 t 年的人力资本水平，这里鉴于数据可得性采用年末从业人员数表征；fin_{it}、fc_{it}、sca_{it}、$effi_{it}$、$stru_{it}$、$stab_{it}$ 为城市 i 第 t 年不同指标表征的金融发展水平，即 TOPSIS 评价法计算得分；X_{it} 为城市 i 第 t 年的影响经济增长的其他变量，这里借鉴以往研究经验，将表征贸易开放度的进出口总额、反映政府规模的财政支出纳入 X_{it}，此外由于粤港澳大湾区的"一二三四"特征，u_i、γ_t、ε_{it} 分别为个体效应、时间效应和随机扰动项。

由于金融空间联系的存在，金融对经济增长会产生空间溢出效应；且以往研究表明，地区经济发展自身存在空间自相关，因此传统面板模型不再适用纳入空间维度的金融支持经济增长研究。基于因变量对自变量的空间溢出以及自变量本身的空间自相关特征，本书选取空间杜宾面板数据模型对粤港澳大湾区金融空间发展、空间联系对经济增长作用展开实证分析，具体模型设定如下：

model4_ 金融发展模型：

$$\ln Y_{it} = \rho W(\ln Y_{it}) + (\alpha_K \ln K_{it} + \alpha_L \ln L_{it} + \alpha_{fin} \ln fin_{it} + \alpha_X \ln X_{it}) + (\delta_K W \ln K_{it}$$
$$+ \delta_L W \ln L_{it} + \delta_{fin} W \ln fin_{it}) + u_i + \gamma_t + \varepsilon_{it} \qquad (4-19)$$

Model5_ 金融子指标模型：

$$\ln Y_{it} = \rho W(\ln Y_{it}) + (\alpha_K \ln K_{it} + \alpha_L \ln L_{it} + \alpha_{sca} \ln sca_{it} + \alpha_{effi} \ln effi_{it} + \alpha_{stru} \ln stru_{it}$$

$$+ \alpha_{stab} \ln stab_{it} + \alpha_X \ln X_{it}) + (\delta_K W \ln K_{it} + \delta_L W \ln L_{it} + \delta_{sca} W \ln sca_{it} + \delta_{effi} W \ln effi_{it}$$

$$+ \delta_{stru} W \ln stru_{it} + \delta_{stab} W \ln stab_{it}) + u_i + \gamma_t + \varepsilon_{it} \qquad (4-20)$$

Model6_ 金融发展模型：

$$\ln Y_{it} = \rho W(\ln Y_{it}) + (\alpha_K \ln K_{it} + \alpha_L \ln L_{it} + \alpha_{fc} \ln fc_{it} + \alpha_X \ln X_{it}) + (\delta_K W \ln K_{it} + \delta_L W \ln L_{it}$$

$$+ \delta_{fc} W \ln fc_{it}) + u_i + \gamma_t + \varepsilon_{it} \qquad (4-21)$$

式中：W 为空间权重矩阵，$W \ln K_{it}$、$W \ln L_{it}$、$W \ln fin_{it}$ 等分别表征物质资本、人力资本和金融发展的空间滞后，用于表征对经济增长的空间关联作用（这里初步假定以上四个变量均对经济增长存在空间关联作用）。

4. 数据来源

本书以广东省广州、深圳、东莞、佛山、惠州、中山、珠海、肇庆、江门九市加上香港和澳门两个特别行政区为研究对象，以数据可得性、数据全面性为原则，选取 11 个城市 2005 ~ 2016 年共 12 个年度的面板数据，各模型中数据来源于 2005 ~ 2016 年的《广东省统计年鉴》《香港统计年刊》《澳门统计年鉴》、国研网区域数据，城市间地理空间距离是应用 Arcgis 软件计算交通可达性得出旅行时间距离。此外，本章中地区生产总值、物质资本等涉及价格因素影响的指标均通过价格指数进行平减得到，消除价格波动对经济变量的影响。

（三）粤港澳大湾区金融支持经济增长实证分析

1. 粤港澳大湾区金融发展与空间联系格局

本书选取 2005 年和 2016 年作为分析大湾区金融发展与空间联系格局的时间节点，结果如表 4 - 2 所示，从表 4 - 2 中数据可以看出，粤港澳大湾区内部 11 个城市的金融发展与金融空间联系格局存在显著的空间不均衡特征，就拿 2005 年的数据来看，排在第一的香港的金融发展质量为 365. 51，是排在末位肇庆市金融发展质量的 16 倍以上，香港的金融空间联系量为 180664. 55 也是排在末位肇庆市的 10 倍以上。

表4-2　2005年、2016年粤港澳大湾区金融空间联系与金融发展质量

城市	2005年		2016年	
	金融空间联系量	金融发展质量	金融空间联系量	金融发展质量
香港	180664.55	365.51	631332.51	509.78
澳门	30549.35	39.45	119994.47	75.32
广州	83722.63	124.92	398282.14	289.79
深圳	95732.97	133.40	501047.91	361.00
东莞	45256.48	60.21	221462.54	143.06
佛山	49180.08	67.95	216444.68	143.23
惠州	21297.16	26.81	139720.92	86.56
中山	21072.10	27.74	139210.67	89.57
珠海	24071.21	30.94	140140.66	88.98
肇庆	17315.63	22.66	89803.08	56.70
江门	23828.64	31.60	123464.01	79.26

从空间结构上看，香港、深圳与广州三个城市2005年和2016年的金融发展质量和金融空间联系量均分列位于湾区内第一、二、三位，大湾区金融空间格局基本呈现明显的"中心—外围"结构。

从发展的角度看，中心城市香港、深圳与广州之间的差距在逐步缩小，这表明湾区内部金融中心的结构由香港一枝独秀逐步演变成香港、深圳与广州的拉扯局面。此外，中心城市与外围其他城市的金融发展差距同样也在逐步缩小，这表明粤港澳大湾区内部的金融发展在空间层面的集聚态势在逐步缓解，但单就截面数据不能全面地分析金融发展空间格局与经济增长的作用关系，后续将通过空间面板计量模型进一步剖析和检验金融发展的空间格局以及对经济增长的影响。

2. 面板数据检验

（1）面板数据检验与模型选择。为了有效避免面板数据计量模型出现伪回归，首先对样本数据进行面板数据单位根检验。本书应用 Eviews 软件对2005～2016年粤港澳大湾区11个城市进行初步单位根检验，显示存在单位根过程，经过一阶差分后所有变量序列平稳，即一阶单整。此外，本书还对样本数据进行 Kao（Engle - Granger based）协整检验，结果1%水平下拒绝协整检验原假设，

即显著存在协整关系。确定可以进行面板数据分析后，首先进行 F 检验与 Hausman 检验来对面板数据模型进行选择，F 检验结果为 1% 置信水平下拒绝原假设，因此选择固定效应模型；Hausman 检验分别对个体固定、时间固定进行检验，结果均拒绝原假设，即存在个体与时间固定效应。结合本书的模型设定，最终确定为空间面板杜宾固定效应模型，即 SDMFE - model。

（2）空间自相关检验。首先，本书在分析大湾区金融发展、空间联系对经济增长作用之前，需要对模型中的核心变量金融联系变量与大湾区经济增长变量，即本书采用的金融联系总量与地区生产总值指标进行空间自相关检验。变量空间自相关检验一般采用全局 Moran's I 指数考察，计算结果如表 4 - 3 所示，2005 ~ 2016 年金融空间联系与经济增长的全局 Moran's I 指数均为正，且在 0.1 水平上显著，整体趋势处于小幅上升态势。这个分析结果表明，单就粤港澳大湾区金融联系与经济发展变量自身的数据来看，整体金融与经济发展呈现一定程度的空间关联，且空间关联在逐步加强。这就为最开始本书选择空间计量模型提供现实佐证，即存在空间关联的金融联系与经济增长不能套用普通面板数据模型进行模型估计，那样会产生不可避免的设定误差。

表 4 - 3　金融空间联系与经济增长全局 Moran's I 指数

年份	金融空间联系变量			经济增长变量		
	Moran's I	Z	P - value*	Moran's I	Z	P - value*
2005	0	1.788	0.074	0	1.795	0.073
2006	0.003	1.837	0.066	0	1.763	0.078
2007	0.009	1.945	0.052	0.001	1.763	0.078
2008	0.010	1.946	0.052	0.005	1.816	0.069
2009	0.015	2.018	0.044	0.007	1.831	0.067
2010	0.015	2.014	0.044	0.008	1.833	0.067
2011	0.014	2.005	0.045	0.008	1.845	0.065
2012	0.011	1.951	0.051	0.009	1.862	0.063
2013	0.013	1.983	0.047	0.008	1.844	0.065
2014	0.016	2.018	0.044	0.011	1.886	0.059
2015	0.017	2.041	0.041	0.019	2.025	0.043
2016	0.020	2.096	0.036	0.021	2.047	0.041

3. 大湾区经济增长空间计量模型结果分析

在空间面板数据计量分析之前，对面板数据进行单位根检验、协整检验，结果数据在一阶差分后所有变量序列平稳，且在 1% 水平下拒绝 Kao（Engle - Granger based）协整检验原假设，即显著存在协整关系。接着进行 F 检验与 Hausman 检验选择面板数据模型，最终确定为空间面板杜宾固定效应模型。

在空间计量分析之前采用全局 Moran's I 检验核心变量的空间自相关，结果显示 2005 ~ 2016 年金融空间联系与经济增长两个指标的指数显著为正，呈小幅上升态势，表明粤港澳大湾区金融联系与经济发展变量存在一定程度的空间关联，且空间关联在逐步加强。

计量分析结果如表 4 - 4 所示，模型一至模型三为金融空间发展、空间发展子指标以及空间联系的固定效应普通面板数据模型分析结果，模型四至模型六为对应的固定效应空间面板计量模型分析结果。模型四至模型六的 R^2 以及解释变量显著性均优于对应的模型一至模型三的回归结果，表明空间面板数据模型能更好地拟合数据。此外，模型四至模型六的 Spatial rho 均显著，表明粤港澳大湾区内部城市经济增长之间存在一定的空间相关性。但是与全局 Moran's I 指数的分析结果不同，表 4 - 4 中三个模型的 Spatial rho 均显著小于零，说明粤港澳大湾区内部城市经济发展之间存在空间负相关关系，表明大湾区内部某一个城市的经济发展受到周边城市经济发展的负面影响，其结果的现实意义是指，粤港澳大湾区经济发展尚处于城市群的集聚发展阶段，中心城市对外围城市的"虹吸效应"明显，即中心城市的经济发展会吸纳周边地区的经济要素向其集聚，进而扩大中心城市与外围城市之前的差距。这个结果证实大湾区在空间结构上仍然呈现显著的"中心—外围"结构特征，且基本与大湾区目前经济空间非均衡发展实际相符。

表 4 - 4　金融发展、空间联系与经济增长模型估计结果

变量	模型一	模型二	模型三	模型四	模型五	模型六
lnemp	0.379 *	0.339	0.568 *	0.413 **	0.373 **	0.493 **
	(0.0570)	(0.1054)	(0.0665)	(0.0207)	(0.0325)	(0.0146)
lnbugout	0.208 ***	0.239	0.312 **	0.200 ***	0.168	0.258 ***
	(0.0004)	(0.5128)	(0.0160)	(0.0000)	(0.5791)	(0.0000)

变量	模型一	模型二	模型三	模型四	模型五	模型六
ln$k$	0.105	0.0620	0.173	0.123 *	0.154	0.139 *
	(0.1745)	(0.8657)	(0.1207)	(0.0932)	(0.6158)	(0.0591)
ln$trade$	0.280 ***	0.272 ***		0.274 ***	0.257 ***	0.281 ***
	(0.0058)	(0.0058)		(0.0002)	(0.0003)	(0.0002)
lnfin	0.446 ***			0.451 ***		
	(0.0000)			(0.0000)		
lnsca		0.285 **			0.310 ***	
		(0.0448)			(0.0007)	
ln$effi$		0.0780			0.0730	
		(0.3143)			(0.1084)	
ln$stru$		− 0.00700			0.0600	
		(0.9842)			(0.8389)	
ln$stab$		− 0.0490			− 0.0400	
		(0.4716)			(0.5732)	
ln$fc1$			0.194			0.368 ***
			(0.2729)			(0.0017)
$cons$	− 0.271	0.0500	− 0.315			
	(0.7590)	(0.9762)	(0.8227)			
Wln$k$				0.349 ***	0.574 ***	0.366 **
				(0.0036)	(0.0022)	(0.0131)
Wlnfin				− 0.421 *		
				(0.0689)		
Wlnsca					− 0.703 ***	
					(0.0029)	
Wln$fc1$						− 0.419 **
						(0.0449)
Spatial rho				− 0.116 **	− 0.0230	− 0.169 **
				(0.0420)	(0.8492)	(0.0292)
Adj. R^2	0.9390	0.9412	0.8734	0.9401	0.0941 *	0.9317
Log − L				188.3003	191.1562	184.5168
N	132	132	132	132	132	132

注：* p < 0.1，** p < 0.05，*** p < 0.01。

解释变量方面，模型四的结果中以金融发展综合质量指标测度的城市金融发展（lnfin）对自身经济增长有显著的正向促进作用，且在1%水平下显著；模型六中以金融空间联系量指标测度的城市金融空间联系水平（lnfc1）对自身经济增长同样具有正向促进作用，且在1%水平下显著；而模型五的四个金融发展子指标中仅金融规模变量对经济增长有显著的正向促进作用（1%水平下显著），其余三个指标的作用不显著。以上结果表明，粤港澳大湾区内部就单个城市而言，城市自身金融发展、金融规模、金融空间联系三个变量的提高均有助于自身经济增长，而金融效率、金融结构与金融稳定未表现出对城市经济增长的显著影响。再来看对应的空间关联变量，即模型四中的Wlnfin与模型六中的Wlnfc1，不难发现两个变量的系数均在10%水平下显著为负，这一结果与全局Moran's I指数的分析结果不同，其表明城市金融空间发展与金融空间联系两个变量对周边城市的经济增长有显著的负相关关系。这一回归结果基本验证前面的理论猜想，即当粤港澳大湾区向"多中心"圈层结构演化时，城市自身的金融发展与金融空间联系对周边城市的经济增长会产生负面影响，其现实意义是指相邻城市之间金融发展与金融空间联系存在一定的竞争关系，这种金融资源要素的相互竞争、抢夺会造成大湾区内部金融集聚下的"虹吸效应"，并且在金融发展"路径依赖"与"循环累积因果"的双重作用下，出现中心金融发展制约周边经济增长的负向影响作用。

这一结果表明，目前大湾区金融发展仍处于集聚阶段，距离国际一流湾区的金融融合与带动辐射阶段仍有较长的路要走，大湾区内部城市之间的金融发展与金融联系并未表现出相互促进的态势，仍然是一个相对竞争的格局，长久来看这种此消彼长的竞争格局难以支撑大湾区经济融合发展。

最后，为了进一步验证粤港澳大湾区金融空间联系与经济增长之间的作用关系，本书通过调整金融空间联系量测算过程中的空间衰减参数来构造不同水平的金融联系变量（通过对β_{ij}取值的变化来调整fc的值，得到$fc1 > fc2$），带入原模型三与模型六进行估计，分别得到模型七与模型八，进而考察不同金融空间联系水平对经济增长的作用是否稳健，分析结果如表4-5所示。回归结果（模型七与模型八）显示，降低后的金融空间联系量的回归系数发生变化，但对自身以及周边城市经济增长的作用方向显著且并未发生改变，再次佐证粤港澳大湾区的金融空间联系的确存在空间集聚特征，且对周边城市发展具有负向"虹吸"影响作用。

表4-5　不同程度金融空间联系与经济增长模型估计结果

变量	模型三	模型七	模型六	模型八
ln*emp*	0.568 *	0.568 *	0.493 **	0.493 **
	(0.0665)	(0.0664)	(0.0146)	(0.0147)
ln*bugout*	0.312 **	0.312 **	0.258 ***	0.259 ***
	(0.0160)	(0.0159)	(0.0000)	(0.0000)
ln*k*	0.173	0.173	0.139 *	0.138 *
	(0.1207)	(0.1210)	(0.0591)	(0.0590)
ln*fc*1	0.194		0.368 ***	
	(0.2729)		(0.0017)	
ln*fc*2		0.194		0.367 ***
		(0.2717)		(0.0020)
ln*trade*			0.281 ***	0.281 ***
			(0.0002)	(0.0002)
cons	−0.315	−0.309		
	(0.8227)	(0.8256)		
*W*ln*k*			0.366 **	0.365 **
			(0.0131)	(0.0135)
*W*ln*fc*1			−0.419 **	
			(0.0449)	
*W*ln*fc*2				−0.416 **
				(0.0468)
Spatial rho			−0.169 **	−0.170 **
			(0.0292)	(0.0288)
R^2	0.8734	0.8730	0.9317	0.9315
Log − L			184.5168	184.5053
N	132	132	132	132

注：* $p < 0.1$，** $p < 0.05$，*** $p < 0.01$。

（四）研究结论与启示

本书通过选择2005~2016年粤港澳大湾区11个城市的面板数据，构建以金融发展规模、金融效率、金融结构和金融稳定为二级指标的金融发展指标体系，应用 Topsis 评价法计算金融发展综合质量，运用空间指数衰减的改进引力模型进行金融空间联系测度，并分别以金融发展质量、金融发展子指标和金融空间联系量构建三个大湾区经济增长模型，通过空间面板杜宾计量模型实证考察金融发展、金融空间联系与粤港澳大湾区经济增长的作用关系，并得出如下结论：①在单个城市层面，金融发展、金融规模、金融空间联系均对城市自身经济增长有正向促进作用，而金融效率、金融结构和金融风险均未体现出对经济增长的显著影响。②在空间层面上，粤港澳大湾区城市群尚处于经济集聚态势，在空间结构上仍然呈现显著的"中心—外围"结构特征，中心城市的经济发展对周边城市具有一定的"虹吸效应"，因此在空间关系上表现为负相关关系。③在空间维度上，大湾区金融发展、金融空间联系同样存在空间集聚态势，中心城市的金融发展对周边城市具有一定的"虹吸效应"，周边地区的经济活动被大城市的金融要素制约和干预。

根据金融发展、空间联系与粤港澳大湾区经济增长的实证分析结果，本书认为未来粤港澳大湾区实践落实"金融＋"的方向，至少可以从以下方面进行：

（1）就单一城市而言，地区金融发展是规模、效率、结构和稳定等多个因素的综合体现，需要多维度共同发展，单一维度或者缺维度的发展会导致金融发展质量较低，不利于长期城市自身金融支持经济增长，未来大湾区应当重视金融效率、结构和稳定三个层面的积极作用，通过金融科技创新等渠道加强金融发展的全维度提升。

（2）大湾区区域内金融发展的空间不均衡特征迫切需要扭转，大湾区需要尝试构建一个整体的多层次的金融管理部门，以湾区金融管理机构来协调和统筹大湾区内部的金融秩序、金融发展格局，加快扭转现今仍然存在的割裂的、各自为政的不利局面。

（3）金融基础设施的互联互通需要体制机制的大胆突破和创新，未来粤港澳大湾区金融融合，践行"金融＋科技""金融＋未来产业"等前沿发展理念，需要粤港澳三地政府在金融市场一体化层面加大体制制约因素的破除工作。

第五章 粤港澳大湾区创新集聚与建设国际科技创新中心

近年来，国际（全球）科技创新中心成为热门词汇，有其深远的渊源和基础。全球化和知识化推动形成全球创新网络格局，某个城市（或区域）脱颖而出，成为网络格局上的重要节点，谓之科技创新中心，其能带动全球创新发展、拥有成长的产业基础、持续的金融创新支持、集聚科技创新高端智力要素、具有适宜创新的环境等。粤港澳大湾区谋划建设国际科技中心，是最有共识、最具潜力的地方，肩负着构筑我国创新发展新高地、引领和带动创新转型的历史重任，意义深远。

一、国际科技创新中心集聚优势的构成要素

科技创新是知识经济时代城市功能发展的必然趋势，也是世界一流湾区城市的最核心功能之一。当某个城市（或区域）的科技创新活动影响波及全球，引领世界科技革命，成为全球科技产业发展的源头时，这个城市（或区域）便占据了全球产业链价值支配地位，成为科技创新中心，其构成要素呈现类别特征，表现为创新能力、科技产业、金融支持、智力集聚、创新环境五类。

（一）强大影响和辐射的创新能力

世界各国都在致力于需求科学发展、技术创新、文化创意，寻求经济增长的新动力。新一轮的竞争发展成由资本竞争向创新竞争转变。在此背景下，衡量一个城市的科技创新能力的评判标准也发生了巨大变化，一般意义上城市创新能力不足以涵盖国际科技创新中心的创新能力，后者更加强调对全球科学发现、科技创新、产业发展的强大影响和辐射。

一般意义的创新能力评价或解构，从知识创造能力、流动能力、企业技术创新及产业化能力、创新环境和创新绩效等方面进行。但是，国际科技创新中心的评价或者解构，要求不仅要有体现科学发展和知识创造的世界顶级大学、研究机构（或设在一流企业内部），也要能促进知识转化、技术转化等新专利、新产品，而且要有与之匹配的创新文化和完善配套设施等。当一个城市（或地区）成为国际科技创新中心时，其拥有的科技创新能力不仅能服务于本地经济、社会及人的发展需要，而且还能引领全球创新潮流，开创技术创新的新领域，催生新兴产业、新经济业态。

国际科技创新中的形成，是科技功能国际化趋势加快的时代产物。当今不可逆转的全球化、国际化带来全球资源流动效率的提升、信息扩散效率的提升、交易效率的提升，这些提升加强了科技功能无所不在、无处不能的影响力。时代正在以前所未有的变革，"科技改变一切"正在悄然发生。正因如此，传统意义的全球城市都在全力抢占"科技创新高地"，以增强其对全球经济发展的控制力。纽约、伦敦、东京等国际大都市不约而同谋划建设全球（或区域）科技创新中心，都出台了相应的国家战略规划。20世纪50年代以来，美国凭借其强大的创新能力，一直引领全球经济发展，但是其东部的创新影响力和西部硅谷的科技创新影响力截然不同，因此美国意欲凭借西部科技创新能力，提出"再工业化战略"吸引产业回流，并于2012年提出了"打造东部硅谷"的规划，谋划在曼哈顿以东创新"应用科学园"，与西部硅谷科技创新"并驾齐驱"，从而增强对全球经济发展的影响和控制力。英国也于2010年提出"英国科技城"战略，将伦敦建设成为"国际一流的科技创新城"。日本于2013年提出新的国家发展战略，谋划东京朝着科技创新中心方向发展，东京都市圈内其他城市分工合作，支持东京建成国际科技创新中心。

(二) 引领潮流和集群共生的科技产业

国际科技创新中心是科技创新的源头，但是离不开科技产业的支撑，产业基础体现一个城市（或区域）的创新转化能力和成长能力，形态组合上要求有一批世界级企业、有多个引领国际科技潮流的产业、有若干个在国际上有影响力的创新型产业集群。

一般来说，科学发现、知识创新来自大学院校，而企业是创造新产品或新工艺的主体。所有的创新活动最终都是在企业这个载体上得以应用推广。比如，基于互联网技术、创意集市、通信技术、软件技术的集成创新，最终在苹果公司得以淋漓尽致地展现。再以硅谷为例，目前世界上没有任何地方能像硅谷一样对世界创新影响之深远，从计算机、软件到信息服务、生物医学，未来可能在信息科技、超级多芯计算机、基因生物工程、大气研究方面，处于世界领先，牢牢占据国际科技创新制高点。硅谷之所以以国际科技创新中心闻名全球，与其集聚了苹果、谷歌、思科、英特尔、惠普等 2 万多家企业密不可分，这些世界级企业引领科技创新的潮流，巩固了硅谷成为国际科技创新的强大影响力。

毫无疑问，一流的高科技企业引领科技产业发展潮流。硅谷崛起于 20 世纪六七十年代，以致力于研究和生产半导体芯片（以硅为基础），而后致力于研发个人计算机、网络技术等，如今已成为电子工业和计算机产业的"王国"，目前仅计算机行业内的公司就有 1500 多家集聚在硅谷，可见硅谷依据芯片研发和生产，产业不断调整和深化，始终保持强大的生命力。与此同时，其他产业和互联网技术在这里高度高效融合，形成了诸多引领世界科技潮流的高科技产业，不断强化硅谷引领国际科技创新的勃勃生机。更具启发意义的是，不仅仅是硅谷因为科技创新领先集聚科技产业，美国其他的创新城市发展过程无不显示主要创新技术背后其支撑产业的领先发展，尽管这些技术创新背后成长起来的产业不是严格意义上的科技产业，如拉达斯农业贸易、化学工程、生物医药等产业；明尼阿波利斯的化学工业、办公机械等产业；阿纳海姆圣阿尼亚工业机械产业等，但是它们的发展历程显示技术创新背后一定是需要强大产业支撑的，否则创新活动如无源之水，没有生命力。近年来，纽约科技创新活动重现辉煌，其高科技职位供应增速相当于其他行业的 4 倍,而高科技产业则发展成为仅次于金融业的第二大产业,世界一流科技企业如谷歌、雅虎、IBM 等纷纷投资入驻纽约,曼哈顿呈现"硅巷"发展格局。

仅有单个产业的发展,也不足以支撑国际科技创新中心的引领发展能力,还需要集聚共生多个产业,形成各类富有创新活力的产业集群。综观全球,国际科技创新中心大多是多个新兴产业集群发展而成,如法国索菲亚·安蒂波利斯从一个没有任何研发基础、大学院所的旅游地区发展成为世界著名的"电信谷",如今其生命和健康科学产业集群、地区科学产业集群也是闻名全球,其发展历程显示先是吸引外部高科技资源集聚,到各类创新资源本地化,逐渐形成一个富有活力和效率的创新网络。美国的波兰特发展则是通过跳出传统意义的产业集群,而是从打造城市品牌,成果对接互联网时代的科技创新和新经济发展机遇,形成了创新产业集群,从而大大提升了地区在科技创新格局下的竞争力。总而言之,集聚共生的产业集群,与国际科技创新中心发展壮大紧密相连,相辅相成。

(三) 富有活力和持续推动的金融支持

金融支持不但要求富有活力,还要求持续不断,这是建成国际科技创新最关键的要素之一。科技创新是极具风险的,科技型企业,无论大小,无论发展处于初创期、成长期,还是稳定期,都需要大量的资金支持。对于国际科技中心而言,金融支持不仅仅金融服务科技产业需要,而且金融与科技产业在创新和融合发展上共生共兴,其中风险投资和信息体系最为重要。

对于科技企业而言,成熟的核心技术可以帮助企业凭借技术垄断而获得高额利润,但是大多数科技企业在初创期往往存在高投入、高风险、高死亡率等特点,这些风险导致初创期企业很难获得传统金融支持,而风险投资正好满足初创期企业的金融需求。世界上大批领先的高科技企业如英特尔、雅虎、微软、思科等发展壮大,无不受益于风险投资的支持。硅谷的成功无疑是史上风险投资最成功的典范。风险投资对科技创新中心的形成而言是必不可少的催化剂。与传统资本运作相比,风险资本具有募集方式分散、投资组合分散等特性,再加上其区别于传统资本的运作方式和管理模式,能够有效规避高科技初创期的高额风险,一旦投资成果,又能获得高额回报。风险投资的巨大作用就体现在初创期对高风险技术创新的投资、对新兴产业的投资，一旦这些产业发展壮大，一般资本就会大规模进入，从而推动了产业发展、结构优化升级。在知识信息全球化的今天，风险投资成了国际科技创新的"风向标"，其于科技创新融合，形成一种创新文化和氛围，不断强化地区的创新能力。

另外，信用体系与国际科技创新中心的建成密不可分。风险资本投资最需要完善的制度体系是信用制度体系。从某种程度上说，现代市场经济是一种信用经济，完善的信用体系对防范和控制金融风险至关重要。发达国家在信用体系构建方面已有100多年历史，主要有三种模式：一是以美国为代表的民营征信模式，以商业征信公司为主体，完全市场化运作；二是以德国为代表的公共征信模式，以中央银行系统的信贷等级为主体，由政府主导；三是以日本为代表的社会征信系统，以在银行协会建立的会员征信机构和商业征信机构为主体，由银行协会主导。这三种模式下，建立完善是信用体系控制信用风险，为各国的科技创新提供有效保障，还能为企业提供规划、管理、融资等方面的专项服务，对这些国家的科技创新发挥了积极的助推作用。一方面，对于投资风险极高的科技金融资本而言，准确的信用评级、有效的信息披露，降低了金融房贷门槛，有效增加了科技企业在初创期获得资金的概率。另一方面，信用体系完备有助于闲置资金的流动，提高了风险信贷配置效率，为科技创新注入血液。当然，不可否认，科技创新活动千变万化，基于信用体系建设更是任重道远，信用体系的完善是一项复杂的系统工程，绝不是一蹴而就的。

（四）集聚国际高端的人才资源

硅谷之所以成为国际科技创新中心，与斯坦福大学培养的高端人才密不可分，更为重要的是斯坦福大学对知识的态度、对创新应用与社会发展需要紧密结合的理念，深深地影响了在硅谷创新的"斯坦福人"。有研究表示，斯坦福创业企业的收入占硅谷总收入的60%，除去惠普，这一比例则为50%，这一比例数值如此之高，足以说明斯坦福大学对硅谷发展的重要作用。硅谷集聚了成千上万的科技公司，其中人数不超过50人的公司占80%左右，而在2012年最佳创投榜单上，约40%的创业公司创始人来自斯坦福。投资商约翰·多尔（John Goerr）曾感叹："我不能想象如果没有斯坦福，硅谷将是什么样子。"

斯坦福成就了硅谷，虽然不可复制，但是硅谷能够集聚国际高端人才，形成核心竞争，却极富启发。硅谷能够成为国际科技创新中心，其在集聚高端人才方面的优势来自三个方面：一是政府主导，利用倾斜性的政府引导，为留住人才提供政策条件。不仅在硅谷，在全美国，美国通过实施"本土化战略""富布莱特计划"等吸引优质人才留美。二是高校以社会发展和社会需求为导向，源源不断地培养科技型创新人才。在教育理念、教育模式、师资队伍等方面，都特别注重可以创新的实用性，鼓励创新，加大基于重大现实挑战和问题研究的科研投入。三是以企业为主导的创新创业环境，为人才发展提供宽广舞台。据有关数据统计，硅谷的高科技企业汲取了全世界一流的人才——硅谷有 40 多位诺贝尔奖获得者，约占世界诺贝尔奖获得者总数的 25%，还有近千名科学院和工程院院士。

（五）富有吸引力的制度环境

制度环境是建设国际科技创新内涵最丰富的要素。制度可从正式制度和非正式制度两方面阐释。与科技创新相关的正式制度非常多，如金融、贸易、人才、教育、产业等领域的政策甚至法律法规等，尤为重要的知识产业制度。有效的知识产权保护极富吸引力，当前主要的科技创新中心所在国家都十分重视知识产权保护，从立法、执法等方面着手，采取各种措施加强知识产权保护。社会团体或中介机构也积极参与知识产权保护，发挥协调和辅助作用。当然，也只有国家重视、社会支持、公众参与，才能形成通力合作，真正有效实现对知识产权的保护。

非正式制度是指约定俗成的一些行为准则，包括风俗习惯、文化传统、价值信念等。对国际科技创新中心，最特别最富魅力的非正式制度莫过于创新的文化氛围。美国著名记者约翰·迈克德维特对创新文化高度概括为十条：能者在上的信仰、宽容失败的理念、对"背叛"的容忍、精诚合作、嗜好冒险、全新投资理念、热衷改变、对产品痴迷（而非对金钱痴迷）、慷慨分享机会、强烈愿意分享财富。很显然，形成注重创新文化，绝非易事，而硅谷恰恰已经形成这种创新文化。从某种程度上讲，科技创新意味着高风险、高失败、高收入，硅谷所形成的创新文化是一种特色的价值观，对崇尚这种文化的高端人才来说，硅谷魅力无限。在硅谷创业者看来，创新极富挑战，而这里形成的文化极富吸引力，创新文化是推动硅谷不断创新的根源所在。

另外，社会化专业服务也是环境要素之一。当科技创新发生后，对金融、法律、会计税务、地产、投资咨询等各方面的专业化服务需求便应运而生，社会化的专业服务便逐渐发展壮大，为科技创新提供更高服务，成为国际科技创新中心的另一内生优势。

二、粤港澳大湾区建设科技创新中心的基础优势

与建成国际科技创新中心的战略定位相比较，粤港澳大湾区具备一定的科技创新基础优势，大湾区内有超过 1.89 万家国家级高新技术企业，每年的 PCT（Patent Cooperation Treaty，专利合作条约）占全国一半以上，创新要素集聚，集基础研究、技术研发、产业转化于一体的协同发展，初步形成独特的基础优势。

（一）港澳穗具备知名高校基础研究优势

香港高等教育发达，拥有多所闻名全球的高校跻身全球百强、亚洲前十，据2018 年 QS 世界大学排名，显示香港大学、香港科技大学、香港中文大学、香港城市大学依次位居第 26 位、第 30 位、第 46 位、第 49 位，在信息技术、生物医学、新材料、金融与大数据、人工智能、环境科学、海洋科技等领域，都具有国际影响力和竞争力。香港知名高校具体的优势领域详见表 5 - 1。

表 5 - 1　香港知名高校科研优势领域

大学名称	重点领域
香港大学	生物医学、药物、化学、视频安全与质量新材料、新能源、计算科学与信息技术、神经科学、基因组学、综合生物学
香港科技大学	纳米技术、生物科技、神经科学、无线通信、信息技术、电子、人工智能、大数据、机器人及自动化、土木及环境水利工程、新能源、燃料电池、环境和可持续发展、智慧城市

续表

大学名称	重点领域
香港中文大学	生物医学、化学、机器人与自动化技术、电子及信息通信技术、环境与可持续发展、智慧城市
香港城市大学	无限通信技术、材料和科学、海洋环境、生物医学
香港理工大学	建筑、土木、结构及环境工程、防治、康复治疗、轨道交通、先进制造技术、可持续城市发展
香港浸会大学	新材料、信息技术、化学、中医药、环境与生物分析

资料来源：陈广汉，谭颖．构建粤港澳大湾区产业科技协调创新体系研究［J］．亚太经济，2018（6）：127－134.

自香港回归后，特区政府致力于将香港打造成亚太地区科技创新中心，2018年度财政预案留500亿元支持科技创新，在管理体制、科技平台建设、科技园建设等方面也做了诸多探索，效果逐步显现，香港各界也逐渐形成发展科技创新产业的共识。表5－2显示香港科研机构及孵化机构重点发展的领域，对粤港澳湾区建设国际科技创新中心具有较强的参考价值。

表5－2　香港科研机构及孵化机构重点发展优势领域

机构名称	重点领域
伙伴国家重点实验室	脑与认知科学、新发传染性疾病、肝病研究、合成化学、生物医药技术、农业生物技术、消化疾病研究、华南肿瘤学、植物化学与西部植物资源持续利用、海洋洋污染、毫米波、分子神经科学、先进显示与光电子技术、环境化学与生态毒理学、手性科学、超精密加工技术
国家工程技术研究中心香港分中心	专用集成电路系统、人体组织功能重建、重金属污染防治、贵金属材料、轨道交通电气化和自动化、钢结构
香港应用科技研究院	金融技术、智能制造、新一代通信网络、医疗健康
香港创新科技署研发中心	汽车零部件、信息与通信技术、物流及供应链管理应用技术、纳米科技及先进材料、纺织及成衣研发
香港科技园公司	电子、信息科技、绿色科技、生物科技、精密工程
香港数码港	信息及通信科技

资料来源：陈广汉，谭颖．构建粤港澳大湾区产业科技协调创新体系研究［J］．亚太经济，2018（6）：127－134.

澳门尽管面积小，但近年来澳门高等教育发展非常快，特别是随着澳门大学扩迁到横琴，极大地扩张了办学空间，改善了办学条件，其在国际上的影响力也大幅提升。依托澳门发达的旅游产业、成熟的酒店业，澳门高校在旅游业、酒店管理、葡语教育方面特色优势下。在充沛投入下，澳门大学和澳门科技大学均建有国家重点实验室。在集约空间，澳门的基础研究实力不可忽视。

广州是我国南方高校最密集的城市、高等教育最发达的科教文化中心，集聚了广东省80%的高校、90%的国家重点学科；拥有中山大学、华南理工大学、暨南大学等知名高校；拥有国家工程技术研究中心约20家、国际级重点实验室19家、国家级企业技术中心25家、国家级省级产业园6家，是省内名副其实的国家自主创新示范区龙头城市。

（二）深圳具备科技创新产业化优势

深圳创新发展主要体现在科技创新产业化能力和优势方面。通常用PCT衡量一个地区创新产业化能力。2018年，深圳PCT国家专利申请量约2.4万件，占全国总数（约5万件）的一半左右，超过北京、上海、广州三个城市PCT总量，连续14年居全国城市首位。在全国城市创新能力排名中，深圳位居第二，仅次于高校集聚优势显著的北京。据世界知识产权组织等机构发布全球创新指数报告，深圳的创新活跃度位列全球第二，排在第一的是日本东京。

经过改革开放40年的积累，深圳的创新也形成了知名的6个90%特征，即90%的创新型企业是本土企业、90%的研发人员在企业、90%的科研投入来自企业、90%的研发机构在企业、90%以上的重大科技项目来源于企业、90%以上的专利发明来源于企业，深圳已初步建立了良好的创新成果产业化的生态环境和体制机制，企业在市场导向机制下创新发展，政府重在提供重大公共平台、提供科技成果交易转化、引导风险投资为科技创新产业提供一些资金支持等。

正因为深圳拥有较完善的创新创业环境，深圳本土成长了一大批世界领先的高科技产业，如华为、大疆、迈瑞、大族激光等，这些企业辐射带动能力极强，带来深圳新一代信息技术产业、无人机产业、生物医药、医疗器械产业的发展，成为深圳经济创新增长坚实支撑。除此之外，深圳依据良好的创新环境和产业集聚优势，也吸引了许多世界领先企业入驻，如苹果公司华南运营中心、微软公司联网实验室、高通公司无线通信和物联网技术展示中心等。

（三）大湾区内其他城市具备先进制造产品优势

珠三角地区已经是全球有影响力的制造基地。改革开放之初，珠三角地区凭借交通便利的地理位置禀赋、灵活开放政策环境，积极承接香港及国际产业转移，在 20 世纪 90 年代便成功实现了经济起飞，产业发展已经历经了多次自我迭代升级，走过了从"三来一补"加工贸易，走到了制造业自主创新，基本实现从劳动密集型向资本和科技双轮驱动转变。

目前大湾区制造业正在走向智能高端化，产品科技含量不断增加，在国际上的竞争力越来越强。2018 年珠三角现代产业体系中，先进制造业增加值约 13000 亿元，在工业中占比达 50%，同比增长 18%；高技术制造业增加值约 7600 亿元，占工业比重约 30%，同比增长约 36%。无论从工业占比还是从同比增长率看，大湾区制造业优势领先全国，尤其具备优势的是通信和其他电子设备制造业、电器机械和器材制造业、计算机、专用设备制造和医药制造业等。伴随着自主创新优势的持续增长，珠三角制造产品不断向现代化、智能化方向发展升级，表现极强的增长性。总体来说，大湾区珠江西岸以先进制造业为主要特征，产业涵盖电子设备、智能制造、汽车、电子信息、船舶海洋、光电装备、新能装备、健康医疗器材等领域，以佛山、东莞、中山、珠海为代表的制造业发达城市，构建了强大的先进制造业体系，产品优势显著。

表 5-3　珠三角地区先进制造业与战略性新兴产业重点发展领域

优势产业	重点领域
高端信息电子	新一代显示、新一代移动通信、物联网、云计算、三网融合、地理空间信息系统、软件和集成电路设计、数字家庭
先进装备	智能制造装备、船舶与海洋工程装备、轨道交通装备、节能环保装备、通用航空装备、新能源装备、汽车制造、卫星及应用
先进材料	精细化工、高端精品钢材、高端有色金属合金和金属基复合材料、新型无机非金属材料、高性能有机高分子材料及复合材料、新型稀土功能材料、战略前沿材料
先进电子信息	集成电路及关键元器件、信息通信设备、操作系统及工业软件、新型显示、智能终端

优势产业	重点领域
生物医药	生物医学、生物育种、诊断试剂、创新药物、中药现代化、医疗器械、生命健康
新能源	核电、太阳能、风电
新材料	先进金属材料、新型无机非金属材料、高性能有机高分子材料及复合材料、特种精细化工材料、新型稀土功能材料、前沿新型材料
新能源汽车	整车、关键零部件、配套设施、环境治理
半导体照明	关键技术及产业化
节能环保	节能技术和产品

资料来源：陈广汉，谭颖. 构建粤港澳大湾区产业科技协调创新体系研究［J］. 亚太经济，2018（6）：127－134.

三、建设国际科技创新中心的行动路径

综上所述，基于建成国际科技创新中心的关键要素分析，大湾区内科技创新优势体系初显，形成可打造成协同创新的空间格局，注重提升基础研究、推动创新城固产业化、建设创新平台、完善协同创新机制等方面。

（一）构建分工合作协同创新格局

湾区内各地的创新资源禀赋优势大不相同，构建一个以香港—广州—深圳—澳门为核心的创新极，以湾区内其他城市为创新节点的网络格局。从整个湾区协同创新进行规划，共建共享国家级科研资源，促成建设湾区研发中心，避免各地尤其是中心城市的重复建设。在优势互补基础上，深化湾区创新分工合作，推动大湾区与国内外创新资源对接。

香港、广州继续发挥基础研究方面的领先优势，为大湾区建设国际科技创新中心，贡献知识发现、知识生产的力量。深圳继续发展在科技研发和成功转化方面的领先优势，抓紧建设国际科技创新的大机遇，谋划一批能够加快技术研发和成果转化的创新载体建设，不断完善技术研发成果转化的制度建设，将深圳建成国际科技成果转化的核心区，在新产业发展引领下，成为全球新兴产业重要策源地。湾区内其他城市继续发挥在智能制造方面的产品制造优势，依托湾区内高新技术产业开发区、高技术产业基地和产业园区，积极对接技术研发成果转化，实现最终产品开发和应用。对于珠江西岸先进装备制造带的空间优化而言，应抓住大湾区建设机遇，整合安排珠海、佛山、中山、江门、肇庆等地的产业园区、新区、合作区等，统筹安排功能布局，促进珠江西岸先进制造业集聚和创新发展。

（二）强化科技基础研究实力

基础研究是科技创新的根本。研究发现，通过科技革命成功走向现代化的国际，都是基础研究实力雄厚的国家。美国近25年的持续增长，约50%的贡献来自基础研究，可见基础研究的重要性不言而喻。

基础研究就是从0到1的研究。从华为的发展便可发现基础研究对创新发展的重要程度。华为一直非常重视研发投入，基本每年将全年收入的12%～14%投向下一年度的研发。华为的研发分为预判研究、产品开发研究、市场研究三个阶段。每个阶段的考核制度截然不同，尤其是对预判研究阶段，当研究结论与预想结论完全相反时，华为认为这也是一种成功。这种允许"出错""容错"，就是对基础研究最好的支持。华为在5G领域的研发投入非常大，当前取得领先世界的技术优势，有目共睹。但是，在开发4G算法时，华为曾经大力投入，历经7年尚未取得实质性进展，在第8年的时候，算法终于取得了重大突破，并最终实现4G成熟推出。而算法就是最重要的基础研究，如果没有长期的投入和坚持，就没有技术成果转化的研发基础，更没有产品市场研发的未来。因此，对粤港澳大湾区而言，基础研究需要瞄准方向，前瞻性部署基础研究领域，保持战略定力。

（三）推动科技创新转化能力

当前深圳在科技创新转化方面，已经取得一些经验做法，成功的原因主要是在市场导向下，企业对推动科技创新成果转化方面更加敏锐、更能兑现创新的经济价值。但是大湾区内其他城市大多存在"科研与经济""两张皮"。借鉴美国

《贝多法案》做法，政府鼓励其资助的大学进行成果转化，政府只提取税收，其他转化收益全部归属高校院所。大湾区也可指定相关政策或者法规，整合港澳在法律、会计服务等优势资源，鼓励和支持高校院所进行科技创新成果转化，成立科技创新孵化机构或科技园等载体，为企业提供科技创新孵化服务，促进科技创新成果转化。

（四）优化创新生态环境

增加研发投入，一方面是政府继续重视研发投入、加强对基础研究领域的研发投入，另一方面制定优惠政策，鼓励和引导企业对基础研究的投资，吸引社会资本投资基础研究。如前所述，虽然香港的基础研究目前处于大湾区的核心位置，在国际上也是负有盛名的，但是近年来香港科研支出占 GDP 的比重不到1%，美国、德国、新加坡的这一比重都超过 2%。广州的研发投入也不到 GDP 的 3%。可见，在增加对基础研究领域投入方面，大湾区尚存较大提升空间。

探索改革科研管理体制。借鉴国际科研经费管理方面的做法经验，在大湾区内率先推动科研经费管理制度，推行项目负责人负责制，坚持结果导向，提高科技经费使用效率。探索改革科研人员激励制度，创建科研人员参与成果转化收益分享机制。探索建立科研人员的信用管理制度。

培育引导多元资本支持创新成果转化。科技创新的风险极高，传统资本对科创领域往往保持谨慎态度。因此，大湾区可尝试探索建立粤港澳大湾区创业投资基金，引导资本投向具有高成长性、高发展潜力的领域。探索依托香港金融发展优势，在大湾区内打造金融服务科技的体系，通过天使投资、科技保险、创新投资基金等为初创期或起步成长期的科技创新提供融资。

（五）完善协同创新机制

建设国际科技创新中心是一项系统工程，粤港澳三地需要完善协同创新机制。比如，建设粤港澳大湾区科技创新专委会，统筹创新和科技合作事宜，推动形成常态化的沟通协调机制。探索实施粤港澳大湾区人才资质互认，推动人才自由流动。探索科研资金、资源等要素跨境便捷流动。在 CEPA 框架下，进一步推动三地在湾区内对科技创新的投资，降低门槛和优化条件，吸引港澳资本进入湾区内投资高新技术产业。以深港落马洲河套地区开发建设为抓手，探索内地和香港在人才、资金等要素流动方面的制度设计，吸引国际知名高校或院所在河套地区设实验室、工程中心等，吸引全球高端创新人才，将其打造成为国际科学合作创新发展的示范区。

第六章　粤港澳大湾区绿色发展路径与政策创新

　　《粤港澳大湾区发展规划纲要》明确，到2035年宜居宜业宜游国际一流湾区全面建成。粤港澳大湾区绿色发展正处在历史上的最好时期，即有条件、有能力解决生态环境突出问题的窗口期。同时，大湾区绿色发展也到了压力叠加、负重前行的关键期。在全面建成国际一流湾区和世界级城市群进程中，粤港澳大湾区首先承担着绿色转型发展的使命，本章旨在思考并探索适用于粤港澳大湾区绿色发展的经济理论、实现路径与政策创新。

一、国内外研究进展综述

　　目前，关于中国经济绿色发展的研究方兴未艾，尽管尚未形成系统理论共识，但归纳起来研究的主要问题包括绿色发展的理论内涵与重点领域、绿色发展现状的评价、绿色发展存在的问题与面临的制约因素诊断、未来绿色发展的战略目标与实现路径、绿色发展的关键政策措施等。因此，笔者拟选取粤港澳大湾区为研究范围，对粤港澳大湾区经济绿色发展进行研究，对上述重要的理论和政策问题开展系统性研究。

　　绿色经济概念早在1989年由英国学者大卫·皮尔斯于《绿色经济蓝皮书》中提出，各国学者就绿色经济和绿色发展开展了大量研究。然而，关于中国经济绿色发展的概念内涵、评价体系、实现路径和政策措施等问题尚在进一步探讨之中，目前相关研究的焦点主要集中在以下五个方面：

（一）关于绿色发展的理论内涵

与绿色发展相关的概念主要有可持续发展、循环经济、低碳经济、绿色经济四个方面。这些概念在出现时间和内容上具有密切的关联性。关于可持续发展，目前影响最大、流传最广的定义是布伦特兰在"*Our Common Future*"（1987）提出的，"可持续发展既满足当代人的需要，又不对后代满足其需要的能力构成危害的发展"。Pearce 和 Turner（1990）首次用到了"循环经济"一词，认为循环经济的目的是建立可持续发展的资源管理规则，使经济系统成为生态系统的组成部分。学者就如何推广及实现循环经济展开研究。低碳经济是从碳排放、能源结构和经济发展以及环保多角度考虑，通过改变生产方式、消费模式和政策法规提高碳生产力，建立低碳产业结构、低碳能源结构和低碳技术体系，使碳排放降低到适合人类社会发展的水平。与循环经济不同的是，低碳经济是在气候变化背景下，着重强调碳排放。学者围绕如何降低碳排放的实现路径展开了诸多研究，绿色经济主要是针对日益恶化的环境问题提出的。世界银行（1998）指出，绿色经济是解决经济发展对环境造成的消极影响的最好方式。胡鞍钢（2008）指出，所谓绿色发展之路就是强调经济发展与环境保护的统一与协调，即更加积极的、以人为本的可持续发展之路。中国绿色发展指数年度报告指数，绿色发展是资源高效与节约的发展，是环境被保护与清洁的发展，是经济与社会永久性可持续的发展（李晓西等，2010）。需要指出的是，绿色发展是西方国家发展到一定阶段后对工业文明进行反思后提出来的。对于大致处于工业化后期或后工业化阶段的粤港澳大湾区来说，需要思考并探索适用的绿色发展的经济理论，才能识别各自绿色发展的差异，从而合理设定战略目标、选择实现路径、建议政策创新等。

（二）如何评价绿色发展：评价方法和指标体系

绿色发展评价方法和指标体系不断丰富。Chen 等（2011）提出绿色经济的四种评价模式，即基于系统学和组织理论的多层次评价模式，如 UN 和 OECD 提出的压力—状态—响应模型；基于生态—环境—资源的指数评价模式，如世界野生动物基金会（2008）提到的2005年全球生态足迹亏损持续扩大；基于社会指标的评价模式，如UNDP（1990）人类发展指数；各国的指数评价体系，如中国的绿色经济研究报告使用的指标体系。国内众多学者近十年来对绿色发展评价做了大量研究，杨龙和胡晓珍（2010）、张雪花（2011）、赵彦云等（2011）、高春玲（2012）、李斌（2012）、薛珑（2012）、欧阳志云（2009）、北京师范大学和国家统计局合作笔者（2012）、石敏俊（2013，2015）等从区域经济绿色发展角度做了丰富的开创性的评价研究。另外，朱红梅（1999）、谢红斌等（2006）、顾永东（2008）、郭瑜（2009）分别从企业角度对工业企业绿色发展进行评价。由于绿色经济与企业经济活动密切相关，了解熟悉企业绿色生产和效果，对研究绿色发展具有重要支撑。总的来说，相关评价一般是先建立对应的评价指标体系，然后确定权重（一般用AHP、Delphi、模式AHP相结合），再依据一定评价方法（如线性加权法、灰色关联度分析、主成分分析等）进行评价，最后根据结果提出相应的建议①。

（三）关于中国经济绿色发展的战略目标和实现路径

关于绿色发展的战略目标，当前主要集中在对全国范围内设定的目标研究，基于经济增长和减排目标的预测和判断而得到的结果，大多数研究认为到2020年我国碳排放强度比2005年下降40%是可以实现的（UNDP，2009；World Bank；何建坤，2010；Hirst，2011；Wang等，2011；Zhang，2011；林伯强，2011）。关于2020年后我国经济绿色发展的研究主要集中在三个方面，一是关键性指标的预测，如能源消耗量、空气质量、酸沉降超负荷面积等指标的变动趋势或可能区间。二是关于碳排放峰值的研究，如林伯强（2009）认为，中国的碳排放将在2020年前达到拐点。朱永彬等（2009）研究认为我国碳排放峰值可能出现在2030年或者2040年。王铮（2010）认为，中国的碳排放可在2033年达到峰值。三是关于中长期发展前景的分析。陈文颖（2001）、姜克隽（2008）等通过设定不同的情况进行预测绿色发展的态势。石敏俊等（2015）将化石能源的供

---

① 本章的评价指标体系主要吸收了北京师范大学经济与管理学院等笔者、赵峥等的测算框架。数据处理和文责由笔者承担。

给纳入 CGE 模型，模拟分析了资源约束下的中国经济长期发展前景，考虑了居民消费结构变换，产业结构调整对中国绿色经济发展的作用。上述研究并未有专门针对各区域绿色发展的目标、分阶段绿色发展的路径。因此笔者将在上述研究思路基础上，重点专门研究粤港澳大湾区绿色发展目标、特定的可能实现路径，进而提出政策创新建议。

（四）关于绿色发展的制约因素

已有的研究表明阻碍中国经济绿色发展的制约因素主要有转型成本过高、激励机制不足、创新能力不强以及盲目追求经济增长的地方政府行为等方面。王能民等（2001）、周健民等（2011）对绿色发展的激励机制进行了研究。胡鞍钢（2011）认为，中国有可能成为全球绿色工业革命的引领者，这对中国的制度创新和技术创新能力提出了巨大挑战。梅纳森（2007）认为，绿色发展面临的最大挑战来自政治和体制上，而不是技术或者经济上。中国环境与发展国际合作委员会（2011）认为，以 GDP 为导向、盲目追求经济发展的地方政府行为是制约中国绿色发展的巨大障碍，需要推进制度创新，突破体制机制缺陷对绿色转型的制约。

粤港澳大湾区经济基础条件好、社会发展现代文明高，同时具备引领全国技术创新的实力。最应该成为中国绿色发展的典范区域，推动全国经济绿色转型发展。但是，它们内部的绿色发展存在的阻碍因素不尽相同、面临的困难各自相异，加上市场环境、湾区内城市之间发展差异、产业结构、地理环境、人口结构等因素形成的发展路径不同，因此比较分析并识别粤港澳大湾区经济绿色发展的制约因素、阶段性特征，再提出有针对性的政策创新建议，意义深远。

（五）关于绿色发展的政策措施

绿色发展的实质包含经济和绿色两个方面。因此，绿色发展政策的侧重点，有的强调经济的绿色化，如何使经济发展符合绿色环保生态的要求，有的侧重于绿色如何盈利，使绿色产业成为新的经济增长点。大致可以分为基于行政手段的环境规制、基于市场机制的环境经济政策、新兴产业政策等。也有一些研究专门针对清洁生产制度和政策展开的，如国家经贸委考察团（2002）、李春生

（2006）、吕健华（2008）、冯妍等（2010）、尹洁等（2013）。还有少数文件对现有环境政策手段的实施效果进行了研究，如环境政策对企业环境排污排放的影响，但具体的政策建议较少（Dasgupta S., B. Laplante, N. Manmingi and Hua Wang, 2001; Hua Wang and Yanhong Jin, 2006）。

二、粤港澳大湾区经济绿色发展阶段与区域比较

胡鞍钢（2012）曾说，黑色发展是吃祖宗饭，断子孙路；发展自己，贻害他人。绿色发展是前人种树，后人乘凉；功在当代，利在千秋；造福人类，惠及全球。可以预见，绿色发展研究一定会成为区域经济研究的重要内容。描述绿色发展首先需要构建分析框架。根据对已有相关文献梳理，笔者尝试构建四维分析框架，即从环境禀赋、经济发展、社会参与、多元治理四个方面展开分析。其中，环境禀赋是绿色发展的基础，经济发展程度决定绿色发展质量和模式，社会参与则体现全社会推动绿色发展的进步程度，多元治理体现地区经济社会系统各利益主体坚持绿色发展的治理能力。

（一）广东省与国内其他省份绿色发展比较

本部分研究内容侧重从上述四个维度评判广东省绿色发展的阶段特征及区域比较。[①] 根据笔者研究有关文献，对比数据发现，广东省绿色发展走在中国30个省（区、市）前列。[②]

从表6-1可见，按省份排名，广东省绿色发展位居第9位，其排名并未显示特别靠前，整体优势并未特别突出。究其原因，主要在于广东省内各地级以上

---

① 限于篇幅，本书所采取的绿色发展指标评价体系借鉴国内外有关研究，对有关数据做合理调整处理，文责自负。

② 研究国内有关文献发现，由于数据等原因，西藏、香港特别行政区、澳门特别行政区和台湾地区未参与测算。我们将尽可能地考虑到香港、澳门特别行政区等地的横向比较。选择粤港澳大湾区的广州、深圳、珠海、中山、东莞、佛山、江门、惠州、肇庆作为衡量粤港澳大湾区绿色发展程度，并不影响本书研究的主要结论。

城市，除珠三角九个城市之外的其他城市，经济增长绿化度较低，资源禀赋、社会参与多元治理程度并未具备显著优势，省内各地区绿色发展差异较大，从而导致广东省绿色发展整体优势并不凸显。

表6-1　中国部分省份绿色发展指数及排名

省份	绿色发展指数		一级指标					
			环境禀赋		经济发展		社会参与多元治理	
	指数值	排名	指数值	排名	指数值	排名	指数值	排名
北京	0.722	1	0.096	11	0.332	1	0.294	1
上海	0.542	2	0.079	19	0.233	3	0.230	5
浙江	0.523	3	0.087	1	0.196	5	0.241	3
天津	0.521	4	0.057	27	0.235	2	0.229	7
内蒙古	0.501	5	0.112	6	0.160	9	0.229	6
福建	0.494	6	0.096	10	0.179	6	0.218	11
江苏	0.491	7	0.064	24	0.201	4	0.226	9
广东	0.485	8	0.084	18	0.178	7	0.223	10
黑龙江	0.466	9	0.133	2	0.150	11	0.183	27
海南	0.453	10	0.109	7	0.144	13	0.200	18
山东	0.449	11	0.054	29	0.168	8	0.227	8
青海	0.448	12	0.173	1	0.091	29	0.185	26
陕西	0.445	13	0.088	15	0.156	10	0.201	15
四川	0.436	14	0.114	5	0.127	17	0.194	19
重庆	0.427	15	0.089	14	0.124	18	0.215	12
辽宁	0.424	16	0.075	22	0.147	12	0.201	16
新疆	0.421	17	0.078	20	0.106	24	0.235	4
云南	0.411	18	0.128	3	0.093	28	0.189	22
吉林	0.409	19	0.096	12	0.132	15	0.182	28
广西	0.407	20	0.106	8	0.113	22	0.188	24
湖北	0.403	21	0.077	21	0.135	14	0.191	20
宁夏	0.401	22	0.048	30	0.110	23	0.243	2
江西	0.394	23	0.099	9	0.105	25	0.19	21
河北	0.394	24	0.056	28	0.128	16	0.21	13

省份	绿色发展指数		一级指标					
			环境禀赋		经济发展		社会参与多元治理	
	指数值	排名	指数值	排名	指数值	排名	指数值	排名
湖南	0.393	25	0.086	17	0.119	20	0.188	23
贵州	0.391	26	0.119	4	0.086	30	0.186	25
安徽	0.389	27	0.071	23	0.119	21	0.2	17
山西	0.371	28	0.062	25	0.100	26	0.207	14
甘肃	0.362	29	0.095	13	0.096	27	0.17	30
河南	0.351	30	0.057	26	0.119	19	0.175	29

（二）粤港澳大湾区代表城市绿色发展比较

如果将粤港澳大湾区 11 个城市作为考察对象，以粤港澳大湾区内的核心城市为代表，我们对比香港、澳门、广州、深圳、珠海等城市绿色发展程度，便可发现粤港澳大湾区绿色发展程度高得多，也能观测到粤港澳大湾区的绿色发展程度显著优于按省际排名的广东省域绿色发展程度。

为使对比分析更具科学说服力，我们的横向对比样本扩大到亚太地区 100 个城市，这 100 个城市覆盖亚太地区各发展水平的国家或地区，具有较高的知名度，也能较好地代表其所在国家或地区发展水平。这 100 个城市中，有 41 个来自中国，包括 31 个省会城市或直辖市，还包括深圳、厦门、青岛、大连、香港、澳门以及台湾地区若干城市。当然也还包括太平洋对岸美国城市 19 个、日本城市 9 个、韩国城市 5 个，还有若干个来自新西兰、澳大利亚、俄罗斯、加拿大、印度、越南、菲律宾、印度尼西亚、马来西亚、新加坡、泰国、秘鲁、墨西哥等国家的城市。综上所述，这 100 个城市样本中，粤港澳大湾区内有香港、澳门、广州、深圳入选。

有研究表明，[①] 在亚太 100 个城市绿色发展指数总体排名中，我们发现香港

---

① 赵峥. 亚太城市绿色发展报告——建设面向 2030 年的美好城市家园 ［M］. 北京：中国社会科学出版社，2016.

以得分 0.611 的成绩，位居第 4 位，排名前三位的城市及其得分依次是东京（0.707）、首尔（0.669）、纽约（0.650），香港也是粤港澳大湾区内部 11 个城市当中绿色发展程度最高的城市。澳门以得分 0.451 的成绩，位居第 56 位，究其原因主要是因为澳门的经济增长率、资源禀赋得分较低，但是澳门整个社会及多元治理方面，对绿色发展、环境保护、生态文明建设等比较重视，在旅游业持续繁荣发展的状态下，澳门的绿色发展更容易得到推动及实现。深圳以得分 0.480 的成绩，其绿色发展程度位居第 40 位；广州以得分 0.449 的成绩，其绿色发展程度位居第 59 位，可见广州的绿色发展程度低于澳门、深圳、香港。

　　上述绿色发展综合排名又是由资源禀赋、经济发展、社会参与和多元治理四个维度决定，湾区内四个代表城市在四个维度评价方面各有不同，各有优势和劣势，最终导致绿色发展有所差异。以资源禀赋评价维度为对象，香港、广州、深圳、澳门的得分都比较低，香港以 0.500 分位居第 98 位，广州以 0.792 分位居第 39 位，深圳以 0.779 分位居第 43 位，澳门以 0.574 分位居第 96 位。这种整体排名靠后的主要原因是粤港澳大湾区内部的人口密度大、经济密度大，而自然资源禀赋并未具备显著优势，在环境容量刚性约束下，其绿色发展程度受到制约。若以经济发展评价维度为对象，深圳、香港、澳门、广州分别位列第 17 位、第 29 位、第 43 位、第 54 位。深圳在经济发展方面位居大湾区内部首位，香港的优势体现在居民收入方面，但是香港的科技创新和企业创新能力不如深圳。以社会参与评价维度为对象，香港、广州、澳门、深圳分别位居第 2 位、第 25 位、第 46 位、第 50 位，可见香港社会公众对绿色发展参与程度是最高的，在亚太地区也仅次于首尔。而深圳社会公众对绿色发展参与程度明显落后于湾区内其他两个经济中心城市——香港、广州。以多元治理评价维度为对象，香港、深圳、广州、澳门分别位居第 8 位、第 31 位、第 41 位、第 92 位。可见，粤港澳大湾区内部，各城市对绿色发展的多元治理能力差异很大。绿色发展多元治理主要是指为了推动并实现绿色发展目标，需要多元治理机制，增加不同主体的共识和绿色发展的凝聚力。这和地方政府的治理水平和治理能力相关，也和地方的 NGO 组织、对地方品牌及形象的认同度相关。香港的绿色发展多元治理能力最强，深圳经过近 40 年的超常规发展逐渐形成多元治理的格局并不断发展，广州作为省会城市，其通过政府决策对经济社会发展的影响力推动绿色发展的能力也在不断提升，而澳门绿色发展的多元治理能力有待加强。

（三）珠三角九个城市绿色发展比较

由于数据的可获得性，笔者在绿色发展指数评价指标上，根据 2016 年的数据，测算得到 2017 年珠三角九个城市绿色发展指数，并进行相应的分析。

表 6-2　珠三角九个城市绿色发展排名

地区	绿色发展指数		一级指标					
			环境禀赋		经济发展		社会参与与多元治理	
	指数值	排名	指数值	排名	指数值	排名	指数值	排名
深圳	0.552	1	0.064	1	0.249	1	0.239	1
广州	0.360	2	0.035	8	0.130	2	0.195	2
珠海	0.295	3	0.039	6	0.088	3	0.168	3
佛山	0.292	4	0.042	4	0.091	5	0.159	5
中山	0.289	5	0.036	7	0.092	4	0.161	4
东莞	0.288	6	0.043	3	0.089	6	0.156	8
惠州	0.282	7	0.046	2	0.079	8	0.157	7
江门	0.277	8	0.032	9	0.086	7	0.159	5
肇庆	0.236	9	0.041	5	0.071	9	0.124	9

从表 6-2 可知，珠三角九个城市当中，绿色发展最好的三个城市是深圳、广州和珠海。换言之，就湾区内城市圈而言，深莞惠、广佛肇、珠中江三个城市圈中，各地绿色发展差异也较大。经济基础较好的深圳、广州、珠海其绿色发展程度越高，尽管由于人口密度大、经济密度大，导致受到资源环境禀赋的刚性约束，其资源禀赋排名靠后，但是经济越发达的地方，其社会公众、多元治理能力相对越强，从而导致推动绿色的能力越强。而珠三角九个城市当中经济基础略弱的肇庆、惠州、江门等地其绿色发展程度相对较低，尽管这些地区的资源禀赋较好，环境容量的刚性约束压力较小于深圳、广州、珠海等城市，但是经济后发展潜力进一步提升，这些城市的绿色发展之路将不同于湾区内部其他核心城市。

值得指出的是，企业绿色发展是地区绿色发展的直接体现，关系到整个区域绿色发展层次、质量。粤港澳大湾区核心城市的企业在绿色发展方面的实际表现和进步程度要显著高于湾区内部其他地区，主要表现在：企业对绿色发展的明确意识和重视程度、企业对引致外部环境污染的技术更新或创新的重视及投入力度、企业产业的全要素生产率的优势程度等方面，核心城市的企业在上述三个方面的表现显著优于其他地区企业。

综上所述，粤港澳大湾区内部各城市，绿色发展差异较大。总体来说，香港的绿色发展成效最为显著，而其他10个城市的绿色发展与新加坡相比，落后较为明显。归纳起来大致有如下六个方面：一是城市环境基础设施建设滞后于经济发展，环境污染治理能力有待进一步加强；二是大部分城市的区域功能区混杂，容易造成交叉影响，引发环境纠纷；三是城市生态建设缺乏系统性，粤港澳大湾区生态安全格局有待加强；四是企业自主守法意识尚未普遍形成，环境"违法成本低、守法成本高"的局面还未彻底改变；五是环境科技开发应用水平不高，环保产业发展尚不能适应新形势要求；六是环境管理基本还处于政府主导的局面，民间环保力量不足，全民主动参与环境保护，践行绿色发展的局面尚未形成。

（四）主要研究发现

根据笔者上述三个层次的对比分析，我们可以得到五点研究结论：

（1）经济发展水平决定绿色发展程度。我们对30个省（市、区）的绿色发展指数和人均GDP进行相关性检验时，发现两者的相关系数为0.72。而目前在亚太城市绿色发展中排名位居前15的，其人均GDP均超过了14000美元，这些城市在区域城市层级体系中依然保持强劲增长势头，表现为产业转型升级驱动力较强，新兴产业方兴未艾、蓬勃发展，各地产业依然位于产业链高端，附加值较高，对地区经济的增长依然具有较强的带动作用。虽然近十年来，大家一致认识到传统经济发展在一定程度上带来环境污染，但是经济发展绝对不意味着环境恶化。相反，经济发展模式走对了，则更容易加大环境保护和治理投入，再加上新兴产业兴起，轻污染甚至无污染产业一旦发展成为经济增长主动动力时，经济社会的绿色发展则更容易推动且获得成功。

（2）居民收入与绿色发展水平也紧密相关。我们对30个省（市、区）的绿色发展指数和人均国民总收入，进行相关性检验时，发现两者的相关系数为0.68。居民收入和绿色发展紧密相关这一结论不难理解。随着居民收入的提高，公众日益关注环境、重视健康、注重生活品质。从近年来各地呈现出来的对绿色指数的关心程度、对雾霾治理的态度和行动、对重大环保事件的参与度便可获知公众的环保意识开始觉醒。在经济欠发达的地区，人们当然也关注环境问题，在面对就业和环境保护时，个人选择就业是为了生存，有的就业岗位可能正是污染源。但是长期来看，绿色发展需要不断提升居民收入，更需要培育更多具有较高收入、有社会责任意识的公众群体参与、推动地区绿色发展。

（3）创新能力越来越成为决定绿色发展的关键因素。对比亚太100个城市绿色发展程度，不难发现绿色发展程度较高的城市其创新能力相对更强。而粤港澳大湾区内部的香港、深圳本身就是大湾区的创新中心，它们不断创新，保持并拓展创新能力，通过知识外溢、循环积累，在城市周边产生辐射效应，引领湾区经济社会发展趋势，保持城市可持续竞争能力。绿色发展需要特别注重创新的价值，鼓励以技术创新为核心，带动包括产品创新、商业业态或模式创新、制度创新等全面创新，通过创新能力的集聚和循环积累，提升绿色发展能力，推动全社会共享绿色发展成果。

（4）"治理鸿沟"是导致地区绿色发展差异的显著因素。通过研究，我们发现绿色发展水平落后的城市在社会参与、多元治理指标得分往往较低。我们认为，对于绿色发展水平相对落后的地区而言，在推动绿色发展的路径上，不仅要进一步推动经济发展和社会消费的绿色化，更要注重构建更加完善的多元治理体系，提升社会组织和公众参与绿色治理，改善城市绿色发展环境，着力弥补与绿色发展领先城市之间的差距。

（5）城市间的区域合作对绿色发展的作用不容忽视。有关研究表明，城市绿色发展程度以及路径与其周边城市群紧密相关。与国外知名湾区城市群绿色发展相比较，如纽约湾区的"波士华"城市群（波士顿、纽约、华盛顿），旧金山湾区城市群（旧金山、洛杉矶、圣迭戈）相比较，粤港澳大湾区城市群的绿色发展水平仍然较落后。在粤港澳大湾区内部，城市间绿色发展差异巨大，尚未形成绿色发展"集群化"。当然，党中央和国务院着力推动粤港澳大湾区建成世界一流城市群，因此城市绿色发展应高度重视城市群间的合作发展，在大湾区内部更广阔空间统筹绿色发展，优化布局，改善城市群公共服务，形成分工合作、联动发展的绿色发展网络格局。

三、对标发达城市绿色发展与经验借鉴

（一）新加坡绿色发展：污染控制和生态建设经验

新加坡是一个资源非常匮乏的国家，亦国亦城。经过多年的环境治理和建设，其整体环境质量连续多年在亚洲高居榜首，是国际公认的"花园城市"。

新加坡污染控制和生态建设大致可划分为五个阶段，第一阶段为1965年新中国成立初期到1971年，为推动城市清洁运动；第二阶段为1972～1977年，为开展环境治理运动；第三阶段为1977～1987年，为新加坡河治理计划；第四阶段为1987～2001年，为推进花园城市建设；第五阶段为2002年至今，为花园城市建设向纵深发展。经过上述五个阶段的发展，新加坡的污染控制和生态建设成效显著，污水处理方面，污水管网覆盖率达到100%，城市污水处理率达到100%，有3140千米的排污管道、6座大型污水处理厂、1座污泥处理厂。在垃圾处理方面，垃圾无害化处理率达到100%，4座垃圾焚烧厂、1座垃圾填埋场。生态建设方面，2006年空气质量优于美国环境空气质量标准，空气质量优良天数占全年天数的85%以上，饮用水源水质远优于世界卫生组织标准，500平方千米的国土面积上建有337个公园。

新加坡绿色发展取得有目共睹的成效，其人口密度和经济密度和粤港澳大湾区内部的核心城市香港、广州、深圳极为相似，其绿色发展做法和经验，值得粤港澳大湾区总结借鉴。

（1）注重以人为本，以国际视野来定位环境目标和执行标准。在新加坡建国发展初期，就把城市建设目标定位为"花园城市"，并始终按照花园城市的定位开展污染控制和绿色发展。工业污染物排放参照美国相应标准制定，机动车采用欧盟标准，饮用水源标准则普遍严于世界卫生组织的标准。从2006年10月开始，新加坡在世界上率先对柴油车执行欧Ⅳ排放标准，以减少细颗粒排放对市民健康的影响。

（2）坚持超前规划，用严格规划来控制产业布局和环境污染。新加坡对土地进行了严格的规划，工业区、商业区、住宅区分界清晰，不同功能区之间设立有500米以上的缓冲区，以避免交叉影响。在规划工业用地时，以确保发展不对环境造成不良影响为首要前提，任何可能产生污染的工业项目必须符合严格的审批才能通过。建有完备的基础设施和化工循环体系。对市政基础社会进行超前研究，并采用国际上最先进的技术建设市政基础设施，集中体现在供水水源、污水处理系统和垃圾处理系统三大方面。

（3）实施严格管理，以强力执法确保政策施行和高效运作。包括以下七大方面：一是施行系统的环境管制策略，在环境执法上采取预防、执法、监测和教育相结合的管制策略。二是建立了完整的环境管理法规体系，严厉处罚环境违法行为。三是项目审批时严格把关。四是严格进行水污染控制。五是有效控制大气污染。六是严格控制机动车尾气排放。七是危险性和有毒物质管制。

（4）加强生态建设，以"花园城市"来提升城市品位和协调发展。新加坡的"花园城市"定位由来已久，稳步推进，持之以恒，久久为功。截至目前，新加坡在为市民创造优美方便的园林设施、营造格局特色公园景观和自然区保护建设方面，积累了许多行之有效的做法。自2002年以来，新加坡全面推行"绿色计划"，内容涵盖清洁空气与气候变化、水源、废物处理、公共卫生、保护大自然和国际环境关系六个方面，设立明确目标，成立了统筹委员会和六个重点行动策划小组，定期检查、评估、监督计划实施情况，已经取得了良好的效果。例如，在节约用水方面，每人每天用水量已经从2012年的165公升减少到155公升。

（5）重视科技发展，以开发创新来推动环境治理和产业发展。在绿色发展投入方面，新加坡重视环境科技研发，如2005年投资了约1500万新币资助约40项环境科技研发项目。注重展示先进环保科技。积极开展国际环境科技合作，推动环保产业发展。

（6）强调公众互动，以多方参与来推动绿色发展及社会和谐。新加坡在绿色发展方面提倡政、企、民之间的对话，重视发动企业力量做好环保工作，推动绿色产业发展。投入大量财力兴办与环境保护、绿色发展相关的教育设施。积极推行绿色计划，引导民众参与绿色发展实践，如垃圾再循环计划等。十分注意吸引民众参与绿色发展决策和管理，提高公众对绿色发展政策的认知度、参与度。

（二）香港绿色发展做法及经验借鉴

作为粤港澳大湾区的核心城市之一——香港，其绿色发展程度显著高于大湾区内部的其他所有城市和地区。香港绿色发展实践中是有不少值得大湾区内部其他地区借鉴的经验。

（1）将绿色发展理念融入政府行政管理、学校教育和日常生活中，使香港社会各界都高度重视生态环境保护工作。香港不遗余力积极推动绿色发展理念，并以此强化全社会的环境保护意识和政府的环保措施。一是成立可持续发展委员会。可持续发展委员会成员由行政长官委任，包括来自环境保育、社会服务、工商界等富有专业知识和经验的人士，以及政府高层官员，以促进整个社会就香港的可持续发展作出讨论，并让各有关人士和团体在这些事务上交流意见。二是制定一套决策支援工具（名为电脑辅助可持续发展评审工具）。协助评估各项策略性政策及计划建议对可持续发展的影响，并就各个政府组织架构的转变提出建议，以协助政府在决策过程中更充分考虑可持续发展的研究。三是建立绿色发展评估制度。根据该制度，各决策局和部门出台的有可能对香港经济、环境及社会带来明显或持久影响的新策略性措施或重大计划，都要进行可持续发展评估，并在提交行政会议时阐述评估结果。四是加强绿色发展的宣传。香港政府认为要建设绿色发展的社会，并非单凭政府之力便可，必须提高公众对绿色发展的认识。

（2）高度重视环境保育和宣传教育工作，环境保护的力量源泉已深深扎根于民众之中。香港保护自然环境很重要的方法就是让公众一起参与，将自然景观转化为教育公园，让市民近距离地亲身感受和直接参与到生态环境保护中。一是高度重视环境教育。二是社会各界广泛参与。三是注重将环境教育融于历史文化保护和智慧城市建设之中。例如，"绿汇学苑"原是一个废弃的警署，属于历史建筑，2010 年经政府资助，由民间环保组织改造为向大众推广永续生活的基地。到访的市民既可以选择单纯地欣赏历史建筑的恬静美态，又可参加环保教育课程，了解社区的永续发展动向。四是政府带头实践绿色理念。其立法会综合大楼的设计采纳了多项环保措施，使其可以充分利用自然光、发挥天然的通风和降温作用，在社会上产生了广泛的示范效应。

（3）超前规划、高标准建设环境基础设施，基础设施齐全、运行高效。香港政府注重通过超前规划和高标准建设环境基础设施来提升环保管理水平。一是超前规划。香港的环境基础设施基本都能做到超前一步规划。二是高标准建设。香港的环境基础设施通常都采用国际标准，采用国际上最先进的处理技术。例如，其在 2018 年 3 月建设完成的废电器电子产品处理及回收设施（WEEE. PARK），就投资 5.4 亿港元，采用德国技术，每年可处理 3 万～5 万吨的废旧电器。2017 年投入运行的污泥处理设施（T. PARK），更是投资 50 亿港元，每日可处理污泥 2000 吨。高标准建设环境基础设施为高标准运行提供了可靠保障。三是高水平运营管理。香港的主要环境基础设施通常是引进国际环境巨头进行日常运行管理，环保署派驻 10 人工作小组入厂监督。例如，其青衣化学废物处理中心每年可处理 10 万吨危险废物，每日可处理 11 吨医疗废物。自 1993 年启用以来，就由法国威立雅全资子公司衡力化学进行管理和营运工作。环保署对其处理过程进行全天候监督，并不定期抽测其废气排放情况、检查其废渣处理情况。这种运行和管理模式，既保证了专业化运营，又可实现专业化监管。

（4）高度重视环境管理的精细化和专业化，环境管理先进、细致、精准。香港政府通过精细化和专业化监管实现对生态环境的良好保护。一是在管理策略上强调精细化。例如，将全港分为 10 个水质管制区，每个水质管制区各有一套水质指标，确定不同的污水处理策略及管制措施。二是通过科学模型实现精细化管理。为加强对污染的控制，香港先后从英国、荷兰、法国等国购买了空气、水质和风险评估模型。水质模型可分析排污对海水的影响，研究排放指标达到何种程度可达到水质控制要求，是否有必要维持或提高有关排放标准。三是在机构设置上强化专业化。从香港环保署的设置看，其不但在水、气、声、废等要素处理方面强化专业化，还在环评、执法事项都强调"细化"和专业化，比如石棉方面执法人员不会被授权开展其他执法，只是专注于石棉污染防治。就连投诉处理方面的人员，也强调"专业"和"质素"（素质）。四是透过技术指引实现对排污者的专业化管理。香港除已有管制空气、噪声、水质及废物污染等 10 个法律外，还有大量的技术备忘录作为企业守法和环保监管的指引。例如，其对防止违反《噪音管理条例》良好管理业务守则就有供建造业使用和工商业使用两个版本。指明牌照分配排放限额则先后出了七个版本的技术备忘录，以方便公众遵守。

（三）四点借鉴与启示

当前粤港澳大湾区绿色发展也处在历史上的最好时期，即有条件、有能力解决生态环境突出问题的窗口期。粤港澳大湾区GDP增长和生态环境投入持续增加，可能实现不欠新账多还旧账；大湾区内部具备经济条件，积累了一批技术力量、人才队伍、成功案例，具备技术条件，从而推动粤港澳大湾区实现绿色发展。为有效推进粤港澳大湾区绿色发展，可从国内外绿色发展优势明显的地区吸取经验做法，笔者归纳了如下四点：

（1）将绿色发展的理念落到行动上。尽管湾区内每个城市具备的资源禀赋和经济基础差异较大，但仍然可以利用湾区已具备的新能源、新材料、新兴产业优势，大力推广绿色建设和绿色交通，把人与自然和谐共生的理念落到实处，把生产发展、生活富裕、生态优美的发展方式落到实处。

（2）真正做到规划引领。粤港澳大湾区制度框架是在"一个国家、两种制度、三个关税区"下进行的，这就特别要求各地能做到规划刚性约束，明确大湾区长期发展目标和区域分工，通过规划设计来平衡发展速度和质量的关系。

（3）提升政府治理能力。湾区11个地方政府的治理能力差异也较大。香港、深圳、广州的地方政府治理能力现代化程度稍好，但未来粤港澳大湾区共同推动绿色发展实践中，必然要求提升各地政府治理能力，在发展绿色经济、治理环境问题、推动生态建设等方面，政府的治理水平直接关系到湾区长远发展。国内外绿色发展优势凸显的地方政府往往其治理能力水平较高。

（4）注重吸引公众和非政府组织参与绿色发展的宣传、报道、监督、评价等各环节。现代社会的发展，公众的力量越来越重要。绿色发展不仅是新兴产业、新兴业态、环境保护、生态建设，更是关系到几乎所有个体的全部行为。绿色发展也不是一蹴而就，而是需要一代又一代人的努力，驰而不息，久久为功。国内外绿色发展优势显著的地区，其公众更加关注绿色发展，自觉形成绿色发展意识、绿色生活行为。

四、粤港澳大湾区绿色发展战略目标与路径

对比全球知名三大湾区，即纽约湾区、旧金山湾区、东京湾区，我们不难总结得到湾区发展具备五大共同特征，即开放、创新、集聚、协调、宜居。对比粤港澳大湾区与全球知名湾区的发展数据，我们也不难发现，粤港澳大湾区与全球三大湾区发展差距明显（见表6-3）。

表6-3　粤港澳大湾区与世界知名湾区部分数据对比（2017年年底）

湾区	GDP（亿美元）	面积（平方千米）	城市群	航运中心地位	金融中心地区	创新中心地位
纽约湾	15200	33484	跨纽约州、新泽西州和康涅狄格州，包括31个县	国际航运中心	全球第一大国际金融中心	全球金融创新中心
旧金山湾区	6500	17955	包括9个县和101个城市，主要城市有旧金山、圣何塞和奥克兰	美国西海岸金融中心	美国西海岸金融中心	全球科技创新中心
东京湾区	24800	9760	包括东京、横滨、川崎、船桥、千叶五大城市	亚太地区航运枢纽	全球第四大国际金融中心	亚太制造业创新中心
粤港澳大湾区	13000	42865	香港、澳门和珠三角九个城市	亚太地区航运枢纽	全球重要金融中心	深圳是国家创新型城市

另外，无论是从经济总体水平，还是从经济发展质量，绿色发展都是粤港澳大湾区未来发展成为全球知名湾区，成为全球经济版图的突出亮点的必由之路。粤港澳大湾区能否实现绿色发展，不仅对我国经济发展方式转变影响重大，也将深刻影响着世界经济发展的格局。尽管未来发展面临着不同的机遇和挑战，但是没有一个国家或地区能在全球资源环境恶化，或社会动荡不安中独善其身。绿色

发展是粤港澳大湾区引领未来经济增长、城市发展、区域协调的必由之路。粤港澳大湾区有必要明确绿色发展目标并形成发展路径，推动大湾区乃至全国的绿色发展。

（一）粤港澳大湾区绿色发展战略目标

粤港澳大湾区 11 个城市应着手致力于绿色发展，达成"绿色认同"，探索构建共建共享机制，把湾区内城市的差异化转化为未来绿色发展的潜力，将各城市的个体利益与大湾区普遍利益相结合，共同参与，多元发展，合作供应的"绿色发展共同体"。

建设粤港澳大湾区"绿色发展共同体"的目标至少包含三层含义：

（1）强调粤港澳大湾区绿色发展的"绿色认同"。思想上和发展理念上的共识，是推动绿色发展的前提。这要求湾区内部各城市重新反思发展方式，对传统发展道路的正确面对和反思，才能确定未来合力发展方式的形成。合作共赢和对抗博弈的抉择，对跨行政区的区域能否顺利推进绿色发展至关重要，因此要最终达成"绿色发展共同体"，首先需要形成"绿色认同"。

（2）强调粤港澳大湾区绿色发展的"命运共同"。湾区内 11 个城市绿色发展差异显著，尽管香港、深圳、广州的绿色发展优势凸显，但是与世界一流湾区城市群绿色发展程度、层次来比较，粤港澳大湾区绿色发展任重道远。在面临内部差异巨大的现实条件下，湾区内城市必须树立共同体意识，积极承担绿色发展的责任，坚持合作共赢，探索共建共享绿色发展机制，参与到绿色发展命运共同的实践中来。

（3）强调粤港澳大湾区绿色发展的"和而不同"。11 个城市的资源禀赋、经济发展阶段、社会治理等方面存在差异，在经济发展方面必然呈现产业分工和合作，社会建设、城市服务等方面也必然存在差异化，这意味着绿色发展不能整齐划一发展。而应该是形成绿色认同，坚持命运共同的情况下，尊重地方发展差异，支持不同城市在符合自身实际条件的情况进行绿色发展探索。

（二）粤港澳大湾区绿色发展的战略路径

近几年来，党中央和国务院把"污染防治"提升为攻坚战，各地对环境治理和保护的力度前所未有。随着五大发展理念逐渐深入人心，经济、政治、社会、文化、生态构成的"五位一体"发展格局也稳步推进。但是推进粤港澳大湾区绿色发展，绝对不是一蹴而就就能实现的。综观国内外已有的研究成果，对绿色发展更加关注的区域或国家往往是经历了工业化快速发展，经济发展达到一定层级之后而跃居重要位置的。粤港澳大湾区经过工业化的快速发展阶段后，在大湾区内三大核心城市的带动下，具备率先推进绿色发展的基本条件。未来粤港澳大湾区绿色发展路径概括起来主要包括一个核心、一个重点和四大支撑。

（1）加强顶层设计，搭建粤港澳大湾区绿色治理体系。推动建成绿色发展共同体，空间界限将变得模糊，在开放交流与合作治理的基础上，粤港澳大湾区需要有一个有效的多方系统。一方面，在谋求发展方面，整合11个城市多边合作机制，以合作谋求跨行政区、跨流域、跨领域的治理，重点围绕区域创新、经济增长乏力、卫生、教育、气候变化、能源安全等方面，完善各方已有的合作机制，构建一个更加高效的治理体系，联通泛珠三角地区，共同面向"21世纪海上丝绸之路"经济带，打造更大开放格局的粤港澳大湾区城市群格局，让粤港澳大湾区发展成为影响全球绿色发展的综合体。另一方面，在生态环境保护与治理方面，粤港澳大湾区需要跨越一直以来各地各自为政的环境保护与治理局面，应当从整个湾区未来共同发展的角度，制定大湾区生态环境保护规则，统筹山水林天湖草系统治理，构建大湾区生态安全格局，制定阶段性工作任务、要求、重点，既要考虑11个城市发展水平的差异性，又要兼顾生态环境保护方面的共同要求，湾区内三大核心城市更要承担湾区环境保护和治理的重任，带动其他城市，解决共同面对的生态建设难题。

（2）推动区域合作，提升粤港澳大湾区各地绿色发展能力。木桶短板是影响整桶容量最重要的因素。前文已经评判粤港澳大湾区各地发展水平差异较大，香港、深圳、广州绿色发展能力较强，而肇庆、江门、惠州的经济发展水平较低，绿色发展能力更加落后。佛山、东莞、中山、澳门虽然经济发展能力稍强些，但是在推进绿色发展方面，仍显得力不从心。因此，粤港澳大湾区各地形成加强的绿色发展合力，才能切实有效地推动绿色命运共同体实现。首先在处理湾区绿色发展困难、环境治理等问题时要明确"共同但有区别"。正因为工业化进程不一致，经济发展水平落差较大，那么在绿色发展目标、路径等方面，应考虑各地实际情况，各地承担的责任应有所区别。另外，加强湾区内城市合作，经济发达地方应在积极践行绿色发展的同时，向湾区内其他城市提供资金、技术支持，通过创新合作方式、经验交流、技术援助等形式，在生态建设、环境保护等方面帮助其他地方推动其绿色发展。在推动湾区绿色发展过程中，各地在相互尊重、平等互利的基础上，拓宽交流合作领域，谋求更大发展空间格局，通过资源重新组合，提升合作质量，建成绿色发展共同体。

（3）注重立体支撑，构筑粤港澳大湾区绿色发展支持体系。已有研究文献表明绿色发展是多方面的，因此需要构筑立体的支持体系，我们认为至少应该包括绿色创新支持体系、绿色产业支持体系、绿色金融支持体系、绿色知识支持体系。一是构建绿色创新支持体系。主要指在新经济、新技术涌现的时代，科技创新成为发展的动力。粤港澳大湾区需要重点开展新材料、新能源、绿色建设、资源环境、气候变化等领域的基础研究，培育新兴增长点。湾区内发达城市还应注重对湾区内经济欠发达的地区进行创新援助、技术援助，降低这些地方利用科技创新促进本地绿色发展的现实门槛。二是构建绿色经济支持体系。面对全球经济增长乏力，粤港澳大湾区也面临共同的经济增长压力。我国经济增长正在经历动能转换，粤港澳大湾区应把发展绿色经济作为新的经济增长点，加快产业结构升级转型，形成合理的区域分工合作，在维护自由开放非歧视的贸易规则时，通过发展绿色经济，形成产业高科技含量、高附加值、低资源消耗、低环境污染的方向。尤其是要重视企业间的合作交流，通过企业之间的合作，在产业链各环节中，如研发、生产、销售、服务等环节，分享前沿绿色技术，共同推动绿色发展。三是构建绿色金融支持体系。自我国实行改革开放以来，粤港澳大湾区经历超高速的发展，年均增长速度超过10%，这在世界经济格局下都是罕见的。但是如今全球经济增长乏力，造成很多环境和社会发展目标更难实现。在金融信贷紧约束下，粤港澳大湾区的金融机构应更多关注湾区就业、卫生、教育、绿色技术研发与应用、生态环境保护与治理、区域经济一体化等方面，从绿色金融层面支持湾区绿色发展。四是构建绿色知识支撑体系。任何区域的绿色发展都离不开知识和智力的支持。构建粤港澳大湾区绿色知识体系，应重点增加湾区各地学术界和非政府组织的作用，鼓励科研院校、学术团体、企业对湾区绿色发展方面的研究、宣传。重视发挥非政府组织在识别湾区生态危险、湾区城市环境影响、协调公众与湾区政府关系等方面的优势，保障其参与政府决策的权利，扩大其同政府在绿色发展项目计划、监测、评价等方面的合作，共同为粤港澳大湾区绿色发展提供智力保障。

（三）粤港澳大湾区绿色发展的政策建议

在形成共同的战略目标、战略路径的基础上，笔者根据已有的研究基础，针对性地提出以下四个方面的政策建议。

（1）参照香港绿色发展制度，以国务院批准深圳建设国家可持续发展议程创新示范区为契机，建立健全粤港澳大湾区可持续发展制度。一是成立可持续发展委员会。二是建立可持续发展评估指标体系。三是建立可持续发展评估制度。将可能带来明显或持久影响资源环境承载力的政策、规划、方案等纳入可持续发展评估，对不符合可持续发展要求的，坚决予以否决。

（2）将加强环境教育作为全面提升粤港澳大湾区环境管理水平的基础和保障，建立全民参与的环境管理体制。一是在市民易于到达，且具有自然、文化和历史保护价值的地方，建设若干个固定的富有特色的环境教育基地。要让市民在亲近自然、接受文化和历史熏陶的同时，自觉地产生保护自然、爱护自然的情感和动力。二是要充分利用科技手段，创新环境教育的手段和内容，改造和提升现有环境教育基地的建设和管理水平，要让市民自愿接受、主动参与环境教育活动。三是要采取经济激励、宣传展示和技术引导等手段，鼓励在生态、低碳和智慧城市等方面有实力的企业，参与环境教育活动，要让它们在教育公众的同时能够获得提升企业形象的机会，以鼓励社会各界更多地参与环境教育活动。

（3）提前谋划、高水平建设和运营环境基础设施，为实施有效的环境管理奠定扎实的基础。一是高水平运营和监管现有的环境基础设施。应在对现有的重点环境基础设施进行提标改造过程中，逐一对各环境基础设施的运营管理制度进行完善，水平进行提升，有条件的地方应逐步引进国际知名企业参与管理，实现运营管理的专业化。二是应提前谋划和高水平建设污泥、医疗废物和建筑废弃物等处理处置基地，使各种废弃物等能得到妥善处置。特别是对拟规划建设的环境基础设施，应优先采用国际领先标准，引进有丰富经验的大型企业参与运营管理，加大资金投入，确保新建项目都能成为模范工程和环境教育基地。三是对现有的管理制度特别是医疗废物、建筑废弃物和生活垃圾等的收费方式、管理模式等进行反思和检讨，要采取有效措施减少废弃物的产生，提高资源化利用水平，尽可能减少需要最终处理处置的废物量。

（4）系统梳理和检讨现有的环境管理流程，实现环境管理的精细化和专业化。一是探索建立分区域和分流域管理策略。在空气、河流和海域污染治理中，根据不同的环境状况和环境质量改善要求，制定和采取更有针对性的指标体系、控制措施，实现更加精细化的管理。二是进一步提高科学模型的应用水平。应加快开发适合粤港澳大湾区实际情况的大气和水质污染控制模型，尽快引进环境风险控制模型，通过模型分析不同的控制措施对现有空气、水质和海域质量的影响，为制定更加科学、合理和可行的指标体系和控制措施提供更加精准的依据。三是尽可能按专业配置执法资源。在粤港澳大湾区环境机构垂直管理改革中，要充分考虑按照专业化管理要求设置管理机构的可行性，要分别建立专门针对环境基础设施、废水、废气和危险废物等类别的执法队伍，通过专业化实现精细化。四是制定更有可操作性和实用性的技术指引。要按照行业类别、污染控制环节及环境质量管理要求，对不同管理对象和管理区域、流域，制定更加精细、专业的控制措施，实现对污染源的精细化管理。

第七章 深圳发展湾区经济的理论探索

深圳率先提出发展湾区经济，初衷是想构建新的发展坐标，以时间为横轴，以质量为纵轴，以湾区经济为导向，推动深圳在全球视野下更高质量的开放发展。为此，深圳率先探索湾区经济的丰富内涵、显著特征、世界知名湾区发展经验与借鉴、发展湾区经济的策略等，形成较丰富的理论探索成果，对研究粤港澳大湾区经济融合发展具有较强的参考价值和启发。

一、湾区经济丰富的理论内涵

最初的理论探讨从"湾区经济"是否存在？如果存在，它的形成机理是什么？湾区经济具备哪些共同的特征，且这些特征正是有区别于其他的什么经济（如城市经济、都市经济、海洋经济等）？湾区经济是否经历了一些典型的发展阶段？围绕这些问题展开探讨，显然目前已形成一些共识。

（一）湾区经济形成条件和机理分析

深圳对湾区经济形成机理探讨比较丰富，卢文彬（2018）对此做了很好的梳理综述，对本章研究湾区经济具有较强的参考价值①。有代表性的研究有：吴思

---

① 卢文彬. 湾区经济：探索与实践［M］. 北京：社会科学文献出版社，2018：11 – 18.

康（2015）认为，湾区经济首先是依托地理条件优越发展港口经济、工业经济，形成一定的集聚优势，沿海湾区通过开放、创新发展，加上独特宜居的环境优势，逐步发展成为具有世界影响力的湾区经济[①]；谭刚、申勇认为，湾区经济具有"拥海抱湾合群"复合特性，"拥海"构筑高效发达的开发枢纽，"抱湾"独特地形形成要素集聚，"合群"则是港口群、产业群、城市群形成的叠加优势。[②]

综观全球地理空间，世界湾区共享水体达5平方千米的有200个，申勇梳理了全世界58个湾区经济体，分布在全球36个国家。最早形成湾区经济的是英国，第一次工业革命时期，英国的湾区经济发展是国际贸易的产物和扩大物。但是，世界上现存的有影响的湾区经济体并不多。主要原因在于湾区经济形成有一定的条件，如果不具备这些条件，湾区经济体则不足以发展成为有影响力的经济形态。申勇（2017）认为，首先湾区经济体必须要有共享湾区，这是区别于普通的城市经济的首要条件，也是区别于一般的沿海经济的条件。沿海经济也是临海，但是没有和周边区域有共享湾区，所以一般的沿海城市不具备湾区经济的潜力。其次是对外开放，开放带来更大创新，开放扩大发展空间，世界上拥有良好湾区的地区并不少见，但是没有形成开放发展的格局，而是自守湾区，则难以发展湾区经济。最重要是区域合作，湾区经济"拥海抱湾"，还必须要有发展腹地，要和周边区域合作发展。[③]

笔者认为，首先共享湾区面积尺度适中、气候舒适且所在国家有强大经济实力和发展潜力，是发展湾区经济的先决条件。显然，不是所有的湾区都能发展成为有影响的湾区经济形态。如果湾区直径过大，面积过大，湾区经济发展最初所需的港口、交通便利等便荡然无存。面积过小的湾区也不行，对区域发展缺乏集聚、辐射带动作用，其发展仅限于较小的区域范围。其次，经过工业经济发展阶段，打下坚实的经济基础，是发展湾区经济的重要支撑。世界上符合发展湾区经济先决条件（如湾区尺度适中、气候适宜、国家经济实力也较强）的湾区，如悉尼湾、芬兰湾等，有十来个，但是这些地区并未发展成为具有影响力的湾区经济体，主要是因为没有经济工业化发展阶段，没有形成人口集聚，产业发展比较

① 吴思康．深圳发展湾区经济的几点思考［J］．人民论坛，2015（2）．
② 谭刚，申勇．粤港澳大湾区：打造世界湾区经济新高地（内部资料），2017.
③ 卢文彬．湾区经济：探索与实践［M］．北京：社会科学文献出版社，2018.

单一，或者停留在旅游观光等层面，所以没有发展成为有影响力的湾区经济。最后，顺利推动工业经济发展到创新经济，是发展湾区的关键条件。世界上也有一些湾区兴起于港口经济、具有临海优势，如鹿特丹、利物浦、新奥尔良等，但是也没有发展成为有影响的湾区经济体，究其原因在于，这些湾区未能及时推动港口经济、工业经济发展转向创新经济发展，因此没有孕育金融业、咨询、商贸等现代服务业的发展，更没有占据新一轮信息技术发展高地，创新没有占据经济发展的主流影响力，因此这些湾区最终没有发展成为全球有影响力的湾区经济体。

（二）湾区经济显著特征

对于湾区经济具备的显著特征，目前表述最为清晰的是许勤（2015），他对湾区经济具备的"开放的经济结构、高效的资源配置能力、强大的集聚外溢功能、发达的国际交往网络"四大显著特征的描述，[①] 被百度百科采用，当前国内学界对湾区经济的研究探索基本都在引用如是表述。

吴思康（2015）对湾区经济的显著特征总结为开放性、创新性、宜居性、集聚性、区域性。他认为开放是湾区经济的活力源泉，创新是湾区经济的根本动力，宜居是湾区经济的魅力所在，集聚是湾区经济的最直接效应，区域性是湾区经济的客观要求。[②]

卢文彬（2018）对湾区经济的主要特征分析，则是主要特征之间的相关关系展开的。[③] 首先是湾区经济集聚外溢促进持续创新，在集聚发展过程中，繁荣必然催生外溢发展。集聚外溢导致要素在湾区内汇合，创新更容易发生，产业和技术创新一旦形成，并占据经济发展高地，湾区将引领地区乃至全球经济发展。其次是开放多元促进宜居宜业。湾区开放包容，吸引人才是首要因素，湾区率先获得发展，具备打造更优美的居住环境和便利的交通设施等，进而提升宜居宜业吸引力。最后是区域协同促进互补发展。湾区核心发展到一定阶段，辐射带动能力增强，湾区内部协同发展需求增人，政府主导推动协同合作的空间诉求增大，各地获得互补发展的机会增大。

① 许勤. 加快发展湾区经济服务国家"一带一路"战略［J］. 人民论坛，2015（2）.
② 吴思康. 深圳发展湾区经济的几点思考［J］. 人民论坛，2015（2）.
③ 卢文彬. 湾区经济：探索与实践［M］. 北京：社会科学文献出版社，2018：29－31.

（三）湾区经济发展阶段

对湾区经济发展阶段，目前比较普遍的划分，基本遵循吴思康提出的线性发展四个阶段，即初期阶段、起步阶段、快速发展阶段、稳定繁荣阶段。谭刚等（2017）曾提出湾区经济发展的"钻石模型"，更形象地展示湾区经济发展各阶段的主要界限。上述两种划分阶段，对笔者研究湾区经济具有较大的启发意义。笔者认为，吴思康的线性划分比较清晰直观地展示了产业升级路径，但是各阶段的界限过于简单。而"钻石模型"对湾区经济发展展示了各阶段产业发展的重叠性，更符合湾区经济发展实际（见图 7-1）。另有卢文彬提出代表性观点，他对湾区产业形态演进阶段的研究，是沿着两条主线铺开的，即基于港口业态的产业演进和基于创新驱动下的产业演进。他认为：基于港口业态产业演进的路径大致可描述为"初级港口主导—大规模制造业主导—现代服务主导"；基于创新驱动下产业演进的路径大致可描述为"产业融合波浪式发展—未来产业开放式发展"。

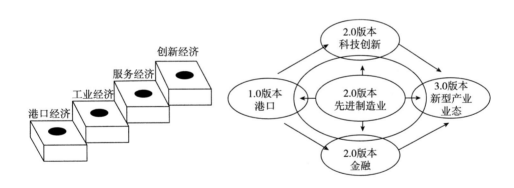

图 7-1 湾区经济发展线性阶段与"钻石模型"对比

湾区经济在初期阶段发展港口经济，以装卸运输为主导，经济活动首先从港口开始，港口的发展带来人口集聚，临港出现一些简单的加工和制造产业；然后工业获得进一步发展，湾区经济发展到起步阶段。工业开始由临港向外拓展，湾区城市逐步发展成为制造中心，但经济规模较小，湾区具备湾区中心的雏形。随着工业快速发展，服务业开始获得较快发展，湾区经济进入快速发展阶段，以服务业为主导，经济活动范围进一步拓展，湾区内部形成服务经济中心、制造业中心等，湾区对全球资源配置能力、经济影响力显著提升；以港口城市为中心，陆路交通体系为轴线，中心与广阔腹地中众多节点分工协同的发展格局基本形成。最后湾区经济发展到稳定繁荣阶段，主要是依托创新经济维持繁荣稳定。尤其是以信息产业为主导，湾区占据全球产业创新的制高点，成为全球新兴产业策源地，湾区内部能够形成多个中心共同发展的格局。

湾区经济发展阶段"钻石模型"，则更形象地刻画了湾区经济迭代升级的过程，可以描述为湾区经济 1.0 版本、2.0 版本和 3.0 版本，具体来说湾区经济 1.0 版本产业发展比较单一，主要是发展港口经济，这和吴思康的线性划分法中"起步阶段，港口经济率先获得发展"相似；而与吴思康线性划分法最大的不同在于湾区经济 2.0 版本，谭刚（2017）认为，全球湾区经济体中，在发展过程中可能存在某个行业或某个方面，在全球特别有影响力，比如先进制造业、金融甚至科技创新，但是这种湾区经济都归为 2.0 版本；只有当湾区经济发展到凭借创新发展成为引领全球新一轮新兴产业发展业态，或者其他不为目前学术研究能够发现或者描述的状态（当然离不开金融、制造业、科技创新等支持），可能成为一种新型经济形态，此时可谓湾区经济发展到了 3.0 版本。

二、全球知名湾区经济发展经验借鉴

深圳提出发展湾区经济，对标就是全球经济版图上的突出亮点湾区，梳理全球三大知名湾区发展过程中的共性经验，提炼对深圳发展湾区经济有价值的参考借鉴。

（一）三大湾区经济发展综合比较

三大湾区在全球经济版图亮点突出但又各有特点，综合对比可以从如下五个方面展开：

（1）依托临海地理优势，都经历过以港兴城，通过港口城市得天独厚的交通优势，促进湾区成为连接国内国际市场的桥梁。纽约湾区发展成为全球金融和贸易中心，而东京湾区发展成为全球先进制造业、金融和科技创新中心，其综合功能更突出，主要是因为日本资源紧约束，促使东京发展成为综合功能强大的湾区经济体，旧金山发展成为全球科技创新中心。

（2）依托高校、研发机构、全球知名企业等，湾区创新格局不同程度地呈现"创新走廊"格局。波士顿128公路沿线集聚了全球知名的高校如哈佛大学、麻省理工学院等。旧金山湾区101千米沿线集聚了全球知名的创新型企业如苹果、谷歌等；日本东京—横滨—筑波也是全球知名的创新走廊。三大湾区在推动创新走廊形成、完善创新体系等方面，积极鼓励湾区内产学研合作、鼓励企业加大研发投入、加大政府对科研院校创新研发投入等，效果显著。

（3）湾区内基础设施和城市功能配套设施完善，宜居宜业环境对人才的吸引力极强。湾区经济发展最核心的动力源泉来自人的创新能力。各类人才聚集是湾区经济发展的内生增长源泉。三大湾区对全球人才的吸引力一直备受关注。除了具备完备的基础设施和城市功能配套实施外，三大湾区都特别重视生态环境保护，凭借其天然的滨海优势、气候优势，注重环境事业的发展，对宜居宜业宜游环境的培育，也是三大湾区在发展过程中不遗余力坚持的方向。近年来，虽然生活成本高涨等，但三大湾区对优秀人才的吸引力依然不减当年。

（4）具有多元包容开放的文化特征。三大湾区的文化都是自然而然形成的，并非政府主导推动。文化因素对湾区创新活力的影响深远，多元包容有利于创新环境的形成，开放则是有利于创新活动的产生。当然湾区经济和湾区文化的发展是相辅相成的。

（5）重视湾区内部城市分工协作。纽约湾区虽然是全球金融和贸易中心，但是湾区内部城市分工协作的格局非常清晰，曼哈顿集聚全球金融高端要素，波士顿以搞基础产业、全球顶尖教育闻名全球，费城是全球空间制造业交通服务的顶级区域，华盛顿是全球少有的政治中心而经济并非最强的地区，巴尔的摩侧重发展制造业和服务业。旧金山湾区可分为北湾、中湾、南湾和旧金山市，各有分工，协同发展，北湾的酒庄富有闻名，南湾集聚上万家高科技企业，东湾有第一港和发达的装备化工制造业，旧金山市则是湾区文化、财经和都市中心，也是全球风险投资中心。东京湾区功能分区也非常明显，湾区内六大港口城市定位清晰、差异明显，有力地支撑了湾区各城分工合作协同发展。

（二）三大湾区经济发展共性经验

三大湾区发展成为全球知名湾区的过程中，呈现某些共性经验，对深圳发展湾区经济具有参考借鉴价值。这些共性经验梳理大致有如下四个方面：

（1）充分挖掘软硬件优势，集聚高端要素。三大湾区利用临海地理优势，不断完善硬件设施和软件环境等，提升湾区经济发展影响，促进人口向湾区集中。全球有临海优势、气候优势的湾区城市并不少见，而能够发展成有影响力的湾区经济体，却不多见。只有利用和发挥了临海的天然禀赋优势，适时完善内外交通、城市功能配套等硬件设施，在人口向湾区集聚的过程中，着力完善比如促进就业、居住等软环境，进一步增强湾区吸引力，提升湾区经济发展质量。

（2）政府有意识地推动湾区内城市分工合作协调发展。不同国家体制下，政府对区域分工合作的推动方式不尽相同。东京湾区政府主导区域规划，大力推动港口城市群的分工合作，并且卓有成效。美国的纽约湾区和旧金山湾区政府对区域分工协作的推动，特别注重与非政府机构、社会组织之间的协同推动，并且行之有效。

（3）注重规划引导和协调机制建设。不同体制下政府推动的湾区经济发展，不约而同推出发展规划、成立协调机构。纽约湾区政府联合纽约都市圈委员会、行业协会，力推规划引导湾区经济发展。东京湾区为了推动湾区六个港口城市分工协同发展出台了《港湾法》《东京湾港计划的机构构想》等，还成立了京滨工业区港口协会对川崎、横滨、东京港口进行统一管理。旧金山湾区成立了半官方性质的湾区委员会，协调政府和科研机构的合作，对湾区整体发展展开研究、推行分工、协同发展，影响甚大。

（4）注重产学研联动发展推进科技创新。三大湾区占据全球创新高地，各有侧重，纽约湾区的金融创新、新兴产业创新蓬勃发展，旧金山以硅谷为中心引领全球科技创新，东京湾区的先进制造业创新实力雄厚，但是无论在哪个领域，三大湾区都特别注重产学研联动发展，创新源头可能来自高校、机构、企业，湾区在创新链条各环节都会采取资金、配套政策方面等支持，以提升产学研联动发展，带动湾区整体科技创新能力。

（三）三大湾区经济发展对深圳发展湾区经济的启示

深圳发展湾区经济与三大湾区有某些相同的条件，比如天然的滨海自然禀赋优势、现代化城市环境和配套优势、科技创新产业化优势、企业总部集聚优势、港口交通便利优势等。尽管与全球一流湾区名城发展存在较大差距，但是在未来推进湾区经济发展过程中，三大知名湾区发展经验对深圳仍有较大借鉴和启示。

（1）多举措培育科技创新环境，分层次配套创新资金。深圳已经具备闻名全国的创新创业环境，但是深圳的创新是在市场竞争机制下形成的以企业创新为主体。从创新科技发现来看，政府多举措培育科技创新环境十分重要。因为科技发现后的创新活动风险极高，如果没有形成较好的创新投资模式，恐怕很难支持立足更长远科学发现的诞生。对于企业主导的创新活动，应鼓励企业从金融创新角度进行探索，企业设立的风险投资往往更能贴近市场、贴近技术升级方向，政府可以引导有实力、有管理能力的公司探索进行金融领域的创新。另外，可以参照硅谷设立专门科技银行模式，支持科技创新实践。这方面的探索难度更大，但也更具针对性，影响更大，值得尝试。

（2）抓住科技创新下新兴产业发展机遇着力推动产业升级，带动城市空间优化布局。纽约湾区最初也是美国制造业中心，随着全球产业分工研究，制造业逐步转移，纽约都市圈内产业分工也随之进行，逐步形成金融—商务—制造的圈层结构。东京湾区在政府主导下，一直都是全球制造中心，但是其综合功能演进也是紧紧抓住全球科技创新机遇。旧金山湾区自兴起以来，始终占据全球新兴科技占地和新兴产业策源地。三大湾区发展历程无不随着产业转型，湾区空间布局同步进行调整和优化，而在空间布局方面，政府或协会积极推动产业转型。纽约、东京湾区在发展初期，都曾制定了切合实际的城市规划或战略规划，为湾区经济发展成熟提供了有力的政策和机制保障。

（3）大力提升城市品质吸引总部集聚。虽然深圳的营商环境、城市环境已获得较快较好发展，但是相比三大湾区，深圳对总部的吸引力，中心区商务环境建设、总部企业认定、总部所需人才配套服务、与国际接轨的法制环境建设方面还是有很大提升空间的。例如，三大湾区在发展过程中，也是不遗余力地推进城市基本事实和中心商务区环境建设，至少表现在建设完善的中央商务区四通八达、换乘便捷的立体交通网络，推动中央商务区功能多样化建设（如会展、商务酒店、高档娱乐等），注重提升有品位有品质的生态社区等，某些方面的具体做法都值得深圳借鉴。

（4）对深圳发展港口经济的某些启示。经过三十多年的发展，深圳盐田港已经成为全球知名的港口，深圳港口业的发展有目共睹，但是和东京湾港口发展相比，我们还有巨大的提升空间，尤其和粤港澳大湾区港口群分工协同发展方面，大有可为。首先深圳有必要率先提出在粤港澳大湾区建立一个合理的港口群组织管理模式，淡化各地政府行政区划，而且为了适应国际航运市场发展需要，推动各港发挥特定功能。与此同时，注重提升港口集约式开发，大力发展海港高层级经济业态，比如加快发展供应链管理、跨境电商等新型贸易发展，通过输出资本、管理、技术和服务，以提升港口经济在湾区经济发展格局中更大价值，增强港口经济发展的控制能力。

三、深圳在粤港澳大湾区中具有枢纽作用

深圳在粤港澳大湾区发挥着区域联动、产业引领、一国两制和改革动力等重要作用，是整个大湾区城市群的枢纽。粤港澳大湾区建设对深圳提出了更高的要求，必须正确认识深圳的优势和劣势，才能有效扬优势补"短板"，带动和引领整个大湾区城市群的发展。

（一）深圳在粤港澳大湾区城市群中具有枢纽作用

（1）空间区位枢纽。粤港澳大湾区空间格局是"极点带动、轴带支撑、辐射泛珠三角等区域"，向外依次扩展形成紧密圈、扩展圈和辐射圈。在这个圈层结构中"广—深—港"既是经济发展主轴也是交通主轴，深圳恰好位居这条主轴的中间，将广州与香港连为一体。同时，深圳也是"广—深—港"和沿海功能拓展带的十字交会点，因此，在粤港澳大湾区城市群建设中深圳具有地理位置

上的特殊优势，发挥着经济发展、交通和物流等方面的枢纽作用。

（2）科创转型枢纽。深圳在大湾区向科技创新转型中具有承接和引领作用。从世界三大著名湾区发展来看，创新驱动是潮流所向，粤港澳大湾区城市群未来也必须向科技创新转型。[①] 从粤港澳大湾区城市群 11 个城市的现状来看，科技创新能力最为突出、科技创新与产业发展融合最好的城市无疑是深圳，香港产业结构"曲高和寡"，而其他城市则明显低于深圳。深圳具有连接科技成果与产业、科技产业与金融市场、现代发达城市与制造业基地的枢纽作用，是粤港澳大湾区城市群科技创新转型中决定性的力量。

（3）对港合作枢纽。深港合作是粤港合作的主要平台。由于深圳与香港特殊的地缘关系、紧密的经济联系，粤港澳大湾区城市与香港的合作大部分内容都是通过深圳与香港两个城市的合作来完成的。由于深港合作事关香港切身利益，具有按照"互利共建"实施深度合作的空间，被香港政府和居民广泛接受和热情期待。要想有效吸引香港参与，通过经济社会纽带实现香港和内地的高度融合，必须充分发挥深圳的枢纽作用。

（4）改革试验枢纽。深圳是我国改革开放的一扇窗口。改革开放之初，深圳率先接受香港辐射，引入境外先进的管理制度和资金力量，推动了珠三角地区和全国的改革发展。在粤港澳大湾区改革发展中，深圳同样具有探路者和引领者的作用。对接港澳、借鉴港澳的很多政策可以从深圳先行先试，经过在深圳的实施、反馈和提升改进，再在粤港澳大湾区施行，直至在全国层面施行。深圳的这一作用是大湾区中其他城市所无法替代的。

（二）正确认识深圳具备的优势和劣势

1. 深圳具备的四方面突出优势

（1）科技创新能力突出，具有成为全国新经济策源地的潜力。深圳在科技创新领域已走在全国前列。2017 年，深圳全社会 R&D 投入占 GDP 比重高达 4.2%，明显高于全国平均水平，且已超过一些发达国家的水平，国家级高新技

---

① 中国（深圳）综合开发研究院，腾讯公共政策部．创新驱动与都市转型——打造中国的世界级湾区［R］．2017.

术产业总数占粤港澳大湾区的 42.6%，国际专利申请量近全国半数。深圳通过"应用导向""企业主体地位"和"产业创新"，已形成独具特色的创新道路：一是市场驱动型创新体系。创新主体以企业为主，研发机构、研发人员、发明专利、研发投入的 90% 在企业，市场发挥了对创新资源配置的决定性作用。二是配套成熟的硬件产业链。深圳已成为全球硬件制造产业链配套最成熟的城市，"硬件硅谷"的名号逐步得到全球认可。三是双向开放的竞争优势。深圳对国际市场形成了低成本、高效率制造的优势，同时背靠中国市场的巨大需求，与国际技术创新之间形成互补和链接，扮演了"双向连接者"的角色。深圳在这一创新道路上正越走越远，有望成为全国新经济发展的策源地。

（2）地理区位得天独厚，具有成为全球门户和枢纽的潜力。深圳区位条件优越，拥有得天独厚的海港、空港、高铁、公路等口岸优势，是亚太地区重要的交通枢纽。深圳拥有世界第三大集装箱港口、中国内地第四大航空港，有条件形成功能完备、及时可靠、通关便利、流转顺畅、经济高效、海陆空并进联通的亚太枢纽。深圳所在的珠三角拥有全球无与伦比的硬件配套能力，以深圳为中心，1 小时车程内能采购到各产业内所有配套要件，技术创新成果也能迅速实现产业转化成为产品。深圳与全球最发达的市场零距离，与香港 24 小时通关，约 1 小时车程可到达香港机场。产品制造出厂后，约 1 小时即可通过深港口岸运往世界各地。深圳是典型的口岸城市，拥有口岸数量最多、出入境人员最多、车流量最大，深圳同时也是物流业最发达的城市之一，拥有国内领先的物流企业，日益向亚太枢纽、全球门户迈进。

（3）政策优势仍然突出，具有成为改革驱动发展优势城市的潜力。深圳一直具有体制机制的优势。经过多年的改革，深圳在建设高效政府方面已经走在全国前列。充分利用特区立法权优势，深圳具备一流的营商环境，以公平、透明、宽松闻名全国。以市场化、法治化和国际化为目标，全面深化改革，简政放权，优化办事流程，在全国率先推进商事登记配套制度改革，简化公司创立流程，激发创业热情，企业注册登记时间由 20 个工作日直接缩短到 1 个工作日。深圳不断深化行政体制改革，发展完善社会主义市场经济体制，形成富有效率的"自上而下"与"自下而上"相结合的决策程序，且决策执行力度大。同时，深圳作为经济特区、国家综合配套改革试验区、国家科技产业创新中心、国家自由贸易试验区、全国首个海洋综合管理示范区，拥有多领域、大范围政策先行先试的权利，在实现改革驱动发展、构建高效现代城市方面具有巨大潜力。

（4）城市氛围开放包容，具有成为最具活力创业之都的潜力。深圳拥有崇尚创新的文化氛围和容忍失败的社会环境。深圳独特的人口结构迸发出强劲的人才活力和市场活力，形成了开放、包容和创新的多元文化特质。深圳吸引大量高素质人才会聚，是一座非常有活力的城市。在深圳，95% 常住人口是外来移民，市民平均年龄仅 34 岁，劳动年龄人口占比超过 90%。各国不同的文化、思想交融碰撞，各种创新、创意、创见、创造层出不穷，使深圳成为"全球创客之都"。同时，创新本身属于高风险行为，与之相应地，深圳已形成鼓励创新、容忍失败的社会环境。凭借开放的经济结构、创新友好型金融体系、年轻化的人口结构、移民城市的冒险精神、宽容失败的创新文化等优势，深圳拥有吸引全球资源、成为全球创业之都的巨大潜力。

2. 深圳面临的劣势：空间和资源环境制约

深圳脱胎于惠州辖下的宝安县，区域面积仅 1997 平方千米。经过近 40 年的发展，深圳已经以相当于一个县的区域面积贡献着相当于一个中等省份的经济量，实际管理的常住人口超过 1800 万，与北京、上海为同一个量级。由于"小马拉大车"，空间和资源已成为制约深圳发展的主要障碍。

最大的制约是土地空间不足。深圳作为人口与北京、上海比肩的超大城市，区域面积只有 1997 平方千米，仅相当于北京的 12.2%，上海的 31.5%。在目前城区人口规模超过和接近 500 万的主要城市中，深圳是面积最小的。在过去近 40 年间，深圳 GDP 年均增长 25.8%，建设用地年均消耗 28 平方千米，至 2017 年，深圳建设用地总规模约为 980 平方千米，占全市区域面积的 48%，已达 2020 年建设用地规划总规模的 99.7%。根据深圳市房地产研究中心的数据预测，未来几年，深圳每年实际仅有 0.33 平方千米的新增住宅用地供应，新增土地供应微乎其微。

"深圳没地了！"这一严峻状况向市场发出尖锐信号，造成 2015 年后深圳房价的大幅度上涨，进而造成租金上涨、工资上涨，给深圳长期发展造成危害。笔者在 2016 年以来对深圳的几次调研中，深圳企业对房价问题反映都非常强烈，包括科技领先的华为在内都感到难堪重负。深圳不同于北京、上海，它不是政治中心和文化中心，人们来深圳是为了讨生活、谋发展，一旦成本上升过高，使人们赚不到钱、生活品质难以提高，其吸引力就会显著下降。高房价直接影响到深圳的发展活力，深圳不能沉醉于政府土地出让收入增加的短期效应中，如果不能积极主动采取有效措施应对和缓解这一问题，今天的香港就是明天的深圳。

资源环境不能达到宜居都市的要求。粤港澳大湾区城市群将打造宜居宜业宜游的优质生活圈，但深圳目前存在资源环境承载力不足的问题。根据广东省水资源公报的数据，2016年深圳水资源总量较少，仅有30.4亿立方米，人均水资源量不足200立方米，远低于国际上人均500立方米的严重缺水临界值，仅为广东省的1/10、全国的1/11。水体污染问题也很突出。随着经济快速发展，深圳市污水产生量居高不下。受污水排放的影响，流经深圳城区主要河流水质仅为国家地表水Ⅴ类标准，西部海域污染较为严重，水质劣于国家海水第Ⅵ类标准。这样的环境与建设宜居都市的目标相比显然还有较大差距。

四、深圳探索湾区经济发展策略

深圳谋划发展湾区经济，就是想在全球开放发展格局下，通过对标全球知名湾区，通过优化产业和空间布局，推动深圳湾区经济建设和发展，实现建成国际一流湾区城市这一长远战略目标。为此，笔者认为深圳至少可开展四个方面有价值的探索，这些发展策略的具体内容将在后面章节展开研究。

（一）增强湾区经济发展核心要素集聚

目前，深圳与全球100多个城市往来密切，但是城市间生产性服务业联系强度尚显不足，说明深圳目前高端核心要素的集聚能力有较大提升空间。

（1）提升航运航空集聚的发展空间。港口海运集聚方面，尽管深圳港口集装箱吞吐量位列全球前三，但必须看到随着产业转移路径的变化，港口货运量继续增长压力巨大。同时，深圳港口集疏运交通结构目前也不大合理，港城矛盾逐步凸显。机场航空运输方面，深圳远远没有形成湾区航空区位优势，大有提升的空间。

（2）提升金融核心要素集聚的特色优势。深圳目前是全国重要的金融中心，金融业是深圳的支柱产业，基本形成证券、保险、银行等多层次市场体系，但是不可否认，与香港金融发达程度相比较，深圳金融发展的国际化程度远远不够，与北京、上海所能获得的政策支持相比较，深圳更是难以相提并论。因此，要提升深圳在金融核心要素集聚方面的特色优势，唯有另辟蹊径。在培育发展金融新业态方面，深圳可以做出更富有战略意义的探索。在建立与国际接轨的制度规则和政策探索方面，深圳也可充分挖掘前海金融发展的潜力，同时注重探索与粤港澳大湾区内其他中心城市、节点城市的金融差异化发展领域。

（3）强化创新核心要素的引领发展优势。创新已经成为深圳响亮的代名词，也是深圳率先探索湾区经济发展的起点，更是未来引领深圳湾区经济发展的方向。在现有创新优势基础上，深圳需要提前谋划、超前部署新一轮创新的可能方向和领域，优化支持自主创新的生态体系，培育或鼓励高端技术研发新业态，实现深圳在全球创新链条中由"跟随"向"并跑""领跑"转变，占据更高位置，成为全球新兴产业策源地之一。

（4）提升贸易核心元素的影响功能。深圳的发展受益于国际贸易，在全球也是占有一席之地的，但是深圳贸易量大，却缺乏核心竞争元素，对国内外经济辐射带动能力还有很大提升空间。长远来看，比如"打造国际化消费中心"，对提升城市影响力是大有助益的。深圳可以尝试大力发展高端价值服务业态，如吸引全球大型企业、高科技知名企业总部落户，培育发展国际会展、文化创意、高端赛事等新兴业态。推动高端现代生产服务业的发展，注重提升综合性商务功能配套能力，建设若干国际化优质商圈、品质社区、营造国际一流消费环境等。

（二）提升湾区经济支撑功能

就目前深圳发展湾区经济支撑条件来看，一方面要发挥港口城市支撑作用，促进多港经济联动发展。深圳作为港口城市，不仅要谋划海港经济发展，还要注重推动海港、空港、信息港与口岸功能的联动发展，增强深圳湾区经济对外拓展外溢能力。可以探索率先发展新一代港口经济、强大发展临空经济与空港经济、突出发展下一代信息经济等，拓宽港口城市经济发展方向。另一方面是注重提前谋划深圳发展湾区经济的战略腹地支撑。加快推进通道建设，增强对珠江西岸的辐射带动能力，同时推进产业横向分工和纵向整合，强化依托企业总部带动优势，发挥"总部＋基地"的辐射带动作用，拓展与周边地区的发展空间。

（三）优化湾区经济空间布局

湾区经济发展不再是普通的城市经济，也不是沿海经济。当前粤港澳大湾区发展上升到国家发展战略，国家是从对外开放新格局中、从"一国两制"新发展中谋划湾区发展。那么，对深圳而言，抓住大机遇，为未来深圳建成国际一流湾区城市，大力构建湾区城市整体发展架构、优化经济空间布局。深圳发展历程显示在不足 2000 平方千米地域上，深圳已经形成多中心网络格局，未来仍然需要规划引导、重点推动、优化布局，形成更合理、更有品质的城市发展。从深圳发展轴带演进上看，未来可重点构建横贯东西的湾区临海产业带，西部海湾突出经济和科技功能，东部临海突出生态旅游功能，轴带的重要节点区域也都有所区别，形成差异化、功能显著的格局。在城市品质塑造方面，集中布局最优美的地标建筑、构建海洋风貌浓郁的湾区景观带、建设优美富有活力的湾区生态带（下一章将专门研究深圳城市空间布局）。

（四）推动"一带一路"建设

我国提出"一带一路"倡议，各地都在积极融入。深圳作为全国开放最早、建设最好的经济特区，更应积极探索多层次参与，大力建设"一带一路"倡议的枢纽城市。具体在基础设施互联互通、国际产能合作和产业转移、辐射带动科技创新、海洋经济战略开发合作、人文合作交流等领域进行策略探索。

第八章　深圳空间布局与优化

《粤港澳大湾区发展规划纲要》明确指出，深圳作为四大中心城市之一，是粤港澳大湾区城市群空间格局中的三大强强联合的极点之一。深圳具有地理位置上的特殊优势，承载辐射带动湾区经济融合发展的枢纽功能。研究深圳空间布局演变特征、趋势，提出合理优化方案，对进一步发挥深圳在粤港澳大湾区城市群的极点辐射能力，具有一定的参考价值。

一、深圳城市空间结构的动态演变特征

对深圳城市空间布局动态演变过程和城市空间用地结构动态演变特征的分析，可以看出自改革开放以来，深圳在城市空间布局、土地利用结构、空间利用效率都在不断朝着合理、高效、集约的方向发展。通过对比发现，深圳与香港在一定程度上存在不可比性，不能盲目将两者直接比较后就找出深圳空间发展差距。

（一）城市空间布局形态总体朝着均衡布局方向演进

20世纪80年代初期，深圳城市空间结构呈现典型的"极点开发建设，轴带初现"结构特征，展示了由极核发展向网络开发演进的进程。经济特区成立后，深圳城市开发建设便拉开序幕。早期开发主要集中在两个组团，即罗湖—上步组

团和蛇口—南头组团，其中罗湖—上步组团的开发建设更快。在两个组团中间，沙河工业组团、华侨城旅游区开工建设，其他广大地域依然是农村面貌。某种程度而言，深圳城市空间布局大体呈现东西轴带扩张，但是东西轴带是不连续的轴线。

20世纪80年代中期以后，深圳城市空间开发建设进入快速推进阶段，轴带特征得到强化。首先，城市空间布局的横向轴带全面形成。依托早期的两个强极点即罗湖—上步组团和蛇口—南头组团的东西轴带全面形成，在该轴带上，罗湖—上步极点带动能力强化，形成外溢，带动福田区快速发展。轴带上由东往西，华侨城、高新技术产业园、深圳大学等片区形成多点开发建设局面，南山区城市开发建设速度提升。其次，南北纵向轴带也初步形成。西部有西乡镇、沙井镇、公明镇构成一条南北轴带，北部有布吉镇和平湖镇发展构成轴带，东部以罗湖、盐田的开发建设为极点中心，沿线的乡镇发展提速。深圳城市空间布局的南北轴线初现。

随着1993年宝安县撤县建区，并入深圳特区，深圳市开始进入整体发展阶段。从某种程度而言，深圳城市空间布局初步形成"市中心—次级中心—重要节点"三级体系。首先，率先获得发展的特区内罗湖和福田成为深圳市中心；其次，原有东西轴带上的南山中心区和盐田港城、南北轴带上的宝安中心区、龙岗中心城等逐渐发展成为次级中心；最后，发展较快的乡镇成为轴带格局上的重要节点区域，主要有蛇口、南油、西丽、前海、侨城、沙头角以及特区外的各乡镇。近40年的城市发展历程显示，深圳城市空间布局发展，不断强化三级体系，深圳市从特区建立之初仅在特区内部的点轴状空间布局，拓展到特区内外联动的点轴放射状空间布局，最终形成了轴带组团状相对均衡的城市空间发展格局。

（二）城市空间用地结构总体朝着优化方向发展

自1979年以来，深圳城市空间拓展迅速，建成区从特区成立时的3平方千米，发展到2018年的约970平方千米，城市用地结构悄然发生巨大变化。伴随经济社会发展内生需求的变化，深圳城市空间用地结构呈现不断优化趋势。

从农用地、建设用地、未利用地三大类别来看，1996年以来，深圳市农用地比例呈现不断下降趋势，建设用地呈先增后减之势，未利用地呈波动变化。从建设用地变化来看，2005 年前城市建设用地占全市面积比重呈增加趋势，2005 年后建设用地比重呈降低趋势，主要是因为 2005 年后深圳市土地面积变大所致。

从上述分析可以看出，深圳市城市用地总体呈现非农化趋势，并且这一趋势在短期内不会改变。按照《土地利用现状分类》标准中的一级地类将全市城市空间划分的 12 个地类来看，2002 年以来深圳城市空间用地结构趋于稳定。在全市用地范围来看，农用地中除草地比重呈增加趋势外，耕地、园地、林地比重均呈现减少趋势，交通运输用地比重大幅增加，工矿仓储用地和居住用地比重略微增加，公共管理与公共服务用地比重不断降低，其他用地比重趋于稳定。

从深圳市建设用地内部结构看，除交通运输用地比重大幅增加外，工矿仓储用地、公园与绿地、商服用地等比重均呈降低趋势，居住用地基本保持稳定。2002 年以来，深圳城市转向以存量发展为主。这是深圳城市发展转型的重要标志。近年来，深圳市大力推进城市更新，挖掘建设用地潜力、拓展发展空间，城市空间用地结构正在不断优化。

（三）城市空间利用效率总体朝着高效集约方向发展

特区自成立以来，随着经济的快速发展，城市空间利用效率总体朝着高效集约利用的方向发展。随着全球生产方式的转变和新一轮产业转移的加强，深圳市抓住了这一契机，加快了从制造业向服务业特别是向高端服务业转移的步伐。深圳有两次承接产业转移的丰富经验，加之多年来所集聚的实力，抢占了新一轮国际产业转移承接的制高点，朝着战略结构调整方向，实现了产业结构的优化升级，推动了深圳产业在产业链条中高端位置上的晋升，构建了以国际化为导向、信息化为支撑、市场化为手段的产业体系，提升了城市土地利用效率，也增强了产业可持续发展的能力。2002 年以来，深圳市建设用地产出率不断提高，从 2002 年的 5 亿元/平方千米提升到 2017 年的 18 亿元/平方千米，10 年间提升了约 2.5 倍。目前，深圳建设用地产出率已达到全国领先水平。未来，随着深圳市产业转型的进一步加强，城市空间利用效率提升潜力巨大，将逐步向国际大都市看齐。

（四）城市土地产出强度达到全国最高水平

据有关统计，2018年深圳承载的人口规模超1800万人，经济总量达到2.4万亿元，居全国城市第三位，单位建成区产出强度达到18亿元/平方千米，建成区产出强度位居全国第二（仅次于香港）。从土地面积来看，深圳面积约1997平方千米，约为北京的12%、上海的32%和广州的27%；从人均GDP来看，2018年深圳人均GDP超过18万元，均大幅超过北京、上海、广州的人均GDP；从人均建设用地面积来看，深圳人均建设用地面积仅约53平方米，而北京、上海、广州的这一数值依次为60平方米、63平方米、79平方米，深圳远远"落后于"国内主要大城市。按最初估算的深圳人口达到1000万人，曾经设定深圳允许的人均建设用地面积为120平方米，但是如今深圳人口远远超过1000万人，人均建设用地面积约53平方米，现实条件已无法满足当初设定的人均用地面积120平方米。一方面，空间紧约束不可逆转，在现有1997平方千米面积内，有48%的面积为基本生态控制线内的面积，是禁止开发建设的生态红线，其他可开发建设的用地面积已经接近允许开发建设用地总面积90%的强度，不可能大量新增建设用地。另一方面，经济发展、产业发展、城市发展交织在一起，对深圳城市空间的挖潜已经接近"被挤干""高产田"的极限，可以说受限于空间紧约束，深圳巨大的辐射能量也无法带动更大范围区域的经济发展。

（五）城市空间布局和集约利用程度与香港有不可比性

历年来，深圳城市发展对标地少人多、经济密度高的新加坡追求城市环境建设。作为我国建设最早的经济特区城市，经过近40年的超常规发展，创造了世界城市发展史上的奇迹，从位处边缘、经济落后的状况发展成为经济基础坚实、城市环境优美、投资环境优良的现代化海滨城市。不可否认，深圳的发展受益于毗邻香港的独特优势，与深圳一关之隔的香港，一直是深圳发展的目标和方向。但是，不能盲目地单纯从经济效率和土地利用效率方面将深圳与香港进行比较，两者在产业结构和类型方面存在差异，导致了用地产出效率的差异。

在产业结构方面，香港已经发展成为以服务业为主的城市，经历改革开放以来的产业转移，香港的工厂、工业基本都转移到粤港澳大湾区内其他城市（澳门除外），香港自身产业集中在金融、保险、航运、物流及其他各种生产服务等领域。在产业转移的浪潮中，香港的工业制造业已转移至内地，第二产业在 GDP 中所占比例很小，不到 5%。香港居住用地容积率高达 7%～8%，是一个不宜居的城市，产业类型为国际金融、物流、贸易等高端现代服务业和居住用地，占 90% 以上，基本上无工业，也没有大型对外交通用地和仓储用地。而截至 2016 年，深圳的产业类型中工业用地占 30% 以上，居住用地容积率 3%～5%，是一个宜居城市，另有大量的对外交通用地，高端现代服务业比重较低，只有 50% 左右，大量的工业制造业的存在导致深圳城市空间利用效率与香港等国际城市还存在一定差距。如果扣除深圳的工业用地重新计算，深圳与香港的建设用地产出率差距不大。从建成区面积来看，香港建成区面积为 265 平方千米，仅占总面积的 19.8%，人均建设用地 40 平方米；而深圳的建成区面积达 970 多平方千米，约占总面积的 49%，是香港的 2 倍，同时也接近全市总面积的一半，人均建设用地 60 平方米。如此高的土地开发强度一方面表明深圳在城市空间拓展与利用方面已经接近规划允许的空间极限，另一方面在不可能新增空间供给情况下深圳只有通过内部挖潜走城市更新的方式谋求空间新发展。不同的产业结构决定了城市空间结构和土地集约利用程度的差异。因此，由于产业类型不同，用地结构不同，用地产出效率和集约利用程度不同，因此深圳与香港在一定程度上具有不可比性，需要根据自身发展特征制定适合的城市空间布局和经济发展目标，不能盲目将两者相提并论。

二、深圳城市空间布局的现状特点及存在问题

　　深圳城市空间布局的现状特点为生态—生产—生活空间结构优化，进一步优化难度大；生产空间集约高效利用趋近极限，进一步挖潜增效空间很小；生活空间宜居适度，城市有机更新空间有限；生态空间得到有效管控，基本生态控制线发挥了重要作用；海洋空间集约利用处在起步阶段，开发利用潜力大。城市空间布局存在的主要问题表现为新增建设用地规模几乎为零，新增空间储备严重不

足；建设用地空间结构不尽合理，工业用地比重总体偏高；特区内外生产空间利用效率和公共设施空间布局不尽合理，"二元"特征突出；生态空间管控保育面临极大压力；城市空间结构与行政区划错位、整体协调性不强，城市空间布局实践与规划存在较大偏差；地下空间综合利用程度不高。

（一）深圳市城市空间布局的现状特点

作为国家最早设立的经济特区之一，深圳凭借特殊的区位条件、政策优势和自身的发展，奇迹般崛起为国内综合实力最强的特大城市之一。经过近40年的建设，深圳经济特区在持续发展、科学规划、合理布局、互动协调的原则思想指导下，逐步形成了尊重自然环境、符合地方特色、适当超前规划的"三轴两带多组团"的城市空间结构和布局。当前在我国大力推进生态文明建设背景下，各地对国土空间优化开发格局提出更高要求，深圳的城市空间布局从总体上来说，基本满足"生产空间集约高效、生活空间宜居适度、生态空间山清水秀"的发展建设要求，并呈现出了自身的特点。

1. 生态—生产—生活空间结构优化，进一步优化难度大

按照生态—生产—生活空间的主导功能和其表现的功能价值量，将深圳空间划分为生态空间、生产空间和生活空间三大类（见表8-1）。

表8-1　深圳生产—生活—生态空间变化　　　　　　　　单位:%

年份	生态空间	生产空间	生活空间	合计
2006	61.47	20.76	17.76	100.0
2007	58.27	22.26	19.47	100.0
2008	57.15	23.12	19.73	100.0
2009	54.04	23.65	22.32	100.0
2010	54.94	25.47	19.59	100.0
2011	53.44	26.81	19.76	100.0
2012	52.91	27.03	20.06	100.0
2013	55.94	21.64	22.42	100.0
2014	54.71	22.29	23.00	100.0
2015	54.33	22.29	23.38	100.0

续表

年份	生态空间	生产空间	生活空间	合计
2016	53.65	22.71	23.64	100.0
11年变化趋势	降中趋稳	升中趋稳	升中渐稳	稳定

生态空间是直接或间接提供生态服务价值和生态福利的空间形态。将基本生态控制线的范围归为生态空间。具体包括水田、水浇地、旱地、果园、茶园、其他园地、有林地、灌木林地、其他林地、天然牧草地、人工牧草地、其他草地、河流水面、水库水面、坑塘水面、沿海滩涂、沟渠、沼泽地和裸地等。2006~2016年，深圳市生态空间面积逐步缩小，生态空间比例由61.47%降低到53.65%，净减少7.82%。

生产空间是直接或间接产出产品或服务的空间功能形态。具体包括工业用地、批发零售用地、商务金融用地、住宿餐饮用地、水工建筑用地、仓储用地、采矿用地、管道运输用地、港口码头用地、机场用地、铁路用地、公路用地、农村道路和设施农用地等。2006~2016年，深圳市生产空间增长经历了先增后减的阶段；2006~2012年生产空间面积比例逐年增加；2013年有所降低，之后保持小幅平稳增加的趋势，由2006年的20.76%增加到2016年的22.71%。

生活空间是为人类生活服务的空间形态，具体包括城镇住宅用地、农村宅基地、机关团体用地、公共设施用地、医卫慈善用地、科教用地、文体娱乐用地、公园与绿地、风景名胜设施用地、军事设施用地、监教场所用地、宗教用地、殡葬用地、街巷用地、空闲地等。2006~2016年，深圳市生活空间增长较为显著，生活空间比例由2006年的17.76%增至2016年的23.64%，净增加5.88%。

目前，深圳城市组团结构布局进一步强化，在初步形成的11个组团的基础上，形成了梯度圈层趋势：率先获得发展的原特区内福田和罗湖位于核心第一圈层；与第一圈层联系密切、经济发展明显较快是原宝安区和龙岗区的一些街道办（如新安、西乡、布吉、龙华等）位于第二圈层；其他地区构成第三圈层。这种显著的圈层结构下，空间优化与布局方式大不相同：第一圈层也是内圈层，其空间优化主要以优化存量的城市更新方式推进；第二圈层的城市更新力度明显不如内圈层，但其空间增量的速度也显著不如第三圈层；第三圈层拥有空间发展的后发优势，空间增长速度最快。各圈层的功能分工也呈现明显差异：内圈层的居住功能、商务服务功能、商贸功能进一步强化，如福田中心区成为深圳市行政商务功能集聚区、罗湖区近年来的金融商贸功能也逐渐增强；南山区近年来随着高新技术产业集聚发展，成为全国最富活力的创新区域，使南山区的科教文功能、新兴产业集聚功能得到强化，逐渐成为城市内核圈层；随着深圳市内地铁的建设，内部交通网络优化等，第二圈层的居住功能、交通功能不断提升；第三圈层则成为率先承接内核圈层、第二圈层的工业转移，产业承载功能得到强化。

从"三生"空间布局来看，生态空间主要分布在东部区域和西北部区域，生活空间和生产空间一般以马赛克式交叉分布在原特区、中部区域以及西北部的部分区域。深圳市目前的生态空间、生产空间和生活空间界限较为明确，生产空间和生活空间分布较为合适，生态和生活空间布局较为合理，生产和生态空间距离较为适度。截止到2016年生态—生产—生活空间的整体比例54：23：23，生态—生产—生活空间结构比例较为均衡，生产空间和生活空间比值一致，产城融合度较高，总体呈现出"三生"空间结构优化良好的态势，进一步深入优化的难度增大。

2. 生产空间集约高效利用趋近极限，进一步挖潜增效空间很小

根据2009年第二次全国土地调查成果，深圳市土地总面积1991.63平方千米，其中建设用地面积893.85平方千米，占土地总面积的44.88%；到2018年土地利用变更调查时，深圳市的土地总面积为1996.77平方千米，其中建设用地面积增加约973平方千米。而根据《深圳市土地利用总体规划（2006—2020年》，到2020年深圳建设用地总面积应控制在976平方千米，可见仅从新增建设用地空间约束来看，供给规模已经接近极限。同时，与国际大都市相比，深圳的建设用地比例偏高（如香港约24%，东京约21%，伦敦约24%，巴黎约23%），接近市区面积的一半，超过了国际上40%的标准；与国内主要城市的建设用地占市区面积比例相比，深圳也排在全国前列，进一步挖掘现有土地的潜力非常有限。特别是城市工业空间的剧烈变化，使深圳市在工业生产空间上的向外蔓延和集聚不断增强，并出现了轴间填充的情况，可利用的空间土地已经基本全被开发占用。

3. 生活空间宜居适度，城市有机更新空间有限

2016 年，深圳市居住用地面积约 220 平方千米，占城市建设用地面积的 26%，与国内其他主要城市相差不大，处于中等水平，也符合国家对于此类用地的规定标准，城市生活空间整体来说安排适度合理，适宜人类居住。同时，深圳市划定了两类 13 个城市有机更新区域，并设计了 396 项城市更新计划，对 3442.2 公顷的城市用地进行了更新。但是，从区域来看，深圳市特区内的居住密度约为 6 万人/平方千米，明显高于特区外 2 万~4 万人/平方千米的居住密度，城市核心区有机更新和拓展空间有限，而周边区域则存在一定程度的利用不足。

4. 生态空间得到有效管控，基本生态控制线发挥了重要作用

在旺盛的发展动力下，深圳市城市建设用地的迅速扩张和无序发展极大地改变了区域生态用地空间分布的均衡性和生态系统自我稳定维护的能力。随着产业发展模式的转型，深圳市逐渐加强了对生态空间的保护和建设管理控制，并于 2006 年编制了生态控制线管控规划，明确对基本生态控制线内的土地利用要严格控制，确保城市的"生态底线"，将生态控制线内的面积控制在深圳总面积的 50% 左右。同时，明确对属于承载城市生态隔离绿带的空间要严格保护，加强城市内部各类公共绿地、防护绿地建设，采取持续的自然生态环境培育恢复计划等措施，基本上有效遏制了资源环境状况恶化的趋势。到 2017 年，深圳市市辖区人均绿地面积 16.8 平方米，在国内主要城市中名列首位；到 2017 年，深圳市包括水域和农田在内的生态控制线范围超过 970 平方千米，约占城市土地总面积的 49%。可见，城市基本生态控制线在城市发展的生态空有效保护和管理控制方面发挥了重要作用。

5. 海洋空间集约利用处在起步阶段，开发利用潜力大

与国内其他城市相比，深圳东面南海、紧邻港澳的独特区位优势，使其最具成为国家南海战略桥头堡的潜质。作为地处南海之滨的国家经济中心城市和特大城市，深圳市拥有 1145 平方千米的海城面积、257.3 千米的海岸线和 87 个岛屿岛礁，加之其毗邻香港这一国际金融和港口中心的区位优势，深圳在整合海洋空间资源、探索海洋资源开发利用、构建海洋产业体系、设计海洋空间规划等海洋空间集约利用领域拥有巨大的发展潜力。目前，深圳正逐步探索向东通过与港府和商界、向西通过与惠州和汕头等地进行合作，对本市的海洋空间进行合理有效

的集约利用，未来深圳海洋空间开发利用潜力巨大。

（二）深圳市超大城市空间布局存在的主要问题

1. 新增建设用地规模几乎为零，新增空间储备严重不足

有关数据显示，2018 年，深圳市建设用地约为 973 平方千米，约占城市土地总面积的 48%，而国际公认的城市生态安全警戒值是，城市建设用地不宜超过总面积的 40%，显然深圳建设用地占比已经远远超过公认生态安全警戒值。另外，按照最新《深圳市土地利用总体规划（2006—2020 年》，到 2020 年深圳可供新增的规划建设用地指标几乎达到极致。虽然深圳采用城市更新方式优化存量调整约 90 平方千米的空间，采用清退方式控制调整出 18 平方千米的空间，再加上即使将城市总体规划和土地利用总体规划的规划边界合并后，全市总面积达到 2021 平方千米的情况下，深圳拥有的明确可利用的剩余后备土地资源潜力仅有不到 195 平方千米。加之当前对生态控制线的严控，深圳自身的存量用地十分有限，面临建设空间紧约束的刚性条件，显然不利于城市建设和经济发展所需空间的合理拓展。另外，深圳市的建设用地产出率虽然以 15 亿元/平方千米排在国内主要城市的前列，但与国际大都市相比还有较大差距（如香港为 50.6 亿元/平方千米、东京 93.24 亿元/平方千米、纽约 48.5 亿元/平方千米）。

2. 建设用地空间结构不合理，工业用地比重总体偏高

与国内外综合型大城市相比，深圳建设用地结构存在较大优化空间，工业用地占可建设用地总规模约为 30%，商业服务用地、基础设施和公共配套管理等用地比例偏低，不到 5%。可见，与一般国际大都市的工业用地比例大多低于 10% 相比（如香港为 3.86%、新加坡市为 6.8%、东京为 3.5%、纽约为 3.8%），深圳市的工业用地占建设用地的比例总体偏高 20%。尤其是原特区外的工业用地高速增长，而绿地、公共设施、政府社团和综合交通设施（对外交通和道路广场）等用地的比例长期处于较低水平，这就导致了深圳市工业用地比重偏高，而市政公用设施等用地比重偏低的功能结构和布局利用不均衡问题。

3. 特区内外生产空间利用效率和公共设施布局不合理，"二元"特征突出

目前，原特区外工业用地比例接近一半，居住用地的紧凑高效利用不够，工

业用地并没实现最佳开发利用，生活居住功能也不得不绕开工业用地呈散点布局，反映生产功能和生活功能用地不集约不平衡的问题仍较为突出，特区内外建设用地结构水平差异明显。同时，由于深圳特区内外长期处于不同的管理模式，其在财政分成比例、社会事业发展事权划分上存在较大的差异，客观上形成了大型市级公共设施在特区外建设的政策性壁垒，导致不同圈层、东西部之间的空间利用结构差异也较为显著，呈现出明显的"二元"特征。

一方面，原特区内四区的建设用地 GDP 为原特区外四区的 3.6 倍左右，产出强度呈现明显的二元化状态。另一方面，特区内外公共设施发展水平差异巨大，不同地区在公共设施建设规模上的差异明显。例如，特区内 C 类和 GIC 类建设用地占总建设用地的比重达到 18.79%，而特区外公共设施建设用地占总建设用地的比重仅为特区内的 1/3 强，其中宝安区为 6.42%，龙岗区为 6.57%；特区外以街道办为单位将全市划分为 30 个单元统计其公共设施发展水平，各单元公共设施占总建设用地比重从 2.8% 到 21.7% 不等，呈现明显的级差分布，公共设施空间发展不均衡。

4. 生态空间管控保育面临极大压力

从各区以及特区外各街道办的生态用地面积比重看，深圳已经明显表现出东高西低、南高北低的不均衡分布特点，其中观澜河流域和布吉河流域已经成为全市生态用地面积比重最大的"洼地"。与此相对应，全市城市热环境分析结果表明，布吉、龙华等街道办业已成为全市热岛效应最显著的区域。2006 年以来，在基本生态控制线的明确标识下，深圳有接近 50% 的土地列为生态用地，深圳也在积极进行建设用地清退工作，但是由于城市建设和社会经济的快速发展，交通、电力、通信、燃气管网、环卫、公共服务等各方各类项目的建设对于土地的需求日益旺盛，向生态用地争夺城市建设生存空间的趋势已经出现，生态空间面临被进一步蚕食的危险，其管控和保育面临巨大压力。

5. 城市空间结构与行政区划叠加，整体协调性不强

目前在空间布局版图上可见，已经形成的各个组团，空间上几乎都存在跨区级、跨不同街道的情况，一旦空间隶属关系不明确，则会出现该组团公共设施建设存在"市、区、街道"均不关注的"三不管地带"，导致规划明确的组团建设甚至组团功能结构缺乏明确的实施主体，从而导致整体协调松散。更为严重的是，规划明确的实施主体，遭遇现实中不同的隶属关系，往往割裂了空间结构的功能、分散空间架构，使本应该协调一体化的城市空间不得不被叠加的"空间规划与行政区划"割裂开来，原本的功能组团内部出现密集住宅区，住宅区之间穿插各类用地不规则布局，功能分类的政策或者规划难以落实，久而久之，功能区内部的区域与土地利用情况错综复杂，对采用城市更新办法以优化存量空间提出更多难点，未来协调空间优化更加艰难。

另外，深圳在加强与港澳特别是香港西部和北部的区域深入合作方面，一直未能充分有效利用自身的区位优势在深港澳合作方面获得突破性进展。虽然在多利益主体和参与主体下的城市间跨境协作是艰难的，但为了实现国际化特大都市的战略目标，深圳就必须下大力气填补与港澳在空间协调布局整合方面的不足，促成深港澳的区域整体策略调控与利益共识，为深圳城市空间拓展和布局寻找突破点。同时，着力解决市域范围内东部轴线和西部滨海区的空间发展空白和与城市核心区的功能结构协调。

6. 城市空间布局实践与规划存在较大偏差

从整体上看，在生态控制线强约束下，深圳土地利用总体上与规划目标相差不大。但就土地利用内部结构来看，深圳土地功能实际利用与规划结构目标利用之间存在较大差异，如工业用地、仓储用地、绿地等现状结构与规划目标相差较大。特区内土地利用、沿海土地利用均存在不合理的偏差。一方面，特区内土地利用强度超高，以23%的可开发建设面积承载了深圳全市约40%的建筑量，建筑密度大，建筑物高度集中，导致特区内的交通供给和公共管理压力倍增，反映土地利用结构与规划目标结构偏差较大。另一方面，深圳沿海地区工业用地、农业用地、仓储用地占比较高，而公共设施用地占比较低。工业用地、农业用地、仓储用地具备低容积率特点，沿海地区本身具备较高土地价值，导致土地固有价值与偏低容积率之间的偏差，某种程度也显示土地利用结构不够合理。

深圳城市发展的内在需求推动土地利用结构的改善，在不足2000平方千米的空间里，集聚了超过2.4万亿元的经济总量，约2000万人的人口规模，客观上推动深圳工业用地向居住和商业工地功能转变。在城市中心地区，城市规划适度调整以适应城市发展需要，有必要适当调整用地功能。但是，这种改变极度考验城市管理智慧和能力，如果高房价得不到有效调控，则会面临"过度改变功能的土地空间挤占产业发展的空间"的矛盾，使产业发展空间得不到有效保障。目前，深圳市中心原有的一些工业园区或属于工业用地的地块的建设容积率不到1%，显然存在空间浪费的现象。同时，也有一些工业园区土地功能性质并未改变，但实际已经成为商场卖场或者商务办公场所，有些容积率超过4%。可见，随着城市发展，工业用地、仓储用地利用情况日益复杂，多样化的建设形态、多样化的功能形态，需要在未来空间优化和规划建设方面进行更有针对性、更深入的研究，采取更有效的方式策略，既能满足城市发展需要，体现城市功能，又能体现优化局部的理念和规划引领的前瞻。

7. 地下空间综合利用程度不高

对标香港的地下空间利用程度，深圳的城市空间综合利用程度远远不够。当前深圳的城市地下空间开发仍然以浅层为主，除了部分地铁线路的地下空间开发到达地下30米，谓之次浅层深度外，大部分建筑地下开发利用均处于地下15米以上，谓之浅层深度。

当前深圳地下空间综合利用主要集中在原特区内高层建筑和地铁一期沿线区域。据有关数据显示，地下空间开发量集中在福田区，约占全市地下空间总开发量的一半以上，而宝安区、龙岗区、盐田区合计的地下空间利用总量约占全市的10%。与此同时，福田区和罗湖区的地下空间开发利用并未形成连通性较强的地下空间网络，大多是散点式布局，集中在地铁站点、高密度的商业楼宇、交通集散点，如罗湖火车站地下综合体、华强北地铁站地下空间、华润万象城地下街等。

从使用效率来看，使用效率较高的地下空间主要位于地铁站点周边高密度开发的核心区域及交通集散空间，如罗湖火车站地下综合体、华润万象城地下街、华强北地铁站等区域，而没有形成连通性较强的地下空间网络，整体开发使用效率不高。

从开发层次来看，地下空间开发的功能单一，大多数没有形成与地面功能的协调，尤其是地下公共设施与地下交通系统缺乏整合，经济和社会效益得不到充分发挥。从设计和建造方面来看，目前的地下空间设计层次、建设层次、精细化管理水平显得不足，内部导向标识不清晰、通风采光环境条件差、景观设计不够美观现代等，影响了地下空间开发建设的品质，降低了地下空间的开发利用效率。

三、深圳城市空间布局优化的影响因素

影响深圳市未来城市空间布局优化的因素包括基本生态控制线的硬约束效应，建设用地紧缺的强约束效应，厦深高铁、广深港高铁等战略通道的边界突破与区域放大效应，深中通道建设的区位倍增与要素整合效应，以及改革创新的综合驱动效应等。

（一）深圳市基本生态控制线的硬约束效应

根据深圳市基本生态控制线划定，生态控制线内面积达到 974 平方千米，约占城市土地总面积的 49%，生态控制用地（生态红线）是深圳未来发展的最大生态资本，为深圳市可持续发展提供了生态环境本底，是深圳未来的空间发展方向所立足的"图底"框架。不可否认深圳率先提出的生态控制线理念，将非建设用地作为城市重要生态安全底线，给城市增长边界提供强力保护。依据《深圳市生态城市建设与环境保护专题》关于深圳市生态空间的系统梳理，确定了深圳市目前的生态功能格局和"M"型非建设用地格局。

具体包括四大生态功能区：

（1）东南山地森林生态系统保护区。位于深圳市东南部，总面积 485.75 平方千米，包括东南部"梧桐山系"的主要山脉以及三洲田水库，特区内盐田区建成区以及葵涌、大鹏、南澳建成区。是深圳市森林植被保存最完好的地区，各种林地面积比例达到 79.33%。

（2）西北水源涵养与保护功能区。本区包括"羊台山系"的塘朗山—鸡公山、羊台山、大茅山，以及铁岗—石岩水库、西丽水库、罗田水库，还包括深圳水库、观澜河流域的水源涵养区，以及区内的其他居住、工业、交通用地。

（3）东北城镇工业生态防护功能区。包括龙岗中部平原地带内的城镇建成区、工业区、交通用地，以及马兰山山体防护区、清林泾水库水源涵养区。

（4）西南都市经济和人居生态功能区。包括特区内的罗湖区、福田区、南山区，以及宝安区中部平原地带内的城镇建成区、工业区、港口、交通用地，以及内伶仃—福田国家级自然保护区，是深圳市经济社会发展的核心区，其主要功能是发展都市经济功能、人居服务功能及生态系统保护功能。

（二）深圳市建设用地紧缺的强约束效应

根据《深圳市土地利用总体规划（2006—2020 年》，到 2020 年深圳建设用地总面积控制在 976 平方千米。而在 2017 年全市建设用地总规模已接近 973 平方千米，可见深圳新增建设用地规模接近规划极限。不仅如此，无论与国内大城市相比还是与国际大都市相比，深圳建设用地比例均偏高（如北京约 20%，上海约 30%，广州约 22%，香港约 24%，东京约 21%，伦敦约 24%，巴黎约 23%）。

在达到极限的建设用地总规模和达到极限的建设用地占比双重约束下，未来深圳城市空间布局优化重组的余地相当小，这一方面将导致深圳未来发展的重大项目无法落地，影响发展速度与质量，另一方面给深圳城市空间布局造成了刚性约束。

（三）厦深高铁、广深港高铁等战略通道的边界突破与区域放大效应

厦深铁路联结了厦门、汕头、深圳三个经济特区，把珠江三角洲与海峡西岸经济区连接起来，形成东南沿海 3 小时经济圈，将对区域经济的整合和深圳城市空间优化产生深远影响。厦深高铁设立深圳坪山站，高铁综合交通枢纽的建设在相当大程度上成为激发坪山新城发展势能的"引擎"，是引导深圳城市空间发展的重要要素之一，将促进各类要素沿着深圳北部发展带向东汇聚，强化深圳—惠州的互动发展。

广深港客运专线的开通运营途经广州—南沙—虎门—深圳—福田—香港，从交通互联互通角度，最大限度地将广深高铁沿线的几个城市紧密连接起来，大大缩短了这些城市间的时间距离，极大地促进了粤港澳大湾区内中心城市和重要节点城市之间的人才、物流、信息流联系，为大湾区内部经济往来和生产联通提供便利快速的交通支撑。深圳北站商务中心区、光明新城等成为这条交通廊道上的重要发展极点，是深圳市城市空间自关内—关外、由南向北推进制造业基地外移

和拓展重置空间要素的依托。

此外，广深沿江高速公路、穗莞深城际轨道的建设也为深圳环珠江湾区发展要素整合提供了重要支撑，有利于提升深圳城市西部前海湾—沙井西部沿江地区的空间价值。除此之外，随着城市空间的填充式发展，位于机荷高速公路沿线的地区也得到很大发展。

（四）深中通道建设对深圳区位的倍增和要素整合效应

深中通道是深圳打通与西岸经济联系的通道。随着深中通道的动工建设，未来将成为连接粤港澳大湾区内的重要通道，成为连接大湾区内三大建设平台即深圳前海、广州南沙、珠海横琴新的交通纽带，从中山到深圳的交通时间也将从现在的两个小时缩短到半小时，深圳城市腹地将得到极大拓展，特区东西向的带状发展可望通过深中通道对接进一步强化，这对深圳城市空间布局的向西拓展产生重大影响。

四、深圳城市空间布局优化总体构想

秉着紧凑集约布局、均衡网络布局、绿色生态布局、公平开放布局、智慧创新布局等原则，从建设国际一流湾区、世界级城市群发展等宏观角度出发，结合深圳市毗邻香港的区位特点和粤港澳大湾区经济融合发展的新形势，提出不同时期深圳城市空间布局的构想。

（一）深圳城市空间布局优化的基本原则

深圳市城市空间布局优化坚持紧凑集约布局原则、均衡网络布局原则、绿色生态布局原则、公平开放布局原则和智慧创新布局原则。

1. 紧凑集约布局原则

集约高效和紧凑布局是新型城镇化的重要原则之一，深圳城市发展继续坚持经济的集约高效和土地资源利用的集约高效原则。根据新型城镇化的要求，优化土地资源利用方式，追求集约型空间发展模式，通过对城市空间资源的集约高效配置，来撬动产业结构、就业人口乃至社会结构的整体联动转型。遵循土地生命周期规律，重视现有土地的挖潜与存量优化，以新型城镇化的要求进一步推进深圳城市更新，释放城市发展空间；通过技术创新提高旧工业区土地利用效率与经济承载力，释放土地资源利用潜力和产出效益；通过地下空间拓展、功能组织和复合利用，获取高效可持续的土地利用效益；发展高附加值、低土地资源需求的节地型先进制造业、信息技术产业以及以金融业等质量型经济形态，从整体上提升城市空间绩效，提高深圳土地空间利用效率。

2. 均衡网络布局原则

均衡布局强调城市内部均衡发展，不仅是经济均衡发展，而且包括空间功能均衡、布局优化。为了缩小深圳原特区内外空间布局的不均衡状况，提升国土均衡开发程度，在未来均要采用均衡布局为主、兼顾非均衡布局相结合原则。一方面，采用均衡网络布局原则，实现特区内外一体化开发建设，整体提升土地利用效益，优化资源配置，统筹安排市域重大基础设施建设，实现公共服务设施均衡化布局，缩小原特区内外发展差距。另一方面，兼顾采用非均衡布局原则，聚焦战略重点区域集聚发展，依托深圳市建设国家自主创新战略平台和湾区经济腾飞的战略构想，支持若干专业特色鲜明、服务功能完善的战略性新兴产业基地建设，最大限度发挥前海湾、深圳湾、大鹏湾重点片区的产业集聚效益，推动创新要素向深圳湾超级总部基地等区域的集聚，针对不同功能类型的战略重点区制定不同的发展策略，有序引导不同类型区域的开发建设。

3. 绿色生态布局原则

绿色生态布局是深圳市推进生态文明建设和新型城镇化的重要原则之一。切实推进绿色生态布局原则引领深圳城市空间发展，要以建立人与环境的和谐关系为目标，创新土地利用的生态模式，从功能导向的粗放城市空间发展形态转变为生态环境导向的紧凑城市发展形态；从依托工业与城市外延空间拓展的发展方式转变为依托创新与系统整合优化的增效发展方式；进一步发挥深圳绿道系统在新时期的空间使命，引导城市人传统价值观与生活行为向环境价值观与绿色生活行为所取代；进一步发挥深圳市生态控制线对战略性生态资源的保育作用，按照促进生产空间集约高效、生活空间宜居优美、生态空间山清水秀的总体要求，科学设置开发强度，形成多组团与自然本体相互交融的生态安全格局。

4. 公平开放布局原则

公平开放布局是深圳实现包容性增长需求的重要原则。在优化深圳城市空间布局过程中，必须坚持公平开放的原则。深圳城市空间布局要体现社会公平、空间公正为基本目标的"公共政策"作为和发展成果由人民共享的理念。即要推进深圳全域推进基础设施一体化和公共服务设施均等化配置，推进体现更多城市发展福利的居住与公共空间的平衡提供，推进交通快速与慢行、区域市政管线的统筹与局部的自给自足、功能全的大型公共设施与小型个性化的公共设施包容并举，精英阶层的创业新区建设和新型有活力的小企业发展空间兼顾。总之，要在多样化的目标中寻找平衡，让多元化的发展诉求得到适宜合理的满足。同时，坚持在开放中布局深圳，在开放中优化城市空间布局，重组开放型的城市空间布局格局。

5. 智慧创新布局原则

在互联网信息化时代和后碳时代，城市空间布局将摆脱传统的大规模流水线生产、原料地指向、垂直结构管理等模式，转而呈现个性化、数字化生产、分散合作布局、扁平化结构管理等模式。为了迎接以能源互联网为标志的第三次工业革命的到来，深圳城市空间布局必须坚持智慧创新布局原则，围绕建设国际创新中心目标，实施再创新发展战略，优化重组形成全域创新的智慧空间格局，包括建设创新走廊、创新高地、创新城区、创新组团、创新轴线，创新社区、创新产业带、区域创新园区等创新单元和创新载体。以创新驱动重构深圳创新型空间布局，形成智慧制造和智慧服务业主导的智慧产业空间格局和智慧城市建设格局。

（二）深圳城市空间布局优化构想

从建设国际一流湾区、世界级城市群发展等宏观角度出发，结合深圳市毗邻香港的区位特点和粤港澳大湾区经济融合发展的新形势，提出不同时期深圳城市空间布局的构想。

1. 微调区内布局，突出区域布局，谋划发展新空间

经过近40年的填充式发展，深圳市城市发展空间已经饱和，城市建设用地集约利用程度已经达到极致，建设用地占全市土地面积比例已经超过生态安全极

限，已经形成的"三轴两带多中心"空间布局固化在深圳的土地上未来无法改变，只能在现有空间格局的基础上做出一些局部微调。基于此，未来深圳空间布局需要从更大范围的湾区经济融合角度审视深圳优化空间布局的框架，站在香港看深圳未来的发展，走到惠州、东莞寻求深圳发展空间。

2. 立足港深极点，横向形成沿海轴带，纵向辐射扇形网络

突出深圳和香港强强联合，形成面向国际国内双向辐射、促进粤港澳大湾区世界级城市群的核心；通过拓展海洋国土空间，大力发展由前海湾、深圳湾、大鹏湾、大亚湾等沿海地区组成的沿海轴带，形成支撑新时期深圳经济发展的战略支撑湾或战略创新湾；纵向辐射带动方面，形成由深圳—中山发展创新轴、深圳—广州发展创新轴、深圳—东莞发展创新轴、深圳—惠州（深圳—大亚湾）发展创新轴等多条放射状轴线组成的扇形网络格局，形成"极点优化、沿湾推进、环扇辐射"的城市空间拓展方向，最终形成"一极一湾一扇"的城市空间布局格局（见图8-1）。

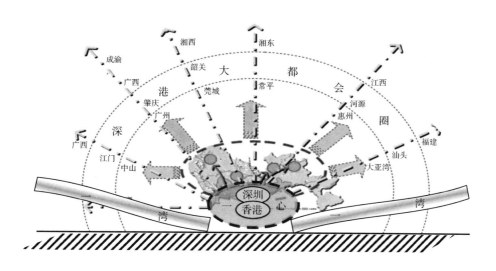

图8-1 深圳城市空间布局

3. 以城市更新推动内部优化，以区域合作推动融合发展

深圳新增可建设用地趋紧，唯有通过城市更新，盘活用地存量，挖潜内生空间，优化重组形成全域创新空间格局。

总体"横向沿湾轴带,纵向扇形网络",则是以拓展发展空间推动湾区经济融合。围绕建设粤港澳大湾区世界级城市群的中心城市,推进深莞惠一体化协同发展,建设深莞惠协同发展示范区,形成与惠州、东莞协同发展的空间格局。围绕建设全球海洋中心城市目标,拓展海洋空间,形成陆海联动统筹发展的空间格局。围绕香港国际金融中心建设目标,拓展深港深度合作空间,形成深港融合的空间格局。

五、深圳城市空间布局优化对策与政策建议

加快深圳空间布局优化的政策建议包括对战略性重点发展区域的用地指标与重大基础设施进行必要倾斜、优先保证环保基础设施、环境能力设施和公共服务设施用地、建立建设用地清退和新增建设用地指标挂钩机制、生态空间占用的高额补偿机制、推进深莞惠协同发展示范区建设的"多规合一"制度。

(一)深圳城市空间布局优化的对策措施

(1)积极对接区域交通基础设施。充分发挥深圳作为全国12个交通枢纽城市和南中国门户枢纽的交通战略地位,推进深莞惠交通一体化建设步伐,实现深莞惠交通基础设施的等高对接。协同推进粤港澳大湾区内城际轨道网络建设,积极推进大湾区中心城市与重要节点城市之间的轨道交通建设,加快深港西部快轨前期研究与规划建设;尽快推动深圳与东莞、惠州轨道网络实现多层次轨道衔接,全面提升深圳作为大湾区中心城市的辐射带动能力。

(2)共建共享区域环保基础设施。按照"资源共享、设施共用、联防联治、互惠互利"的原则,建立粤港澳大湾区生态文明建设交流与合作平台,构筑区域性自然生态安全体系,促进区域环境基础设施共建共享,推进深莞惠大气污染联防联治和界河、跨界河水污染综合整治,建立区域污染事故应急协调处理机制。整合现有的分散布局、规模偏小的污水处理厂、垃圾填埋焚烧厂等环境保护基础设施,通过深圳、东莞、惠州三市协商,充分考虑三地的污染治理需求,合作选

址、合作共建污水处理厂、垃圾填埋场、危险废弃物处理中心等区域性环保基础设施，共同处理三市排放的"三废"污染。

（3）同城配建区域公共服务设施。一是推动原特区内外公共服务设施配置的均等化，消除二元结构，原特区外的医疗服务设施、教育文化设施、养老服务设施、文艺娱乐设施、社区服务设施、社会保障设施等与原特区内实现同城化待遇，真正体现深圳中长期城市空间布局的公平公正原则。二是延伸深圳市区发达便捷的公共服务设施到更大范围的深港都市圈内和深北新区，提升公共服务设施配置标准，用良好、便捷的公共服务设施吸引更多的人口和产业向深北新区集聚。

（4）同链同群同布区域产业。深圳市过去曾依靠高新技术、高端制造业、现代物流、金融和文化产业等支柱产业实现了经济超常规的高速增长，未来深圳产业将实现战略转型，以创新和质量提升为先导，将互联网、生物工程、新能源、新材料、文化创意、新一代信息技术、大数据和云计算产业、智慧制造产业、智慧服务产业作为战略性新兴产业，重点培育，加快发展。这就要求在产业空间布局过程中，把深圳、东莞、惠州三市的产业作为一个整体，错位分工，合理布局，互补发展，依靠深圳的产业竞争力和辐射带动能力，在深莞惠区域范围内构建上、中、下游产品齐全的全产业链，打造区域性产业集群和产业链合体，把研发和总部基地、物流布局在深圳，把加工制造车间、生产性服务业布局在东莞、惠州，形成深莞惠协同发展的经济共同体和利益共同体。

（5）严格保育生态空间，建设美丽深圳。继续坚定不移地执行基本生态控制线规划方案，把基本生态控制红线作为深圳市可持续发展的生命线和美丽深圳建设坚守的底线，做到"总量不变、占一补一、区域平衡"。大力发展生态产业和节能环保产业，制定并实施深圳市生态文明条例，推进实施鹏城水更清行动计划、大气环境质量提升行动计划和城市绿化提升行动计划，打造美丽海湾海岸带，不断提升生态环境质量。通过生态节点、生态廊道、生态绿道网、生态安全体系和生态示范市建设，确保全市建成区绿化覆盖率超过45%以上，人均公共绿地面积超过18平方米以上。到2020年把深圳建成生态经济发达、生态环境优良、生态格局完善、生态文化繁荣、生态制度健全的国家生态文明城市和美丽中国典范城市。

（6）集约利用生产生活空间，适度提升开发强度与密度。树立建设用地减量增长和零增长的理念，适当提高土地开发强度和容积率。将城市更新用地作为未来城市建设高密度开发的地区。在有限的空间内，深圳未来城市空间优化必须有规划地控制城市密度。因此，在二次开发的过程中，存量用地和更新用地将成为提升特区外城市品质，实现特区内外均衡发展的主要潜力空间，也是引导适当高密度发展的主要对象空间。可将深圳空间区分为特别控制区和四层次的密度区。具体来说，对机场、港口、核电站等承担特殊功能的管制区，其开发建设属于特别控制区。除此以外，属于生态控制线以来的区域可分为高密度开发区、中高密度开发区、中密度开发区和中低密度开发区，实行差异化的密度分级管制和集约利用。其中高密度开发区是城市战略性增长节点，是城市核心区，高层建筑密集。中高密度开发区是城市副中心，高层建筑有待发展。中密度区以多层建筑为主，少量高层建筑。中低密度区属于限制高层发展区。

在分密度差异化开发和提升集约利用空间的同时，推进深圳市地籍调查和土地总登记工作，开展建设用地分步分类确权登记，为盘活土地存量、优化土地资源配置和集约利用生产生活空间奠定基础；开展深圳市自然资源资产核算，构建自然资源资产负债表，建立核算体系和生态资产清单，开展自然资源资产离任审计，确保保值增值。

（7）合理开发利用地下空间，提升立体空间综合开发绩效。一是做好深圳地下空间普查，摸清城市地下空间家底，明确地下空间权属，提高地下空间利用的积极性，加强对地下空间利用的规范化管理。提出城市地下空间开发布局方案，将轨道交通、大量的商业、超市、物流、仓储、办公、电力、电缆等设施移入地下，提升立体空间综合开发的能级效益。二是统一规划建设地下空间，体现公共空间系统、交通系统、市政系统和人防系统等衔接的立体功能，有效提高地下空间利用效率，完善城市空间功能。三是确立一批片区成为地下空间重点开发区，对其开发应实现交通枢纽及与周边地上地下空间的相互连通，形成立体相互连贯的公共空间。

（8）大力拓展海洋空间，积极发展湾区经济和海洋经济。依托深圳完善的港口基础和口岸发展基础，大力拓展海洋产业空间，向海洋要资源、要空间，发展湾区经济和海洋经济，提升海洋空间的利用效率，把推进海洋金融、海洋信贷保险、面向南海的海洋综合服务、海洋生物加工、海洋高科技产业、海洋云计算产业、海洋智慧产业作为未来发展重点，把海洋空间作为深圳进一步改革开放的新的战略空间。

（二）深圳城市空间布局优化的政策建议

根据深圳城市空间布局优化目标、拓展方向和战略重点区域布局方案，从特区政策审视、行政区划调整、新区建设、战略性重大基础设施建设、土地回购储备与标准化管理及出让流转、空间布局的"多规合一"等方面提出保障深圳市城市空间布局优化的政策建议。

1. 重新审视国家赋予深圳经济特区特殊政策的深刻内涵

改革开放以来，为推进对外开放，国家先后建立了四个经济特区、十四个沿海开放城市。深圳是国家最早设立的经济特区之一，凭借特殊的区位条件、政策优势和自身的发展，经历了从出口加工区—综合型特区—经济型城市—南方经济中心的"转换"。深圳奇迹般崛起为国内综合实力最强的特大城市之一。近年来，在政策的普惠化、国家设立多个"综合配套改革试验区"背景下，深圳经济特区之"特"有所减弱，但是粤港澳大湾区上升为国家战略背景下，国家赋予深圳使命有新的内涵。在新的历史条件下，深圳特区"排头兵、试验田、窗口和示范"作用的发挥在于在区域一体化、全球一体化中扮演特殊角色；在于在"一国两制"和实现祖国统一中扮演特殊角色；在于在加快市场化体制改革中扮演特殊角色；在于在南海开发和"21世纪海上丝绸之路"建设中扮演着特殊角色；在于在推进国家生态文明建设中扮演着特殊典范角色；在于在实现可持续、协调发展中扮演着特殊角色。因此，深圳应按照特别能改革、特别能创新、特别能开放的要求，发挥改革开放和自主创新优势，继续担当国家生态文明建设、智慧产业发展、创新驱动发展的"政策试验田"和先锋典范城市。

2. 提出鼓励建设深莞惠协同发展示范区的政策

建议从国家战略层面科学评估深圳现状发展空间的刚性约束困境，结合国家推进新型城镇化的历史性机遇，借鉴京津冀协同发展的经验，与东莞、惠州联合共同建设深莞惠协同发展示范区，并把其建设成为国家级战略新区，成为推动深莞惠一体化发展、推动珠三角城市群成为世界城市群的战略支撑点。

3. 制定优先确保战略性重大基础设施用地的倾斜政策

优先保证环保基础设施、环境能力设施和公共服务设施用地，对战略性重点发展区域的用地指标与重大基础设施进行必要倾斜，以一批创新能力较强、特色明显的增长极引领城市功能升级。目前，深圳市新建的各类环境基础设施、环卫设施、环境监测站点等环境能力提升设施、教育、医疗等公共服务设施等由于土地空间短缺无法落地建设，有的基础设施、公共服务设施也面临着要布局在建成区，形成落地难、征地难、拆迁难、协调难和建设成本大的现实困境。未来在城市空间布局优化中，要优先确保新建的各类环境基础设施、环卫设施、环境能力提升设施、公共服务设施最基本的用地指标，提前预留这些用地。

4. 探索建立土地回购储备与标准化管理及出让流转政策

新时期深圳应该再次探索土地回购和出让流转政策。从制定政府土地回购储备政策、土地统一标准化管理政策、创新土地出让年期制度、建立土地利用的流转和循环利用政策等方面进行探索。土地政策探索牵涉各方协调，难度极大、错综复杂。在当前深圳空间刚性约束如此紧迫的形势下，探索政府土地回购储备制度，关系到未来城市发展空间保障、空间需求有力调控，具备极高的现实价值。近年来深圳各级政府在土地整备过程中积累了一些可复制的经验做法，对提高土地储备具有可借鉴的作用，未来也进一步提炼推广，预先做好全市土地整备工作，实现规划预控和土地预留的有效衔接。在探索土地统一标准化管理政策方面，对各类用地的存量管理、更新管理等，出台"标准管理"制度，便于操作、便于推广。在创新土地出让年期制度方面，探索更有弹性、更灵活的制度，尤其是不同用地属性的出让年期制度，要有所不同，以提升土地循环利用。探索推出土地年租制度，由一次性收取几十年租金办法改为一年或者几年收取租金，维持政府在土地收益管理方面的公平收益，更好地服务于城市经济社会发展需要。在探索建立土地利用的流转和循环利用政策方面，秉着提升宏观调控和调节地价政策有效性，根据开发功能或规划功能要求，探索建立土地收益调节制度，形成可提升开发强度，或可推出开发建设的政策空间。

5. 推进深圳超大城市空间布局的"多规合一"制度

针对国民经济和社会发展规划、土地利用总体规划、城市总体规划等规划由于主体不同、技术标准、编制方法、规划期限不一导致规空间布局存在矛盾、空间规划打架、用地方式粗放、项目选址困难、生态用地减少、审批效率低下、多规各自为政等不合理现实，深圳市早在2009年就实现了规划和国土部门合二为一成立了两规共同修编工作组，"一个单位、一套人马"，有效解决了原先两个部门、两套人马的体制壁垒；在管理手段上，深圳市将城市规划、土地规划进行了全面整合并构建了全市规划"一张图"系统平台，有效地推进了城市空间资源的统筹管理。建议未来要制定多规合一的标准，划定城市开发边界，通过制定城市增长边界控制线及产业区块控制线、生态控制线等管制控制线，将各类城乡建设限制在线内选址，制定促进各类建设在城市增长边界控制线内集中布局建设，提高土地利用集约度的相应政策。按照广东省"三规合一"工作指南，进一步明确多规合一成果的法律效力和管制措施，建立多规合一"一张图"平台。通过制定统一的空间数据标准、数据共享协议及网络互连方式等，将重大项目、国土、城规、环保、文化、教育体育、卫生、绿化、交通、市政、水利、环卫等涉及空间要求的信息要素融合建成"多规协同"的统一空间信息平台，为部门审批提供决策支持。

第九章　深圳经济增长动力机制和路径分析

识别经济增长的动力机制和趋势一直是政府部门和学术界普遍关注的热点，也是经济学长期研究的重点内容。世界三大知名湾区的经济增长动力可概述为完善的创新体系、有效的区域发展政策、良好的区域治理、宜居宜业的优美环境、有效的政府推动和区域规划等。本章主要识别深圳经济增长动力因素、趋势，并分析在供给侧结构性改革持续推进背景下，促进深圳经济高质量增长的路径选择。

一、研究背景及概述

2008 年以来我国经济增长速度持续下降，有呈"L"型趋势，由 2007 年的 14% 左右下降到 2018 年的 6.5% 左右。各界对经济增长前景达成的共识就是要进行动力切换。基于增长核算模型的研究表明，如果不进行增长动力切换，"十三五"期间，全国经济潜在平均增速约 6%，显著低于 6.5% 的增长目标（国务院发展研究中心文组，2015；陈彦斌等，2015）。但是，对于增长动力如何切换的视角尚未达成共识，归纳可分为从产业、总需求、总供给三个方面展开研究。基于产业视角的研究认为，经济增长动力转换关键在于培育产业新业态，如"互联网＋"，向经济系统注入新动力（梁达，2015）。基于总需求视角的研究表明，我国经济增长动力应该由外需依赖型转向内需拉动，因而政府应该推动经济增长由投资驱动转向消费驱动（张延群等，2009；刘瑞翔等，2011；翁媛媛等，2011）。近来，学者更多关注从总供给角度研究经济增长动力的切换，提出我国经济增长动力应该由要素驱动型转向效率驱动型，进而提出未来经济增长动力能否实现切换，关键在于深化市场化改革，提高资源配置效率、发挥市场机制在激发人力资本、技术进步及资本和劳动要素使用效率方面的积极传导和影响机制（田国强，2015；蔡昉，2015；陈彦斌，2016）。

发达经济体的增长事实也表明，当经济发展水平达到一定水平后，区域或者国家经济增长动力由资本和劳动等要素投入的"老动力"，转向依靠全要素生产率提高和新的人力资本优势的"新动力"。因此，宏观调控思路应该由过去那种司空见惯的需求刺激手段，转向提高全要素生产率，形成新的人力资本优势等供给侧结构性改革方面（蔡昉，2016）。而基于总供给视角的研究重点集中在市场化改革（陈彦斌，2016）。当前对地方经济增长动力切换的研究大多集中在经济增长速度预测，及实现潜在经济增长的政策建议方面。发达经济体的经济增长经验显示，全要素生产率对其经济增长贡献率在50%左右，我国这一数值在20%左右，笔者测算了2000～2012年，深圳的这一数值在45%左右（彭芳梅，2014、2016）。但是，尚未有研究专门剖析地方经济增长全要素生产率变化的阶段特征、可能趋势，以及对未来经济增长的可能贡献度，也没有研究地方经济动力转换的实现路径和政策选择。

本章研究内容包括三个方面：一是深圳经济增长"奇迹"的阶段性特征。深圳经济增长动力可以划分资本红利、人口红利、对外开放红利、科技红利、制度红利。资本和劳动属于实物型生产要素投入，本书拟将科技因素、制度因素和对外开放因素三个对经济效率的影响之和用全要素生产力表示。实证分析过去三十多年里各要素对经济增长的贡献度。识别现阶段经济增长动力转向特征。二是深圳经济增长潜力面临的要素条件。相关研究综述表明总供给改革关键在市场化改革，本章首先将研究市场化改革所涉及的制度、要素使用效率、人才激励、创新等方面，对深圳经济增长的传导机制怎样体现，对深圳经济增长的环境如何影响。其次，依据上述的基础分析、数据分析，判断各要素条件变化的区间、趋势。最后，归纳和预测深圳经济增长动力转向方向。三是深圳经济增长潜力转化为现实动力的实现路径和政策选择。提出实现经济增长潜力的转化的相关转变。各界一致认为体制机制、创新驱动、人才激励等方面改革是未来经济增长内生动力源泉所在。

二、深圳经济增长的要素特征分析

1980～2018年，深圳年均GDP增速超过20%，创造了世界经济发展史上的奇迹。对于深圳经济增长的条件可以分解为五个主要生产要素条件，即资本、人口、对外开放、科技创新、制度创新，这些因素共同构建了深圳经济长期高速增长的基本条件。

（一）投资对深圳经济起飞起到助推作用

较高的投资水平和快速的资本积累是工业化过程不可或缺的条件。从发展经济学的角度看，资本形成一直是经济增长的核心，无论是"大推进""低水平陷阱""非均衡增长"，还是"金融深化"等理论的核心观点就是通过各种手段有效提高人均资本存量，以摆脱贫困、实现经济快速增长。从东亚经济的发展实践也可以看出，较高的投资率是经济增长的必要条件。美国经济学家Young（1994）发现，"在1960～1985年，每一个新兴工业化经济都经历了投资占GDP比率的显著上升。在1960～1980年，亚洲'四小龙'投资率显著上升，并且与经济高速增长显著正相关"。

东亚经济崛起普遍具有投资拉动特征，而这一特征在我国更为显著，我国投资率的峰值高度和持续时间即使在东亚也较为少见，高投资带动资本存量大幅增长，成为我国经济增长的主要引擎。回顾深圳经济增长历程，也表现出了较强的投资拉动特征。

1. 深圳投资增速高于全国水平，投资呈较快下降趋势

1990～2018年，全国全社会固定资产投资年均名义增速约为21%，同期深圳固定资产投资年均名义增速约为23%，大约比全国水平高2个百分点。不过自

2000 年后，深圳投资增速持续低于全国水平。

深圳投资率峰值出现在 20 世纪 90 年代初期，其后不断下降，到 2018 年降至 30% 以下，远远低于同期全国约 50% 的水平，显示投资对经济增长的贡献不断减弱。与深圳的情况相反，我国整体投资率不断上扬，尤其是 2008 年全球金融危机后在"四万亿计划"刺激政策的推动下接近 50% 的水平。

2. 资本积累对深圳经济增长贡献的测算

投资形成资本存量，是社会财富的物质生产基础。随着资本的不断积累，资本存量的绝对量不断增加，其增速自然而然逐渐降低，加之资本边际效益递减规律的存在，资本存量的边际产出在长期呈减少趋势，因此资本对经济增长的作用不断下降，会造成经济增长减速。通过我们的测算，发现这些基本经济规律在深圳有所体现（见表 9 - 1）。

表 9 - 1 资本存量对深圳和全国经济增长的贡献比较

年份	深圳		全国	
	对 GDP 增长的贡献度	对 GDP 增长的贡献率（%）	对 GDP 增长的贡献度	对 GDP 增长的贡献率（%）
1990	11.8	29.1	5.58	48.2
1991	12.8	26.7	5.62	49.8
1992	—	—	4.06	99.9
1993	8.8	25.1	3.02	78.7
1994	9.2	24.6	3.24	35.3
1995	14.3	37.0	4.08	28.6
1996	12.4	38.1	5.14	36.8
1997	12.1	37.0	5.6	42.8
1998	9.2	38.8	5.53	50.6
1999	5.4	31.4	5.44	54.4
2000	5.2	30.8	5.14	55.3
2001	5.5	36.2	5.34	68.2
2002	5.1	35.0	4.88	64.0
2003	5.9	37.8	4.73	56.1
2004	5.1	35.9	4.84	58.4

年份	深圳		全国	
	对 GDP 增长的贡献度	对 GDP 增长的贡献率（%）	对 GDP 增长的贡献度	对 GDP 增长的贡献率（%）
2005	5.5	34.7	5.22	57.4
2006	6.1	31.9	6.6	65.9
2007	6.1	35.1	7.29	72.3
2008	3.7	24.2	6.13	54.2
2009	5.0	30.1	6.37	50.2
2010	4.3	28.9	6.36	44.9
2011	3.7	30.5	6.32	65.7
2012	3.5	32.7	7.22	78.4
2013	3.7	30.0	7.02	67.2
2014	2.4	24.1	6.61	71.1
2015	2.4	23.9	6.33	78.6
2016	2.6	25.2	6.49	79.1
平均	—	30.2	—	57.4

注：贡献度是指某一因素拉动总量增长多少个百分点，本章中是指某要素拉动 GDP 增长多少个百分点；贡献率是指该因素的增长量（程度）占总增长量（程度）的比重，本章中是指某要素对 GDP 增长率的贡献比例。

　　分析资本存量对深圳经济增长的贡献测算结果，可以得出以下结论：一是资本积累在深圳发展的早期起到了经济增长的"火车头"作用。尤其在 20 世纪 90 年代深圳资本积累拉动了近一半的经济增长，为深圳以后的飞跃式发展打下了坚实的物质基础。二是资本存量增速放缓是深圳经济增长减速的一个重要原因。统计数据显示，在深圳特区成立后到 90 年代初期，深圳投资飞速增长，带动资本存量相应增长，每年拉动深圳 GDP 增长十个百分点以上。但 90 年代中期后，深圳投资增速从超高速降至高速，再进一步降至中高速，资本存量增长放慢直接导致深圳经济增速放慢。三是深圳经济增长对资本积累的依赖程度大大低于全国水平。改革开放以来，资本积累贡献了我国经济增长的 57.4%。特别在全球金融危机后，劳动力增长和经济运行效率急剧下降，我国经济增长主要靠大量投资带来的资本积累拉动，增长模式重新回归外延扩张型，但深圳的增长动力表现出鲜明的多元化特征，资本对深圳经济增长的贡献率大大低于全国平均水平，没有出现外延型增长特征。

（二）劳动力增长对深圳经济增长发挥了重要作用

对于我国、印度这样的发展中人口大国来讲，随着劳动力总量增加，"剩余"劳动力从低效的农业部门转向高效的工业和服务业，是推动经济增长的一个至关重要的原因。随着我国人口总量增速放缓，人口总量峰值的即将到来，我国适龄就业人口规模呈下降趋势。深圳作为一个新兴的移民城市，劳动力因素对经济增长的贡献远远高于其他地区，表现出数量增长快、年龄结构优和受教育程度高等特征。

1. 深圳的人口和劳动力呈现数量和质量同向增长

从总量看，根据深圳统计局数据，深圳常住人口从 1979 年的 31.4 万人增加到 2018 年的约 1400 万人，增长了约 45 倍，年均增长率约 12%。人口激增带动劳动力数量增加，社会劳动者人数从 1979 年的 13.95 万人增加到 2018 年的约 1000 万人，增长了约 71 倍，年均增长率达到 15% 左右。比照全国情况，可以发现深圳的人口和劳动力增长都远高于全国水平。

从年龄结构看，深圳享受年轻化的"人口红利"。所谓"人口红利"指的是，一个国家就业人口占总人口比重较大，整个国家的生产创造能力较强、抚养率较低，有利于该国经济发展，人口结构成为该国的有利条件。根据历次人口普查数据，深圳人口在年龄结构上具有一定优势，有利于经济的持续增长。

根据 1990 年第四次全国人口普查，深圳 0～14 岁人口的比重为 14.63%，15～64 岁人口的比重为 83.15%，65 岁及以上人口的比重为 2.22%。同期全国相应的三个比重分别为 26.69%、66.74% 和 5.57%。根据 2000 年第五次全国人口普查数据，深圳 0～14 岁的人口为 59.57 万人，占 8.50%；15～64 岁的人口为 633.47 万人，占 90.39%；65 岁及以上的人口为 7.8 万人，占 1.11%。同期全国相应的三个比重分别为 22.89%、70.15% 和 6.96%。根据 2010 年第六次全国人口普查，深圳全市常住人口中，0～14 岁人口为 1018774 人，占 9.84%；15～64 岁人口为 9156398 人，占 88.40%；65 岁及以上人口为 182766 人，占

1.76%。同期全国相应的三个比重分别为16.60%、74.53%和8.87%。

从这三次人口普查数据可以看出,深圳的15~64岁的劳动年龄人口比重在2000年第五次人口普查时最高,目前已经呈现下趋势,但仍高于全国水平,并且65岁及以上人口的比重保持在极低水平,未出现老龄化问题,总体劳动力结构仍有利于经济增长。据有关数据显示,2018年深圳总人口规模约2000万人,平均年龄约32岁,深圳依然享受"年轻化的人口红利"。

从受教育程度看,与全国水平横向比较可以看出,深圳人口结构中具有高等教育人口的比重高,人才优势明显。而且从纵向来看,2000年第五次人口普查时,深圳具有大学(指大专以上)程度的人口占总人口的比例为8.06%,到2010年第六次人口普查时已经升至17.15%,升幅较大,显示人才储备力量迅速增长。近年来,深圳加大对高层次人才引进力度,对优化人口结构影响深远。

2. 劳动力要素对深圳经济增长的贡献

劳动力对经济增长的影响包括劳动力数量和质量两方面,一般也可称为人口红利或人才红利。改革开放初期,大量外来移民给深圳提供了大量熟练的劳动力,人口红利发挥了较大作用,但从20世纪90年代中期后深圳高科技企业的自主创新开始发力,深圳吸引了大量国内外技术和管理人才,人才红利开始显现,并对经济增长发挥了越来越大的作用(见表9-2)。

表9-2 劳动力要素对深圳与全国经济增长的贡献比较

年份	对GDP增长的贡献度			对GDP增长的贡献率(%)		
	数量	质量	合计	数量	质量	合计
1981	10.9	0.1	11.0	20.3	0.2	20.4
1982	11.8	0.2	12.0	20.2	0.3	20.5
1983	11.9	0.2	12.1	20.4	0.3	20.8
1984	12.4	0.1	12.5	20.7	0.2	20.9
1985	—	—	—	—	—	—
1986	—	—	—	—	—	—
1987	8.5	0.2	8.7	33.7	0.6	34.3
1988	12.3	0.1	12.4	34.3	0.3	34.5
1989	—	—	—	—	—	—

续表

年份	对GDP增长的贡献度			对GDP增长的贡献率（%）		
	数量	质量	合计	数量	质量	合计
1990	12.4	0.3	12.7	38.2	0.9	39.1
1991	13.2	0.2	13.4	36.7	0.5	37.2
1992	11.2	0.3	11.5	33.8	0.9	34.7
1993	8.8	0.3	9.1	28.4	1.0	29.3
1994	6.8	0.4	7.2	21.9	1.3	23.2
1995	3.7	0.5	4.2	15.4	2.1	17.5
1996	3.5	0.5	4.0	20.5	2.9	23.4
1997	3.8	0.7	4.5	22.6	4.1	26.6
1998	5.0	0.3	5.3	32.9	1.8	34.7
1999	4.4	0.4	4.8	30.0	2.5	32.5
2000	3.6	0.5	4.1	23.2	2.9	26.0
2001	2.2	0.9	3.1	15.7	6.0	21.7
2002	3.1	0.8	3.9	19.3	5.2	24.5
2003	3.3	0.8	4.1	17.1	4.3	21.4
2004	2.4	1.1	3.5	13.9	6.4	20.3
2005	2.3	1.2	3.5	15.5	7.7	23.2
2006	2.4	0.9	3.2	14.3	5.2	19.5
2007	1.5	1.2	2.8	10.5	8.4	18.9
2008	0.9	0.9	1.8	7.6	7.1	14.7
2009	1.3	1.0	2.3	12.2	9.3	21.5
2010	1.3	1.0	2.2	10.3	8.1	18.4
2011	0.8	1.1	1.9	8.3	11.0	19.3
2012	1.1	1.2	2.2	10.7	11.5	22.2
2013	1.0	1.3	2.2	9.1	12.0	21.1
2014	1.1	1.2	2.2	9.2	11.8	21.0
2015	1.0	1.2	2.1	9.4	11.9	21.3
2016	1.1	1.3	2.2	9.3	12.1	21.4
平均	5.6	0.6	6.2	20.6	4.2	24.7

分析劳动力要素对深圳经济增长的贡献测算结果，可以得出以下结论：一是

劳动力要素贡献了深圳经济增长的1/4。通过测算，可以发现深圳 GDP 增长的 24.7% 可以归功于劳动力要素。而改革开放以来从全国层面来看，劳动力要素仅贡献了 16.7% 的 GDP 增长。可见，作为一个新兴移民城市，大量劳动力流入营造的劳动力优势是深圳超越国内其他城市获得超高速增长的重要条件。二是劳动力数量和质量对深圳经济增长的贡献此消彼长。从 21 世纪初开始，沿海地区逐渐出现"用工荒"，迫使企业升级转型或向内地搬迁，深圳企业更加重视吸引国内外技术和管理人才，向现代服务业和先进制造业的高端产业链攀升。以此为契机，劳动力质量对经济增长的贡献逐渐超越劳动人数增长的贡献，"人才红利"开始替代"人口红利"。

（三）对外开放是深圳经济跨越式发展的重要保障

对外开放是深圳奇迹的主要原因之一，对深圳经济增长起到了重要作用。深圳充分发挥了我国的后发优势，特别是在相当长时期内采取了外向型发展战略，大规模引进并利用外资弥补了建设资金的不足，同时引进了国外的先进设备、先进技术和管理经验，通过"干中学"提高了生产领域的技术和总体管理水平。

1. 深圳对外开放特征：外贸快速发展，出口产品不断升级

深圳凭借毗邻香港的区位优势，是我国最早大规模吸引香港投资的城市，随后发展成为外商投资进入我国的窗口城市。随着国际产业在全球范围内的转移，香港率先完成工业化，但是随着经济持续高速增长，香港的制造业成本逐渐升高，受限于香港空间紧约束，在我国实行改革开放政策的情形下，香港制造业开始转向临近更具人工低成本和土地低成本优势的深圳。深圳率先探索经济体制改革，经济环境不断改善，投资环境也更具吸引力，成为国际产业转移的首选地。随着国际直接投资的加大，深圳产品不断走向海外市场，确立了深圳在外贸领域的领先地位。

比较全国和深圳外贸数据可以看出，在亚洲金融危机前，深圳外贸增速远远高于全国水平，但在亚洲金融危机后，随着我国对外开放程度提升以及内地经济发展，深圳的外贸优势有所减弱。尽管如此，2018 年，深圳外贸出口总额约占全国出口总额的 15%，连续 26 年居内地城市首位，仍显示出较强的外向型经济特征。

与此同时，深圳出口产品不断升级。最初深圳凭借劳动力低成本优势和土地低成本优势，发展"三来一补"产业，以"物美价廉"赢得国际市场、产业壮大的同时，积累了资金、工业基础和大量熟练劳动力。但是，深圳适时推动产业升级，推动产业由劳动密集型转向资本密集、知识密集型，走出一条由简单加工到模仿创新再到自主创新的产业发展路径，成功避开了东南亚一些同样发展外贸经济的国家所经历的"比较优势陷阱"。深圳的产业也逐渐发展成为以高新技术产业为主导，深圳的产品也逐渐发展成为以全球电子信息产品为主，从而避免落入低端的加工制造业陷阱。至今高新技术产品仍然是深圳对外出口的拳头产品。

2. 对外开放对深圳经济增长的贡献

通过模型测算对外开放对深圳经济增长的贡献，并与全国比较，可以更好地认识对外开放对深圳经济增长的重要性（见表9-3）。

表9-3　对外开放对深圳与全国经济增长的贡献比较

年份	深圳		全国	
	对 GDP 增长的贡献度	对 GDP 增长的贡献率（%）	对 GDP 增长的贡献度	对 GDP 增长的贡献率（%）
1981	7.4	13.7	1.1	20.4
1982	7.5	12.8	-0.4	-4.7
1983	10.6	18.2	0.6	5.8
1984	11.0	18.4	3.1	20.1
1985	—	—	4.6	34.2
1986	—	—	-0.8	-9.4
1987	2.7	10.5	-0.7	-5.9
1988	5.8	16.2	1.7	15.0
1989	0.0	—	0.5	12.4
1990	5.9	18.3	-1.2	-31.8
1991	6.7	18.6	1.5	16.2
1992	3.6	10.9	2.4	16.8
1993	3.7	11.9	3.4	24.6
1994	5.1	16.6	0.8	5.9
1995	4.1	17.1	0.1	0.8

年份	深圳		全国	
	对 GDP 增长的贡献度	对 GDP 增长的贡献率（%）	对 GDP 增长的贡献度	对 GDP 增长的贡献率（%）
1996	3.0	17.6	0.3	3.3
1997	2.4	14.1	0.1	0.8
1998	1.5	9.9	0.0	−0.5
1999	1.6	10.7	0.3	3.4
2000	1.7	10.9	1.1	13.0
2001	1.8	12.3	0.9	10.7
2002	2.1	13.5	1.5	16.5
2003	2.6	13.5	1.8	17.9
2004	3.1	17.8	1.2	12.3
2005	3.1	20.5	0.8	7.1
2006	3.1	18.7	1.1	8.8
2007	2.3	15.7	1.0	7.0
2008	1.9	15.9	−0.2	−1.6
2009	1.1	10.2	0.5	5.4
2010	1.4	11.7	1.5	14.4
2011	1.2	11.9	0.5	5.1
2012	1.0	10.2	0.3	4.4
2013	1.1	10.7	0.8	10.5
2016	1.1	10.6	0.7	9.6
2015	1.0	10.7	0.8	10.1
2016	0.9	10.1	0.6	9.1
2017	1.0	9.7	0.6	8.8
平均	3.6	14.3	0.9	7.8

分析对外开放对深圳经济增长的贡献测算结果，可以得出以下结论：

（1）对外开放对深圳的重要意义远高于国内其他地区。改革开放以来，对外开放拉动深圳 GDP 年均增长 3.6%，大大高于全国 0.9% 的水平。这里需要说明，一部分对外开放对经济的贡献已经体现在资本和劳动力对经济增长的贡献中，这里的测算结果主要为两个方面：一是外向型经济的技术溢出效益。引进外资的同时直接引进国外的先进技术和科学管理经验，不仅能节省科研费用，而且节约研制时间，实现跨越式发展。二是拓展对外贸易的规模效应。对外开放扩大了商品和服务生产及其市场交易空间，增加了涉外企业的规模效应和经济效益，最终提高了宏观经济运行效率。

（2）外贸的重要性有减弱趋势。这主要反映了随着我国技术进步，与发达国家技术差距在缩小，再引进外来先进技术的难度加大。深圳作为我国高新技术前沿地区，与发达国家的技术落差较国内其他城市更小，科技进步越来越多地依赖自身的积累和创造。自 2008 年全球金融危机爆发以来，全球经济进入新一轮低速增长态势，各国新出现各种贸易保护主义，再加上新一轮科技革命方兴未艾，新产业、新技术、新业态都在不断变化之中，依靠创新提升全要素生产率的方向并不明朗，因此，依靠国外市场需求促进经济增长的空间大大压缩。

（四）科技创新是深圳经济奇迹的特色优势

尽管 2008 年诺贝尔奖获得者保罗·克鲁格曼曾指出，东亚新兴工业化国家取得的经济高速增长，只不过是依靠大量使用生产要素资本和劳动而取得，并非是依靠技术创新或者生产率提高而取得。克鲁格曼甚至认为这些新兴国家的增长模式和苏联曾经历的高速增长模式并无区别。因此，克鲁格曼认为并不存在所谓的"东亚奇迹"，这些国家依靠要素投入取得的经济增长不可持续。克鲁格曼的论断也许适用于一些东亚国家乃至国内一些地区，但显然不适用于深圳。深圳具有"六个 90%"的特殊科研体制，R&D 投入和专利数量在全国名列前茅，科技创新对经济增长发挥了巨大贡献。

1. 深圳创新特征：意识超前，投入高，成果多，体制独特

在深圳经济增长初期，深圳经历了高积累、高投入的粗放型增长阶段，但也快速地完成了国际经济体系和工业体系的构建，为后期经济持续增长积累了坚实的基础。进入 20 世纪 90 年代后，深圳经济运行的粗放型增长方式逐步暴露弊端和不足，深圳较早认识到粗放增长不可持续，必须推动在技术进步基础上的产业升级，推动经济增长方式向集约型方式转变。由于较早地认识到科技进步的重要性，因此科技创新对深圳经济增长发挥的作用大大高于其他城市。

2018 年，深圳全社会研发投入占 GDP 比重已提高到 4.4%，这一数字已超过欧美发达国家水平（目前只有以色列和韩国超过 4%），深圳已成为全国首个创新型城市。深圳的专利尤其是发明专利的数量与质量，充分体现了这座年轻城市的创新能力。据最新统计，2018 年深圳提交的中国专利申请量突破 8 万件，同比增长 11%，居全国大中城市的前列。在 2018 年我国副省级城市（不含港澳台）发明专利拥有量和发明专利授权量榜单上，深圳均蝉联第一。

尽管与北京、上海、广州拥有的高校和科研机构数量相比较，深圳显得相形见绌。但是，深圳的创新从一开始就显得与国内其他城市截然不同。深圳的科技创新体系一开始就建立在以企业为主体的基础之上。以企业为主体的创新，更容易推动技术创新成果的产业化和市场化。目前，深圳已经形成以"六个 90%"为特征的以企业为主体的自主创新体系，即 90% 以上研发机构设立在企业，90% 以上研发人员集中在企业，90% 以上研发资金源于企业，90% 以上职务发明专利出自企业，90% 的重大科技项目源于企业，90% 的创新型企业是深圳本土成长的企业。正是受益于深圳独特的创新体制结构，深圳的新兴产业蓬勃发展，深圳的自主创新更能接近市场需求，深圳产业能够顺利实现由加工装配向自主创新的高新技术产业转型升级，从而推动了深圳由制造向创造的跨越。如今，一批拥有自主知识产权和核心技术、具有世界影响力的创新"巨人"在深圳成长壮大。

表 9-4　科技创新对深圳与全国经济增长的贡献比较

年份	深圳		全国	
	对 GDP 增长的贡献度	对 GDP 增长的贡献率（%）	对 GDP 增长的贡献度	对 GDP 增长的贡献率（%）
1990	1.9	5.7	0.1	1.3
1991	2.2	6.0	0.1	1.0
1992	1.2	3.7	0.1	0.9
1993	1.7	5.3	0.1	0.7
1994	2.6	8.3	0.1	0.7
1995	2.6	10.9	0.1	0.8
1996	2.6	14.9	0.1	1.4
1997	2.4	14.5	0.3	2.7

续表

年份	深圳		全国	
	对 GDP 增长的贡献度	对 GDP 增长的贡献率（%）	对 GDP 增长的贡献度	对 GDP 增长的贡献率（%）
1998	1.5	10.2	0.3	3.7
1999	1.8	12.3	0.7	9.6
2000	2.3	14.5	0.9	10.6
2001	2.6	18.5	0.7	8.2
2002	2.8	17.9	0.8	8.5
2003	4.4	22.9	0.8	7.5
2004	3.6	20.9	0.8	7.8
2005	4.4	28.9	0.8	7.2
2006	4.1	24.9	0.8	6.5
2007	4.2	28.2	0.8	5.7
2008	3.6	30.1	0.8	7.9
2009	2.6	24.2	0.9	9.6
2010	3.7	29.9	0.8	8.0
2011	3.8	37.9	0.8	8.4
2012	3.8	37.7	0.8	9.9
2013	4.0	37.6	0.7	9.4
2014	3.9	37.5	0.7	9.3
2015	3.8	36.8	0.8	9.4
2016	4.0	38.1	0.9	9.5
平均	2.6	16.2	0.5	4.9

2. 科技创新对深圳经济增长的贡献

通过模型测算，可以得出科技创新对深圳和全国经济增长的贡献。

通过初步测算我们发现：第一，深圳科技创新对经济的贡献高于全国平均水平。改革开放以来，科技创新拉动了深圳 16.2% 的经济增长，而全国仅有大约 4.9% 的经济增长是由科技创新带动的。这表明深圳在科技创新方面走在了全国的前列。第二，近年来科技对深圳经济增长的贡献率不断提高。从全国的大趋势来看，对科技的重视程度在不断增强。我国 R&D 经费 1978 年为 52.9 亿元，

2016 年达到 12206 亿元，增长了近 230 倍，R&D 经费占 GDP 比重逐年提高，2016 年已经超过 2%。一般认为，研发经费占 GDP 不到 1% 的国家，缺乏创新能力；在 1%~2%，会有所作为；大于 2%，创新能力比较强。随着科教兴国战略的实施，当前我国企业研发能力明显增强。与全国相比，深圳在科技创新方面做得更好，科技创新对经济增长的贡献率从 1981 年的 2.5% 攀升 2016 年的 38.1%，意味着 1/3 以上的经济增长靠科技拉动。回顾历史数据，可以看出科技创新的贡献在 20 世纪 90 年代中期、21 世纪初和全球金融危机后有三次较大提升。90 年代中期科技贡献率的提升是因为深圳由轻工制造业为主体的经济结构转型为高新技术产业为主体的经济结构，21 世纪初科技贡献的提升是因为"用工荒"的出现和低附加值产业的进一步外迁，而近几年科技贡献的提升则说明深圳在发展战略新兴产业和高端服务业方面取得了切实成效。据有关统计数据显示，2016 年、2017 年深圳新兴产业对经济增长的贡献度超过 40%。

（五）体制创新是深圳经济发展的先行优势

改革开放之初，国家给予深圳大量特殊政策，使深圳获得体制优势，此后以敢闯敢试为突出优点的深圳人在体制创新方面一直走在全国前列。

1. 深圳具备独特的体制创新优势和移民文化优势

一方面，我国的经济体制改革取得成功主要得益于经济自由化和市场化，但我国的经济改革具有强力政府干预和国家指导特色。与东欧有些国家的市场化转型失败相比，我国经济转型成功之一在于我国的市场化改革，使政府在有效退出竞争性的经济领域的同时，始终保持对经济运行低效率领域的调控或指导。我国的体制机制优势，更能体现中央政策的调控力度，更能发挥政府对经济运行的调控能力，在强有力的调控和制度安排下，地方经济运行往往能产生意想不到的活力。正是在国家领导人的干预下，深圳经济特区获得了"先行先试"的政治优势，真正"特"了起来。深圳成为全国改革开放的一面旗帜，这种形象定位又进一步帮助深圳克服了大量体制障碍，节约了大量改革成本，获得了更大的政策空间和改革机会。这种体制优势使深圳较之其他城市，特别是内陆省份，具有更加优越的发展环境，加快了经济增长步伐。

另一方面，文化对一个地方的发展具有不可估量的潜能。深圳是我国为数不多的移民人口超过 1000 万人的城市，移民汇聚的城市自然而然就形成了移民文化。深圳总人口规模接近 2000 万人，其中 95% 的人来自深圳以外的其他地方，人均年龄仅 32 岁的结构下，深圳是典型的年轻城市。年轻就是活力，年轻就有创业精神、有开拓进取的谨慎、有奋发向上的追求。纵观深圳近 40 年的发展历史，其实就是各地移民在深圳创业奋斗的历史，是一部"流动文化"在这里融汇、变迁和发展的历史。敢闯敢试、开拓进取、创新有为成为深圳文化的基本特征。深圳新移民地域构成的广泛性和文化背景的多元性，使深圳的"移民文化"表现出极大的包容性和开放性，平等地对待"外来人"，宽容地接受一切创新的思想和观念。

深圳毗邻港澳，对于后者来讲，深圳是落后地区，但落后地区具有后发优势，既可以借鉴港澳乃至欧美的成功经验，也可以吸取其失败的教训。改革开放以来，深圳政府、企业和居民表现出了较高的学习能力。改革家的创新知识具有"自我循环累积"效应，不断使创新融入制度环境。在很大程度上，学习能力和改革（创新）意识已经潜移默化为深圳的一种"社会能力"，形成了强大的制度惯性，推动了深圳的制度变迁和经济发展。

2. 体制创新对深圳经济增长的贡献

为了考察体制创新对经济增长的贡献，笔者测算对比分析了深圳与全国的"体制创新对 GDP 贡献度、对 GDP 贡献率"方面的差异，结果如表 9-5 所示。

表 9-5　体制创新对深圳经济增长的贡献

年份	深圳		全国	
	对 GDP 增长的贡献度	对 GDP 增长的贡献率（%）	对 GDP 增长的贡献度	对 GDP 增长的贡献率（%）
1990	3.2	9.8	-0.1	-1.3
1991	4.5	12.6	1.2	13.0
1992	2.5	7.7	1.6	11.1
1993	4.1	13.3	1.3	9.1
1994	4.0	12.9	0.7	5.2
1995	3.7	15.7	0.4	3.4
1996	2.2	12.7	1.2	12.4

续表

年份	深圳		全国	
	对 GDP 增长的贡献度	对 GDP 增长的贡献率（%）	对 GDP 增长的贡献度	对 GDP 增长的贡献率（%）
1997	2.4	14.1	1.1	11.5
1998	1.4	9.0	-0.4	-5.5
1999	1.4	9.4	-0.8	-10.7
2000	1.7	10.9	-0.7	-8.8
2001	1.7	11.6	0.0	0.0
2002	1.5	9.4	0.7	7.7
2003	2.0	10.3	0.4	4.0
2004	1.0	5.8	1.1	10.9
2005	0.5	3.2	0.6	5.7
2006	1.1	6.9	1.4	11.3
2007	1.2	8.4	1.0	6.7
2008	1.1	8.8	1.0	10.3
2009	1.2	11.4	-1.3	-13.8
2010	1.2	10.0	0.0	0.0
2011	0.7	7.4	-0.4	-4.5
2012	0.5	5.4	-0.6	-7.4
2013	0.6	5.4	0.7	9.5
2014	0.7	5.4	0.6	9.2
2015	0.6	5.4	0.7	9.1
2016	0.5	5.3	0.5	9.4
平均	2.4	9.6	0.5	4.5

通过模型测算体制创新对深圳经济增长的贡献，并同全国比较，可以更好地认识深圳经济增长中的体制特征：一是体制创新对深圳经济的贡献高于全国平均水平。改革开放以来，体制创新拉动了深圳 9.6% 的经济增长，而全国仅有大约 4.5% 的经济增长是由于制度创新带动的。这表明体制改革给深圳带来了更大的经济实惠。二是近年来体制创新对深圳经济增长的贡献率总体呈下降趋势。测算结果显示，20 世纪 80 年代体制创新拉动了深圳 9.1% 的经济增长，90 年代拉动

了 11.7% 的经济增长，而 2000 年以来仅贡献了经济增长的 8.2%。尤其是全球金融危机后，体制创新对深圳经济增长的贡献率进一步降低。

三、深圳经济增长潜力面临的要素条件变化

经过改革开放以来的经济高速增长后，深圳经济增长面临的外部环境发生了较大变化，内部具备的生产要素条件也必然发生变化。过去研究深圳经济增长的要素条件主要考虑投资、消费和净出口等需求侧因素引起的变化，未来考察经济增长要素条件的变化必将更多地考察基于创新视角下，全要素生产率变化带来的影响。

（一）资本要素贡献将缓慢下降

资本要素贡献率主要取决于投资率的变化。世界各国经济增长和工业化历史表明，资本要素报酬通常经历由低到高的边际报酬递增阶段后，转向由高到低的边际报酬递减阶段，最终趋向稳定，近似一条平缓的"马鞍型"或倒"U"型曲线。其中，投资率由高到低的转折基本发生在工业化中后期阶段。然后经济运行进入后工业化时代，消费结构也开始由工业品消费转向服务业消费，推动第三产业如住房、旅游、教育等产业的发展。第三产业往往是资本有机构成较低的产业，需要的中间产品投入也减少，导致投资空间减少，投资率下降，投资回报率也下降。

国际金融危机后，我国经济已进入增速换挡、结构优化、驱动要素转换的"新常态"，未来随着经济发展水平提高、产业结构转型升级、城乡收入差距缩小以及社会保障体系逐步完善，我国以往以高储蓄支撑的高投资拉动型经济增长模式势必进一步转变。

据笔者预测，未来 5 ~ 10 年我国投资增速将逐步回落，资本存量年均增速在 9% 左右。在这样的大背景下，深圳人均 GDP 已突破 2 万美元，按照世界银行的

最新划分标准①，已经达到高收入国家水平。同时第一、第二、第三产业占比已超过55%，而且呈继续上升趋势，深圳整体经济社会发展程度无疑领先全国平均水平，投资增速下降的趋势也必然体现得更为明显。这一点在深圳投资率明显低于全国及其他大中城市上也得以体现。

同时，由于深圳地域面积狭小，城市建设用地资源长期处于紧平衡状态也不利于投资规模的扩大。从投资的产业结构看，制造业和房地产业投资占据深圳投资总额的50%~60%，随着未来深圳进一步推进劳动力密集型制造业转移和房地产市场增长放缓，两个行业的投资也将进入一个相对平缓的增长阶段。

但也要看到，深圳未来投资仍存在一定有利因素的支撑。一是民间投资活力进一步释放。2018年，社会民间投资已经占据深圳投资的主导地位，占全社会固定资产投资的比重达到六成左右。随着国家和深圳深入推进投资体制改革，深圳民间投资的主体地位将得到进一步加强。二是高技术和现代服务业投资有望保持较快增长。在深圳大力推进产业转型升级的背景下，增长潜力大、市场空间广，代表未来产业发展方向的生物、互联网、新能源等战略性新兴产业以及金融、物流、文化产业等现代服务业将吸引更多资本的流入。三是政府投资将对稳定全社会投资发挥积极作用。相比北京、上海、广州等城市，税收在深圳财政收入中的占比维持在90%以上，土地出让金的比重较小，这有助于稳定政府的收入来源，进而保障政府在重大项目及民生领域的财政资金投入。

综合以上分析，未来十年深圳固定资产投资增速将呈稳步放缓趋势，进而影响资本积累的增长速度。

（二）劳动力要素贡献由数量向质量驱动转变

劳动力对经济增长的贡献来自劳动数量的增加和劳动力质量的提高。劳动力总量、有效劳动时间、有效就业参与率等因素决定了实际就业人口总规模。而劳动力的受教育水平、生产技能和相互协作能力则决定了社会整体的劳动力质量。

总体上判断，深圳劳动力数量增长将呈放缓趋势。从2011~2016年的情况

---

① 此处的美元为现价美元。按照世界银行2013年公布的最新标准，以2012年人均GDP为准，低于（含）1035美元的为低收入国家，处于1036~4085美元的为下中等收入国家，处于4086~12615美元的为上中等收入国家，大于（含）12616美元的为高收入国家。

看，深圳劳动力增速已降至 0.8%、0.9%、0.9%、0.8%、0.9%、0.9%，未来十年预计深圳将延续这一趋势，预计年均增长 0.75%，累计净增加 40 万人左右，对经济增长的贡献率也将由 2016 年的 8.6% 降至 2020 年的 2.7%，2026 年进一步降至 1.5%。

但是，劳动力质量对经济增长的贡献将有所上升。长期来看，深圳劳动力质量的提升将增强其对经济增长的贡献，并成为"深圳质量"的重要特征。一是本地人才培养能力进一步增强。劳动力质量提升的关键在人才，基础是教育。经过三十多年的努力投入，深圳教育已经初步形成比较完备的全面教育体系。在高等教育这一传统"短板"领域，深圳既积极引进国内外优质资源合作办学，又依靠本土高校的发展以求突破的"两条腿"走路模式，将使深圳在高等教育跨越发展之路上进一步提速。二是外来人才将继续呈流入态势。长期以来，深圳由于本地人才培养能力有限，人才主要以引进为主。近年来国内大城市（北京、杭州、西安、武汉、长沙等地）都加大对人才的吸引力度，形成相互赶超的局面，而深圳在生活成本居高不下、公共服务如医疗和教育资源供给略显不足等不利影响，深圳面临着对人才的吸引力减弱的可能。但整体来看，虽然深圳与作为国内政治和经济中心的北京、上海相比存在一些差距，但作为一个新兴的移民城市，市场化程度高、文化包容性强、创业氛围浓以及毗邻香港的国际化平台优势仍将构成深圳吸引高层次人才方面的独特魅力。而且，深圳人才强市战略的实施以及人才集聚效应的发挥将有利于继续吸引"孔雀东南飞"。

根据测算，近年深圳劳动力数量与劳动力质量对深圳经济增长拉动的贡献已基本相当，2014 年后者的贡献甚至已经超过前者。今后数年内，随着深圳劳动力数量增长的放缓以及质量提升的加速，劳动力对深圳经济的贡献将进一步由"人口红利"向"人才红利"转变，预计未来劳动力质量对深圳经济增长的贡献将由 2015 年的 12.1%，提升至 2022 年的 16.2%，2027 年进一步提升至 18.1%。

（三）全要素生产率贡献比重将进一步提升

（1）未来科技创新仍是拉动深圳全要素生产率的主引擎。深圳早在 1994 年就将高新技术产业确立为支柱产业，并率先提出建设国家创新型城市，经过三十多年的发展，创新驱动已经成为深圳区别于全国其他城市经济发展的突出特征。

未来科技创新将借助深圳在创新政策、创新产业、创新体系方面的优势，为深圳经济增长提供强有力的驱动力量。随着新一轮产业技术革命的临近，全球技术研发投入增长将逐步进入"快车道"。在国家和省市相关政策措施引导和支持下，基于企业在科技创新中的主体地位和功能得到有效发挥，深圳全社会 R&D 规模将继续保持较快增长。但从相对量角度看，深圳 2018 年 R&D 规模占 GDP 比重已达到 4.4% 左右，不仅显著高于同期全国的 2.12%，而且也高于欧美发达国家水平，考虑到深圳研发投入的高基数及一般增长规律，今后一段时期，深圳 R&D 规模占 GDP 比重将相对稳定，维持在 4% 左右。预计深圳科技进步将继续保持主引擎作用。

（2）对外开放是稳定经济增长的重要动力。深圳在对外开放方面的先发优势依然存在，而且有进一步改进提升的空间，未来将在稳定深圳经济增长方面发挥重要的作用。第一，对外贸易结构改善将推动深圳由外贸大市向外贸强市转变。深圳拓展高技术高附加值产品出口仍有较大空间、服务贸易发展仍有较大空间、对新兴市场出口仍有较大空间。第二，吸引外资结构优化将助推深圳由外延增长向内涵增长转变。受发达国家制造业回流、国内劳动力成本上涨，各省市招商引资竞争加剧以及深圳自身产业调整和资源环境约束增强等因素影响，深圳吸收外资的总体环境和优势已经发生了重大变化。未来深圳吸引外资将集中在高新技术产业、现代服务业以及在接受跨国公司在中国设立地区总部和功能性机构等方面，从而有利于发挥外资在促进深圳技术进步和产业升级的技术溢出效应。第三，本土企业"走出去"加快将推动深圳由外向型经济向开放型经济的转变。相比其他城市，深圳本土企业迈出"走出去"的步伐较早，国际化经营水平较高，尤其近年来海外研发机构发展迅速，跨国并购增多且逐步多元。随着更多深圳本土企业"走出去"，价值链和品牌化向高端延伸，企业在全球范围内配置资源能力提升，企业外溢扩张形成的"瓜蔓效应"不仅能促进深圳总部经济的发展，而且有利于深圳更好地利用国际国内"两个市场，两种资源"，加速深圳由外向型经济向开放型经济的转变。总之，经过多年发展，深圳在推进外贸转型升级和优化引资结构，推动"引进来"与"走出去"更好结合、促进国际国内要素有序流动等方面仍具有较大优势和发展空间，对外开放对深圳经济增长的贡献也将由数量推动向质量提高转变，而且将继续发挥积极的作用。

（3）制度创新是促进经济增长的有效保障。第一，深圳将继续发挥全国改革"试验田"和"示范区"的作用。粤港澳大湾区发展是一件大事，需要大胆闯、大胆试，走出一条新路来。深圳将继续发挥全国改革"试验田"和"示范区"的作用。第二，深圳独特的软环境优势将继续推动城市创新发展。除了国家政策倾斜所形成的制度优势外，深圳在多年发展中形成的独特城市软环境也将成为保障深圳创新发展的重要因素。因此，深圳外在的政策扶持优势和内在的软环境建设优势将有助于继续发挥制度创新的作用，从而进一步释放市场活力，制度改革对经济增长的贡献将进一步提高。

综合来看，在外部竞争加剧、深圳已处于较高发展起点的情况下，未来深圳科技创新、对外开放以及制度创新对经济增长边际改善将有所减弱，全要素生产率对经济增长的贡献度将有所下降。从贡献率角度看，深圳转型发展将进一步有效提升经济发展的质量和效率，全要素生产率对经济增长的贡献率在五年间和十年间分别提高至60.4%和63%，创新驱动的特征将更加明显。

四、深圳经济增长潜力转化为现实动力的实现路径

推动深圳经济增长潜力转化为现实动力，存在可选择的实现路径。笔者提出注重"七个转变"，这也是深圳未来政策的主要着力点。

（一）推动体制改革向简政放权和强化服务并重转变

深化行政管理体制改革，为深圳发展再造体制机制红利。一是加快转变政府职能，使政府真正成为公共产品和公共服务的提供者。二是继续梳理和完善机构职能，编制政府部门权责清单、梳理运行流程图，完善各机构应当履行的决策权、执行权、监督权，实现三者既相互制约又相互协调。三是继续深化和优化行政审批制度改革。以"放权"为核心，按照"放权、简政、服务"的要求，积极探索"宽入严管"的企业登记管理新体系，完善商事制度改革，降低市场准入成本。建立行政审批事项动态评估、管理和调整制度，进一步减少和规范行政

审批。四是全面建设责任政府，进一步改进和健全行政问责的制度体系，逐步实现行政问责的规范化、制度化和法制化。五是加强依法行政和制度建设，加强公众参与、专家论证和行政机关决定相结合的行政决策机制建设，建立健全决策反馈纠偏机制和决策责任追究制度，完善绩效考核制度和部门责任白皮书制度建设。

加快现代市场体系建设。一是深化要素市场和产权制度改革，完善资源性产品价格形成机制，打破市场垄断和价格垄断，创造有效配置资源、促进转型升级的条件。二是进一步转变国有资产监管、国有企业改革模式。完善国有资本有进有退、合理流动的机制，分类推进国有企业改革，促进国有企业产权多元化。继续完善国有企业法人治理结构，健全权力机构、决策机构、监督机构和经营管理者之间的制衡机制。三是优化民营经济发展环境。继续消除民营企业发展的体制机制障碍，在产业政策、技术服务、土地利用、环保门槛等方面，积极支持民营企业加快转型升级、增资扩产、品牌培育和上市融资，推动传统产业高端化、新兴产业规模化。建立负面清单制度，保证各类市场主体依法平等进入清单之外领域。

（二）产业转型升级向高技术产业和现代服务业并重转变

完善梯次型现代产业体系。一是在巩固四大支柱产业优势，增强七大战略性新兴产业竞争能力的基础上，积极推动未来产业发展。同时密切跟踪世界科技创新潮流，关注科技发展前沿，结合深圳新兴产业发展情况适时动态调整深圳产业发展重点，积极抢占新兴产业发展制高点。二是加快产业基地建设，促进产业集聚发展。按照"梯次推进，动态调整"的原则，加快后续战略性新兴产业基地集聚区综合规划编制、土地整备、基础设施建设和产业项目落地；围绕下一代信息网络、生物基因、生物医学工程等战略性新兴产业重点领域开展区域集群发展试点，引导企业向产业基地集聚，打造高端特色产业群。三是全方位开展区域合作，积极推动与东莞、惠州的经济交流与合作，深化三地分工协作；通过与其他省份共建工业园，引导部分生产制造环节有序转移，提升深圳产业价值链位势，增强深圳产业辐射带动能力和示范引领作用。

加速现代服务业发展。一是优先发展生产性服务业，提升发展生活性服务业，抢占高端服务业发展的制高点。构建立足本地、服务全国、融入世界的现代服务业体系，提升现代服务业的规模、层次和竞争力，培育和发展一批在国内乃至国际市场具有核心竞争力的现代服务业品牌。二是促进现代服务业与高技术产业融合。充分发挥深圳高技术产业优势，增强先进技术对现代服务业的推动力，通过知识创新、技能创新和管理创新，培育知识密集型高端服务业，提供具有高技术含量、高人力资本含量、高附加值的现代服务业产品。三是依托国家服务业综合改革试点城市建设，加速打造前海深港现代服务业合作区和罗湖国际消费中心两大服务业综合改革先行先试区域，以推进深港合作，建设"21世纪海上丝绸之路"及申报自由贸易园区为契机，以"优势领域升级、新兴领域培育、产业融合发展"为着力点，巩固金融业、物流业发展优势，培育商贸会展业、文化创意产业、信息服务业、服务外包业、科技服务业等新兴专业化服务业；改造和提升旅游业、信息服务等传统服务业，发展总部经济。

（三）市场拓展向对内拓张和对外开放并重转变

加快内销市场的全面拓展。一是充分利用国家扩大内需战略和区域经济发展战略实施的机遇，推动加工贸易企业采取内外并举的转型升级模式，扩大产品内销比例。支持加工贸易企业创立内销品牌、建立国内营销和物流体系，培育外贸转型示范基地。二是鼓励和引导加工贸易企业加大技改、研发的投入，设立研发机构，提升产品的质量和自主创新能力，推动加工贸易由单一生产型企业向生产服务型企业转型，由单一的加工制造功能向研发设计、品牌营销领域延伸，增强在国内市场中的竞争力。三是建立内销跟踪管理和服务机制，简化加工贸易企业产品内销相关的市场准入、认证、核价、征税等审批程序。积极搭建"外博会"等内销平台，推广深圳品牌，帮助企业终端消费品进入国内商贸流通领域，拓展内销渠道。鼓励加工贸易企业增加国内采购，带动国内配套产业发展。

推动对外开放水平进一步提升。一是鼓励企业，特别是代工型大中企业，增加研发和技改投入，开发自主知识产品，推动出口产品逐步从 OEM 转向 ODM 和 OBM，提高产品附加值和高技术含量，推动深圳出口产业向产业价值链和技术链的高端延伸，促进产品由"深圳制造"向"深圳创造"转变。二是培育和发展非 IT 类产品和服务贸易出口。在巩固电子信息技术产品出口的同时，积极引导生物技术、新材料、新能源等行业发展，优化深圳产品出口结构。创建服务贸易示范园区，重点鼓励计算机与信息技术、运输与供应链服务、旅游、咨询、金融保险和文化创意等优势产业出口。三是实施出口市场多元化战略。把握发达经济体经济政策调整、需求市场变化特点和趋势，以巩固和扩大市场份额为目标，深耕港台、欧美日传统主流市场。借助我国推进"一带一路"和自贸区建设契机，大力开拓东盟、南亚、中东、非洲、东欧和其他有发展潜力的新兴市场，创造增量外需。利用深圳临近港台及 ECFA、CEPA 框架下贸易和投资便利化和自由化的优势，加强其作为转口市场的利用和开发。四是鼓励企业"走出去"，支持企业在全球设厂或收购当地公司或品牌，建立自主营销渠道和研发机构，参与相关产品的国际标准制定。加强与港澳台、东盟地区的经贸合作和产业对接，鼓励企业把对外投资和商品出口结合起来，以投资带动贸易。

（四）城镇化向硬件改善和软件提升并重转变

推进城市基础设施和基本公共服务配置一体化。一是按照规划布局一体化、基础设施一体化、公共服务一体化的总要求，加大对原关外地区在基础设施、教育、医疗、环境等方面的投入，推动原关内关外地区协调发展。二是按照城市总体规划的要求，有序推进旧村、"城中村"改造，在改善硬件设施的同时，完善城中村的管理体制和社区组织体系。

完善土地和户籍管理制度。一是建立主体平等、产权清晰、规则一致、竞争有序的统一土地市场，总结并进一步完善推进光明、坪山新区等地在土地用途管制、土地有偿使用、土地二次开发与节约集约利用、土地产权制度等方面的试点工作。二是推进居住证制度改革，改善持有居住证的暂住人口的工作和生活条件，逐步增加在深圳稳定发展的居住证人口的社会福利和其他权益，加快推动养老保险、保障性住房、人事调配制度等方面的配套改革，为居住证制度与户籍迁入政策直接对接创造条件。完善积分入户实施办法，放宽技术技能和投资纳税迁户政策。

提升城市国际化水平。依托粤港澳大湾区世界城市群建设机遇，提前谋篇发展。一是比照我国香港、新加坡、旧金山、东京等国际都市先进经验，优化城市规划布局，推动深港、深莞惠一体化发展，加强与周边区域、东盟等地基础设施互联互通，着力打造湾区经济建设。二是创新现代城市管理模式，建设整洁优美的市容环境、可持续发展的生态环境、安全稳定的社会环境、宁静舒适的生活环境，建设优良的教育、文化、医疗卫生条件和完备的社会化服务体系，营造良好的生态宜居和人才宜聚环境。三是建设以海洋文化为底蕴，以移民文化为基础、以特区文化为主导的都市文化，形成深圳区别于传统中国城市的独特城市文化魅力。

（五）人才建设向育才招才和留才爱才并重转变

提升劳动力整体素质。一是大力发展高等教育，提高高等教育质量和研发能力建设，为深圳经济社会发展提供人才和智力储备。加强对各类从业人员的专业技术和岗位技能培训教育，大力提高从业人员的科技素养和职业技能。二是继续实施海内外人才招聘"孔雀计划"，大力引进海内外高端人才，尤其要加大创新科研团队的引进力度。三是提高新增户籍人口中的人才比例。充分发挥市场、产业在人力资源的数量和结构配置中的决定性作用，促进人口素质提升与经济发展水平和产业结构转型同步。

优化人才发展环境。一是打造和完善人才需要的学术交流平台，实施创新人才安居工程，带动高层次创新、创业人才向战略性新兴产业集聚。二是改革人才评价制度，进一步完善人才激励机制，完善对科研机构和高校科技人员的职务发明创造实施期权、技术入股、股权、分红权等多种形式的激励机制。三是发展创新创业文化，倡导宽容失败、鼓励创新的创新创业氛围，打造通过努力创业和个人奋斗实现自我价值的"深圳梦"。

发挥企业家的核心作用。深圳的企业家是深圳社会中的稀缺资源，一是要营造有利于企业家成长的良好社会舆论和文化环境。发挥"深商"在深圳经济转型升级和创新驱动发展中的领军和核心作用。二是塑造深圳企业家"敢闯、创新"的"深商"形象，提振深圳的进取精神和创新氛围。

（六）投资驱动向结构优化和效率提升并重转变

优化投资结构。一是优化投资产业结构，加大招商引资和招商引智力度，加强重大科技基础设施以及战略性新兴产业基地和集聚区规划建设。二是优化投资区域结构，加大原关外地区的投资力度，落实《关于加快重点区域开发建设的实施意见（试行）》，加快深圳湾超级总部基地、留仙洞战略性新兴产业总部基地、平湖金融与现代服务业基地等18个重点区域开发建设。三是提高民生投资比重。以城市更新单元为单位组织加快推进城市更新，加大保障性住房建设力度，启动实施大气环境、水环境、教育、医疗服务、食品药品安全等12项重大民生工程。四是引导外资设立高技术和现代服务业企业、各类功能性总部和分支机构、研发中心、营运基地等。借鉴中国（上海）自由贸易试验区的可行经验，推进服务业领域有序开放。

提升投资效率。一是进一步加大简政放权力度，加快以备案制为主的企业投资管理体制改革，在市核准权限内且不涉及公共资源开发利用的项目均实行备案管理，审批权限下移。二是提高审批效率，完善政府投资项目跨部门办理平台，并逐步扩大应用至全部固定资产投资项目。三是按照国务院《关于创新重点领域投融资机制鼓励社会投资的指导意见》的要求，创新投资运营机制，扩大社会资本投资途径，创新融资方式，拓宽融资渠道，激发民间资本活力。

（七）科技创新向加强基础研究和全球协同创新并重转变

强化政府在基础研究领域的主导作用，提升源头创新能力。一是加大财税金融政策对创新的扶持力度，在整合现有政策资源和资金渠道的基础上，建立稳定的财政投入增长机制，着力支持重大关键技术、重大产业创新发展工程、重大创新成果产业化、重大应用示范工程等。二是发挥政府资金的引导作用，建立健全风险投资机制，吸引社会资本进入创新领域靠，促进科技、产业、金融紧密结合，形成多元化创新投入体系。三是主动衔接国家创新计划，争取国家重大科技基础设施、国家科学中心、国家实验室等落户深圳，争取相关试点城市、示范工程、示范项目在深圳实施，鼓励深圳企事业单位承担和参与国家重大专项、重大科技攻关等国家研究开发任务。

完善自主创新体制机制。完善以企业为主体、市场为导向、官产学研资介紧密结合的技术创新体系。一是充分发挥企业、高校、科研机构的作用，集中力量在云计算、大数据、移动互联网、生命信息、新能源等战略性新兴产业，实现共性技术、关键技术研发与应用突破，形成一批高质量的核心自主知识产权和国际、国家技术标准。二是大力扶持各类工程技术中心、质量检验检测中心等科技服务平台建设。大力发展科技中介服务，构建技术转移平台，促进创新成果转化。完善无形资产评估制度，整合技术市场中介服务资源，大力发展技术产权交易机构、技术转移中心、科技评估机构等技术市场协作服务体系。

整合区域及全球资源推动创新。抓住国家大力发展粤港澳大湾区建设机遇，积极整合区域资源，推动区域合作，占据区域创新链条制高点。一是深化深港科技合作，加强前海与广州南沙、珠海横琴交流合作，深化与粤西北及周边省份合作，构建功能互补、分工合理的区域创新体系，支持与京津冀、长三角等地区企业和科研机构开展跨区域研发合作。二是发挥各种合作机制的作用，多层次、多渠道、多方式推进国际科技合作与交流，鼓励境外企业和科研机构在深圳设立研发机构，支持符合条件的外资企业和内资企业合作申请国家科研项目。三是大力推进企业和研发机构开展全球研发服务外包，支持企业在境外单独或开展联合研发、设立研发机构和专利申请。

第十章 深圳建设科技创新高地和新兴产业策源地

建设具有全球有影响力的国际科技创新中心，就是要建成科技创新高地，成为全球新兴产业策源地。深圳在科技创新方面的优势显著，在战略性新兴产业发展方面独具优势。未来新科技革命和产业变革为新兴产业发展带来巨大机遇，深圳应突出"一手抓科技创新，一手抓示范应用"，以科技创新和新兴产业的发展，成为大湾区核心引擎。

一、全球新兴科技和产业发展态势

新一轮科技革命孕育新兴产业兴起，新技术、新产业、新模式发展的速度和力度前所未有，经济增长新格局正在悄然形成。各国都在积极部署科技创新发展，抢占新兴产业发展的战略机遇。

（一）科技创新和产业变革助力新兴产业繁荣发展

随着人类文明不断进步，新一轮全球科技革命和产业革命正处于迸发时期，在信息革命推进下，新制造技术、新材料研发持续突破，以量子计算、石墨烯、人工智能、合成生物学等为代表等前沿技术不断突破，不断发展，不断成熟，跨行业、跨领域、跨学科交叉融合、相互促进。2018 年麦肯锡全球所分析，到

2025 年，如下 12 种技术可能对人类发展产业颠覆性影响：移动互联网、物联网、云技术、知识工作自动化、高级机器人技术、无人自动驾驶、新一代基因组学、3D 打印技术、新型材料、储能技术、可再生能源、油气勘探开采技术。这些信息技术朝着泛化纵深方向发展，推动新兴产业发展所需的硬件软件融合发展，新产业、新模式层出不穷，技术创新正在重塑产业发展格局，给全球经济发展拓展新契机，推动形成新的发展机遇和新的经济增长点。发达国家现代制造业迈向高端化和智能化，现代服务业的科技含量提升成为产业转移的热点，绿色创新发展已经成为未来发展的热点。

（二）以科技创新为核心的新兴产业成为各国战略选择

科技创新催生新兴产业蓬勃发展，新兴产业发展正在成为经济增长新引擎。世界发达经济体纷纷加快在前沿技术方面的研究，高度重视突破共性技术，部署发展高新技术产业，各国之间抢占高科技创新和新兴产业发展高地的竞争趋于白热化。从各国公布的新兴产业发展战略来看，美国、日本、德国、英国、欧盟国家等纷纷制定适合本国的新兴产业发展战略，把争夺高科技制高点作为国家重点战略。如美国推出"再工业化"，强调以高新技术改造传统制造业，吸引并加速推动制造业回流，期望再次强化美国竞争优势。2016 年美国总统办公室发布了两份重要报告，即《为人工智能的未来做好准备》和《美国国家人工智能研究与发展战略规划》。日本公布到 2020 年的"新增长战略"，谋划发展形成适应消费的新产业群、抢占尖端的新产业群、提升区域经济的新产业群等。德国的"工业 4.0"计划，谋划以智能制造为主导推动全球第四次工业革命。韩国投资 6 万亿韩元研发绿色能源新技术，大力培育和发展智能型服务机器人、未来型汽车、新一代信息技术、生物科技等新兴产业发展。美国、英国、日本、以色列、英国、德国、俄罗斯、法国等在诸如生物医疗技术、新一代信息技术、新材料技术、核应用技术等前基础研究领域都有新的突破。各国在科技创新和新兴产业领域的竞争不断升温。

（三）我国高度重视培育和推动新兴产业发展

自 2008 年以来，我国着手培育新兴产业发展，国务院和相关部门密集出台支持新兴产业发展的顶层政策文件，如在新一代信息技术领域出台了《"十三五"国家信息化规划》《新一代人工智能发展规划》等六个专项规划，高端制造领域出台了《智能制造发展规划（2016—2020）》《中国民用航空发展第十三个五年规划》《新材料产业发展指南》等六个细分领域规划，绿色低碳领域出台《"十三五"节能环保产业发展规划》等三个专项规划，生物领域出台《"十三五"生物产业发展规划》，数字创意领域出台《关于推动数字文化产业创新发展的指导意见》等。在我国经济增长面临外部环境极不稳定，内部增长速度高位放缓的大背景下，科技创新和新兴产业发展，为稳增长、调结构、促转型发挥了重要作用。部分新兴产业技术临近突破，人工智能产业迅速爆发，虚拟现实、增强现实产业快速演进，无人技术应用场景持续扩张。根据国家信息中心调查显示，2016 年上半年以来我国新兴产业行业景气指数全面回升。区域集聚发展成效显著，涌现了一批特色产业集群和特色发展省份。如长三角地区的上海、无锡、杭州、宁波等城市在生物医药、物联网、云计算、海洋工程、石墨烯等领域拥有较强实力。环渤海地区在新一代信息技术、航空航天、节能环保等领域发展迅速。珠三角地区在发展新一代信息技术、节能环保、新能源汽车、移动互联网等领域特色和优势都非常显著。

（四）中美贸易摩擦给我国科技创新和产业发展带来严峻挑战

自 1979 年中美建交以来，双边关系全面发展，经贸合作快速增长，中美双方互为重要的贸易伙伴。2018 年，美国采取单边主义措施，悍然发动有史以来最大规模的贸易摩擦，并持续威胁继续扩大加税范围和幅度，试图使美国获得更多的经济利益，对外转移美国国内的矛盾。事实上，目前来看美国在全球价值链中居于中高端，中国处于中低端，从技术水平上看，美国企业在高技术产业具有强大竞争优势，面对中国发展趋势，美国必将围绕科技和新兴产业领域不断提出挑战，科技竞争势必成为中美贸易摩擦的核心，而我国关键核心技术受制于人的局面尚没有得到根本性改变，基础研究创新能力与国际先进水平相比差距依然巨大。随着美国自身"再工业化"战略推进，对外技术外溢必然逐步见效，在科技创新领域尤其知识产业领域的纠纷和诉讼也必然越来越多。未来，深圳的科技创新和新兴产业发展需应对错综复杂的外部环境，面临着许多挑战。

二、深圳科技创新和新兴产业发展现状

随着我国供给侧结构性改革和"双创"持续深入，以科技创新为支撑的新兴产业发展迅猛。"特区＋湾区＋自贸区"优势叠加，深圳在科技创新和新兴产业发展方面积聚了显著的优势。

（一）科技创新载体和平台建设稳步推进

现代文明进程显示，创新载体、平台、环境等对科技创新实践的推动作用更深远。近年来，深圳科技创新从技术产业化向基础技术源头创新延伸，建设了一批开放式的重大科技设施、创新载体和服务平台。开展芯片、医疗器械等十多项关键技攻关，部署合成生物研究、脑解析与脑模拟等重大科技基础设施，启动建设肿瘤化学基因组学国家重点实验室、新建第三代半导体研究院等新型基础研究机构十余家。广东启动建设的七家省级实验室中，深圳承建了网络空间科学与技术广东省实验室（鹏城实验室）、生命信息与生物医药广东省实验室（深圳湾实验室）两家。截至 2018 年年底，深圳已累积建成国家、省、市各级重点实验室、工程实验室、工程研究中心等创新载体 1877 家，其中国家级 114 家，涵盖了经济社会发展主要领域，成为深圳科技创新人才集聚、成果集聚的重要平台。与此同时，在科技创新载体和平台建设方面，深圳十分重视推动国际科技创新合作，在开放创新合作领域取得一定成效。作为经济特区、国家创新城市，深圳充分发挥对外开放窗口、桥头堡优势，努力在全球范围集聚配置创新资源，除吸引诺贝尔物理学奖、化学奖获得者来深圳组建六家诺奖实验室外，首批七家深圳市海外创新中心也正式授牌。苹果、微软、高通、英特尔、三星等知名跨国公司纷纷在深圳设立研发机构、技术转移机构和科技服务机构等。在创新合作开放发展方面，深港科技创新合作也取得更大进展，2017 年对八个深港创新全项目资助 1400 万元，已累积资助的合作项目约 80 项，深港双方共投入资金超过 4 亿元。

（二）企业始终占据创新主导位置

深圳高质量发展趋势，显示科技创新的支撑和引领作用愈加明显。但是，深圳科技创新和新兴产业发展走出了一条不同于国内其他城市的发展路径，深圳的科技创新主导力量来自企业，正是企业主导推动了技术创新的产业化。深圳创新的活力就在于集聚了 140 多万家企业，其中国家级高新技术企业累积超过 1 万家。超过万家创新型企业正是推动深圳产业持续迭代升级的生力军。华为、比亚迪、腾讯等全球知名企业快速发展的同时，一大批新兴企业如大疆无人机、华大基因等悄然崛起，快速发展，140 多万家中小企业云集深圳，构筑"大企业龙头引领，中小微企业群星璀璨"的企业集聚格局，始终占据深圳科技创新和新兴产业发展的主导位置。

深圳很多高科技企业已经成长为全球行业翘楚，领军企业密集涌现。2017 年美国知名商业杂志《快公司》（*Fast Company*，FC）发布《2017 年世界最具创新力公司 TOP50》，前 20 名中有 6 家中国公司，阿里、腾讯、小米、华为位居其中。FC 总结中国公司最强大的生长力来自其快速自我迭代，中国的创新生态系统已经成为可能超越硅谷的创新生态系统。华为稳居全球通信设备市场榜首、智能手机市场第二，2018 年全年销售收入超过 8000 亿元。华大基因是全球最大的基因测序机构。大疆成为全球市场占有率最高的无人机企业，销售量占欧美国家 70% 份额。柔宇科技研制的柔性显示屏厚度不足头发丝的 1/5，技术领先全球。海王药业生产的多西他赛是我国目前主要的抗肿瘤药物，销售额位居全国同类第一。

深圳成长的土地企业，充分发挥企业优势，成为制定行业标准的引领者。在新材料、新一代信息技术、新一代显示技术领域，是制定全国行业标准的参与者之一。2018 年，深圳企业或者机构参与制定的国际标准超过 200 项，国内标准超过 300 项，累计培育标准联盟超过 30 家，发布团体标准超过 300 项。

（三）新型研发机构在产学研各领域相辅相成

深圳科技创新和新兴产业发展优势，关键在于构建富有活力的"基础研究 + 技术攻关 + 成果产业化 + 科技金融"全过程创新生态链条，科技、产业、管理、金融等方面融合创新形成叠加优势。据不完全统计，深圳共培育了 70 多家新型研发机构，这些新型研发机构集基础源头创新知识发现、研发与产业的知识转化、产业与市场对接的知识生产为一体，成为支持深圳科技创新和新兴产业发展的重要力量。目前，深圳为了推动新兴产业协同创新，在云计算、物联网、卫星导航等领域建立约 50 个高水平产学研联盟和 10 个专利联盟。深圳市南山区出台专门政策以资助科技创新联盟的发展，对于获得国家级资质的联盟每年资助不超过 50 万元，对于获得省级资质的联盟每年资助不超过 30 万元，对于获得市级资质的联盟每年资助不超过 20 万元，对于获得区级资质的联盟每年资助不超过 10 万元。单个联盟年度所获各级资助总额不超过 100 万元。南山区的政策支持有力促进了辖区科技创新和技术应用，南山区的新兴产业发展也是引领深圳市乃至全国的新兴产业发展趋势，是深圳自主创新的标杆，吸引全国创新人才集聚，一大批科创类中小微企业快速发展，国内外的高等院校、研究院所、实验室、工程中心等也在南山聚集发展。

（四）科技金融有力推动科技创新和新兴产业发展

深圳的科技金融发展受限体现在成长一批具有代表性的创新型金融科技公司，如微众银行、财付通、金证股份等。同时，深圳也是国内重要的金融中心，深圳股票交易所是我国民企上市的主要目标地，中小板和创业板上市公司中约 10% 是深圳本土企业，深圳企业上市总量连续十年位居我国大中城市首位。随着科技创新和新兴产业发展，对金融服务提出新的需求。深圳率先开展科技金融试点城市建设，组织实施科技金融计划，制定并发布银行证券企业合作贴息、科技保险、科技金融服务体系建设、天使投资引导和股权有偿资助五个项目申请指南。截至 2018 年底深圳的 VC/PE 机构累计超过 5 万家，注册资本约 4500 亿美元，无论是机构数量还是管理的资本总额，约占全国的 1/3 强。2016 年总规模约 290 亿美元的中国国有资本风险基金也落户深圳。前海微众银行成为行业小巨人，其推出的"微粒贷"累计发放的贷款超过 1000 亿元，主动授信客户超过 5000 万人，提款人群覆盖全国 31 个省份、550 座城市。另外，深圳成立了科技金融联盟，促进科技金融创新要素集聚，实现科技金融资源服务创新实践的有效对接，截至 2018 年该联盟成员超过 200 家，来自银行、交易所、证券、保险、创投、担保和高科技企业，为科技创新和金融融合发展开拓新的空间，深圳形成的"科技＋金融"深度融合有力支撑了深圳科技创新和新兴产业发展。

（五）新兴产业成为经济增长的突出亮点

深圳产业发展呈现显著的阶段特征，自20世纪80年代以来，最初依靠发展"三来一补"产业，迅速建立较完备的国民经济工业体系。到90年代，深圳产业发展率先走向高技术产业，由模仿创新转向自主创新，和粤港澳大湾区其他城市相比较，深圳较早主动发展高技术产业，为科技创新产业化集聚了坚实的基础。到21世纪初期，深圳开始推动由劳动密集型产业转向知识密集型产业，自主创新能力大大增加，新兴产业发展趋势明显。自"十二五"以来，深圳先后布局了新一代信息技术、互联网、新材料、新能源、生物产业、文化创意产业、节能环保产业等战略性新兴产业的发展，同时及时部署海洋产业、航空航天产业、机器人可穿戴设备和智能装备产业以及生命健康产业四大未来产业发展。目前新兴产业发展已经成为深圳经济增长的突出亮点。

目前，深圳是我国新一代信息技术企业集聚地，形成从传感器、芯片原件、终端设备、交互解决方案等全产业链条覆盖，初步形成由创客团队、中小微企业、上市公司、龙头企业等梯队力量。2018年中国电子信息行业联合会发布的全国百强企业名单中，深圳华为居第一位，比亚迪居第四位，中兴通讯居第七位。产业增加值也由2015年约3000多亿元增长到2018年超过5000亿元。更为重要的是，随着新一代信息技术与云计算、大数据、"互联网＋"等产业融合发展，整体发展态势良好，规模持续扩大，影响更为深远。

深圳互联网产业起步较早，发展基础好，增长速度非常快，产业规模一直位居全国前列，深圳互联网企业数量一直遥遥领先其他城市，被称为"最互联网的城市"。目前已经形成较完善的电子信息产业链，在计算机、软件、数字视听、电子元器件、通信等领域的集群优势，是全球最有影响力的电子信息产业基地。2015年深圳互联网产业增加值约750亿元，2018年这一数值超过1000亿元，年均增长约20%。

深圳新材料产业发展的突出亮点就是一批科研机构、企业在全国乃至全球新材料领域占据龙头地位，如光启拥有其全球70%以上的隐形材料专利技术。在新型太阳能材料领域，深圳企业遍布多晶硅、单晶硅、非晶硅、太阳能剥离等各细分领域，如南玻集团、拓日新能源等。在节能环保材料领域，拥有一大批具有自主知识产权的知名企业，如格林美、嘉达高科等知名企业。在生物材料领域，业聚医疗器械（深圳）自主研发的产业遍销全球 70 多个国家和地区。在 3D 打印材料领域，已初步形成较完备的产业链，覆盖全产业链。在超材料、超导材料、纳米材料等领域，已形成一批具备示范带动的创新成果，拥有如金科特种、德方纳米、三顺纳米等企业。新材料产业增加值也由 2015 年约 300 亿元的产值增加到 2018 年约 500 亿元，年均增长速度约 17%。

深圳生物产业集中优势体现在基因测序、生物信息、医学影像等细分领域，干细胞和肿瘤免疫细胞治疗、基因治疗等生物医疗产业的部分领域领先全球。代表性的本土企业有华大基因、微芯生物、海王生物、迈瑞医疗等。生物产业产值从 2015 年约 250 亿元增长到 2018 年超过 300 亿元，年均增长速度约 20%。深圳新能源产业已经形成从设备制造到能源服务等完整产业链，目前已成为全球新能源产业链最完整的城市之一。新能源产业产值从 2015 年的约 400 亿元增加到 2017 年超过 700 亿元，年均增长约 19%。在其他新兴产业如节能环保产业、海洋产业、航空航天产业、机器人、可穿戴设备和智能装备产业、生命健康产业等领域均能保持近三年来年均增长 15% 以上，增速远远超过国民经济增长速度，成为经济增长的突出亮点。

三、深圳抢占科技创新高地的目标和政策建议

一方面，在当前美国悍然发动中美贸易摩擦背景下，世界进入一个拼核心技术、拼核心竞争力的阶段，各国可能会更加注重培育本国科技创新能力。另一方面，新兴产业发展趋势不可逆转，成为新兴产业策源地将会主动占据发展的有利位置。深圳在具备一定影响力的创新基础上，谋求科技创新质量实现新跨越，夺得科技创新的制高点，构建引领全国的科技创新生态体系。

（一）深圳抢占科技创新高地的目标

首先，深圳的源头创新、核心技术创新能力大幅提升。在近年来部署的新一代信息技术、新能源汽车、生命健康产业领域掌握一批关键核心技术，力争达到世界先进水平，彻底改变该领域核心技术受制于人的局面。

其次，面向世界、服务全国的基础研究载体和平台等基础设施显著完善。全球竞争越加强，基础研究越显得重要。从芯片的发展历程来看，华为取得芯片技术上的突破，正是来自华为多年对基础理论研究的重视。深圳更应在现有创新发展基础上，打造若干个世界领先的重大科技创新载体，建成若干国际化、高水平的基础研究机构，鼓励更多人才从事基础研究，为科技创新提供源源不断的知识发现。

再次，支撑创新发展的多层次创新创业人才队伍不断扩大。深圳集聚了140多万家企业绝非偶然，而是靠科学家、研究人员一个一个课题研究、一个一个山头攻关、一个一个专利申请累积而来的，依靠的正是成为创新源头活水的创新创业人才队伍。近年来，深圳对各类人才的吸引力度越来越大，尤其是伴随着建设10家诺尔贝获得者、菲尔茨奖获得者、图灵奖获得者领先的实验室，以及13个基础研究机构，正在吸引着全球科学家，特别是年轻科技人员来深圳从事基础研究工作。吸引并扩大多层次人才队伍的战略方向应该牢牢抓住，始终保持战略定力，为深圳占据科技创新高地提供源泉保障。

最后，形成符合科技创新要求的体制机制。体制机制的科学与否直接关系到科技创新实践发展。对于科技创新的不同阶段，要求的体制机制保障截然不同。科学发现阶段，应该设置容许失败、允许试错的机制。技术转化阶段则应体现探索商业价值、实用推广的机制。市场研发阶段则需要激励机制。因此，深圳应当探索形成推动科技创新的分阶段动力机制和激励机制，形成鼓励科技创新、尊重科技创新的良好环境。

（二）深圳整合优势资源推动科技创新的政策建议

首先，优化科研载体布局，聚焦全球科技前沿和战略发展方向。随着新一轮科技革命兴起，美国、日本、德国、英国、韩国等都在大力部署适应新竞争的科技创新。深圳现有研发机构和平台的前瞻性聚焦不够，未来一定是需要瞄准若干产业领域，抢占科技创新战略制高点。依托有实力的研发机构或企业，在基础研究领域或优势领域率先实现技术突破，掌握一批关键技术、核心技术。在技术转化领域则要注重部署环境保护、智能交通、医疗、教育、建筑节能、公共安全等新兴方向，为新产业、新业态、新模式经济注入活力。

其次，加强分类引导，提供科学的体制机制保障。不同类型的科技创新载体或平台，需要不同的发展定位，承担不同的创新智能。建议研究制定深圳市科技创新载体或平台的分类引导和差异化认定标准，明确不同类型的科技创新载体的发展职能。设定适合不同类型的科技创新载体和平台的资金支持办法，采取不同的财政支持机制或模式，结合不同定位和职能，采用不同的资助办法、考核机制等，提高体制机制保障的科学合理性。

再次，构建更加开放、鼓励竞争合作的用人机制。科技创新最终是以"高、精、尖"人才集聚为支撑的。硅谷之所以能占据科技创新高地，是因为它能够吸引全球高端人才集聚。深圳具备良好的城市发展基础和环境，未来应制定前瞻性的全球范围内人才引进政策，从深圳长远发展战略高度，明确科技领域创新人才重点，探索多样化的引进模式，如项目协作、成果转化、技术入股、合作研究等拓宽人才引进渠道和方式。另外就是要形成适应创新链条不同阶段的竞争机制。例如，基础研究领域定期发布学科带头人、领军科技人才的研究信息动态报告，促进科研方向和信息的共享，推动基础研究发展。

最后，优化科技创新生态，形成创新网络融合共生。硅谷发展实践证明，良好的创新生态有助于激发创新活力，对高端创新资源集聚具有强大的吸引力。一方面，深圳应围绕科技金融、专业服务等领域，完善创新服务全链条体系，提升在创新所需的高端化、个性特殊需求服务方面的发展空间和质量，打造系统、立体的科技创新服务网络，形成具有吸引力和显著优势的创新生态环境。另一方面是要推动形成创新资源共享的协同格局，携手融入全球科学研究和技术创新体系。科技创新固然具有一定的知识壁垒，但是未来抢占科技创新高地，必须是在大湾区内形成各地协同创新，共同应对全球科技创新竞争。完善协同创新机制，促进各主体间的合作开放，需要探索体制机制上的突破，比如共建大型科学装置，设立湾区科技创新发展基地，共建创新载体和平台、共同申请国家重大科技项目等，推动湾区科技创新资源共享，形成创新网络融合共生。

四、深圳发展新兴产业的目标和政策建议

新兴产业的发展代表了新一轮科技革命、产业变革的方向，对于获取未来竞争优势、支撑建设具有影响力的国际科技创新中心具有深远意义。深圳着手部署新兴产业发展，有利于占据世界产业发展高地，有利于实现更高质量发展，有利于引领带动粤港澳大湾区内其他城市发展。

（一）重点发展领域总体方向

当前我国经济增长面临外部不确定的不利影响，深圳新兴产业发展更应着眼未来，构筑产业体系新支柱。从总体上部署，深圳及早部署和掌控一批科技产业领域，在新兴产业发展方向上建设世界级新一代信息产业基地、培育国内领先的高端装备制造业集群、发展壮大绿色低碳产业、打造全球知名生物医药产业基地、创建国家数字经济发展先导区、推进新材料产业创新应用、建设全球海洋经济发展高地，提升上述七大产业科技含量，发挥湾区开放创新优势、资源集聚优势、经济基础优势和发达交通网络优势，形成具有国际竞争力的产业集群，促进更多优势领域成长为国民经济支柱产业，引领粤港澳大湾区产业升级和经济社会高质量发展。

（二）近期发展领域

在新一代信息技术领域，巩固深圳在全球通信行业的领先地位，应围绕5G无线技术、5G网络与业务、5G关键设备模块及平台等重点方向，争取成为国际标准制定参与方，开展关键核心技术攻关，设计更具前瞻性和适应性的典型场景的5G整体方案，推动5G系统概念样机投入使用，5G网络与业务原型设备，5G终端功放芯片样片及关键设备模块研制、标准化生产与验证，建设5G实验网络，开展并推广场景应用，率先实现5G推广使用，助力我国在5G领域领跑全球。

在人工智能方面，把握全球人工智能迅猛发展的战略机遇，加快布局人工智

能基础社会、推动人工智能芯片设计开发、推进智能医疗发展、拓展智能机器人发展和应用方向、推进智能安防的应用、提升无人机发展空间、探索推进无人驾驶汽车技术研发和场景应用、完善虚拟现实与增强现实的产业链、支持智能商务在各领域各环节的应用推广。

在集成电路方面，重点发展集成电路设计业，攻关关键通用芯片，加大新兴领域核心芯片开发。布局大尺寸集成电路生产线，提升特色集成电路产品生产规模和水平，打造一批集成电路创新服务平台。

在物联网方面，在当前5G技术取得突破之际，跨界融合、集成创新和规模化发展将推动物联网发展，深圳物联网产业已经形成包括涵盖从芯片、元器件、软件、系统集成、运营到应用服务在内的完整物联网产业链。未来主攻方向应是围绕感知、传输、应用各层面核心技术，积极推进核心应用场景落地和产业化，推动物联网与智慧城市规模化发展，形成更完善的生态链，推动深圳的物联网技术研究、标准制定、规范应用、产业应用领先国际水平。

在新型显示方面，深圳是全国最具规模的大尺寸显示产业基地，并保持平稳增长。未来终端产品尺寸持续不断增加成为深圳发展新型平板显示的动力，应围绕产业需求和技术演进趋势，解决基础材料和核心技术制度，推动柔性显示、3D显示、激光显示、超高清显示等新型显示技术国产化突破及规模应用。

在精准医疗方向，应围绕基因技术、数字生命、细胞治疗、生物医药等重点方向，建设全球知名的生物产业基地和国际领先的精准医疗示范区。

在金融科技方面，依托深圳在科技与金融创新方面的基础优势，完善金融科技创新发展所需基础设施，充分运用大平台、大机构在技术输出及产业赋能方面的引领作用，积极推进人工智能、区块链等技术在传统金融领域、新兴金融领域的融合应用，打造具有全球影响力的金融科技中心。

在智能装备方面，结合国家战略与深圳发展需求，着眼前沿基础研究，加强关键共性产业、共性技术研究开发，推进产学研用联合创新以提升机器人、可穿戴设备等与产业化应用示范。同时着力发展航空行业特色领域、建设智能制造标准体系、构筑工业互联网基础。

在节能环保方面，当前美国、日本、德国在节能环保产业发展方面具有绝对领先优势，占据全球市场较大份额，同时一些发达国家还利用技术优势制造绿色贸易壁垒。深圳在高效电机及控制系统、半导体照明、节能家电等领域的技术实力和产业化水平位居全国大中城市前列。近期发展应集中在提升节能环保装备技术水平、节能环保设备产业化推广应用、节能环保技术系统集成及示范应用等领域。

（三）远期培育重点领域分析

科技革命正在加速产业迭代，深圳有基础和条件紧跟科技创新趋势，开展前沿探索性研究，持续孵化一批前沿领域，为中长期经济增长和城市发展奠定基础。

（1）培育壮大增材制造（又称 3D 打印）发展。我国曾将其列为《中国制造 2025》的发展重点，深圳在 3D 打印方面初步形成从材料研发设计、打印设备、应用与服务商等较完整的产业链。远期发展应面向工业、文化创意、医疗等领域，研发新型 3D 打印材料，开发新型 3D 打印设备，推广使用范围，促进 3D 产业发展壮大。

（2）抢占石墨烯产业发展先机，打造全球范围核心竞争力。石墨烯被称为材料界"黑金"，极具应用潜力。美、英、日及欧盟国家和地区近年来纷纷就石墨烯应用技术及推广进行战略部署。我国也将石墨烯列为作为新材料发展重要前沿领域。在该领域深圳具有一定的基础，正在加紧建设石墨烯制造业创新中心。未来的主攻方向应充分利用已有的市场优势，重在发展在新能源、电子信息领域的应用，积极研发石墨烯绿色低成本制备技术，推动在能源存储于转化、电子信息、涂料、导热、电发热等领域的应用，力争成为国家级制造业创新中心。

（3）抢占柔性电子产业发展制高点。柔性电子是行业新兴领域，市场主要分为显示器、传感器、电路板、电池四大领域，市场前景可观。据有关测算到 2027 年，全球印刷和柔性电子产品市场规模将达 3300 亿美元，其中柔性显示屏的市场增长最高，预计到 2024 年会实现约 45% 的复合年增长率。深圳在该领域远期发展应面向可穿戴设备应用需求，开发柔性电子关键材料、攻关核心工艺技术、大力开展推广应用，抢占产业发展高地。

（4）提升微纳米技术的自主创新能力及研究成果的国际影响力。近年来，纳米技术与信息技术、生物技术是全球三大高新技术支柱之一，极大推动材料、能源、环境、生物医药、微电子等产业领域的重大变革。我国将纳米材料发展列为国家重点研发计划专项。深圳远期主攻方面是加强基础研究与应用研究的衔接，在结构设计技术、加工、检测和表征等关键环节取得技术突破，为新一代信息技术、生物医药、新能源、智能制造提供先进技术支撑，在能源和环境纳米材料与技术研发方面形成示范带动，提升我国在该领域的自主创新影响力。

（5）探索推广氢燃料电池应用范围。氢能源被公认为21世纪的终极能源，世界多个国家都在积极推动该领域技术开发。我国把氢能与燃料电池列入能源科技创新的重点战略方向之一。深圳在燃料电池产业发展方面具有较好的基础，未来应是进一步利用新能源汽车发展优势，建立车用燃料电池动力技术研发平台，攻关氢燃料电池在材料、部件、辅助系统等关键技术，开发燃料电池电源系统，并推广氢抢燃料电动车示范商用。

（6）在其他前沿领域，从更长远的战略需求出发，紧跟全球科技创新和新兴产业发展动态，高度关注可能引起现有生产模式、消费模式、发展模式"归零"的颠覆性技术，加强部署一批"黑科技"，如超前布局量子通信与量子计算、脑科学与类脑研究、合成生物学、深海深空等前沿领域，抢抓更多新兴产业可能发展的战略主动权，建设成为全球新兴产业重要影响力的策源地。

（四）政策措施建议

一方面是空间保障。经过近40年发展，深圳城市发展经济密度和人口密集极高，城市开发建设强度居全国大中城市首位。要确保新兴产业发展空间需求，深圳应树立全市"一盘棋"理念，各区因地制宜、合理布局，以打造产业链协同发展、服务功能明显、规模优势突出的特色集群，构建"重点突出、错位协同"的产业空间发展格局。一是打造一批智慧型、生态型等新型产业园区，保障新兴产业发展空间需求。二是布局一批新兴产业发展示范性重大项目，培育特色优势领域，提升核心竞争力、自主创新能力和可持续发展能力。三是形成在新兴产业发展领域的研发技术集群，扩大知识外溢效应。四是加快建设重点发展片区，应有计划、有步骤地打造一批空间规划合理、配套逐步齐全的重点片区，并加快推进建设力度。

另一方面是政策措施保障。科技创新和新兴产业的发展都是深圳构建可持续竞争力的重大战略任务，需要进一步解放思想、改革创新，积极践行新发展理念，而不是参照惯有或者延续政策支持。需要从技术支撑体系建设、多元化资金支持体系、扶持项目全流程管理能力、创新人才培养和发展制度、知识产权保护与运营、新技术新产业标准体系建设、市场准入与监管政策创新、产业前沿领域突破创新、各区差异化布局协调发展、湾区内部城市间合作发展等各个方面，进行系统谋划，多措并举、不断改革、不断改进、持续创新，营造一流的新兴产业创新发展生态系统，为新兴产业持续发展壮大提供全方面的政策措施保障。

第十一章　深港合作推进湾区经济融合发展

　　粤港澳大湾区发展是新时期我国"一国两制"事业发展的新实践,粤港澳大湾区经济融合发展有利于保持港澳长期繁荣稳定。深圳依托深港强强联合这一重要极点,与香港紧密合作、吸引香港共同参与大湾区经济融合发展。由于深圳与香港地理空间相近、经济社会联系密切、产业优势互补的优势,深港合作成为粤港澳大湾区经济融合发展的重要切入点。围绕紧紧抓住"互利共建"这一关键核心,着力消除深港之间交流障碍、促进要素流动,实施深港重大合作项目,不断推进深港同城都会区、宜居宜业宜游的优质生活圈的融合进程。

一、深港合作是粤港澳大湾区经济融合发展的核心内容

　　粤港澳大湾区经济融合的特定意义在于维持港澳长期繁荣稳定、推动港澳参与国家发展大局、推动"一国两制"事业新发展。大湾区内 11 个城市之间的合作发展都是粤港澳大湾区融合发展的组成部分,但其中深圳和香港这两个城市的合作是关键和核心,粤港澳大湾区融合发展应将深港合作作为核心内容,置于突出位置。

（一）香港融入是粤港澳大湾区融合发展的"题眼"

综观全国区域经济发展格局，"一带一路"建设体现了我国携手"一带一路"沿线国家，共同推动全球文明和发展进程，京津冀协同发展体现非首都功能疏解，长江经济带发展体现我国更加关注生态优先和绿色发展的理念，长三角一体化则代表我国推进更高层次的改革和更高质量的开放发展，粤港澳大湾区的特定意义在于推动港澳长期繁荣稳定和参与国家发展大局。

粤港澳大湾区融合发展的着眼点，就是为了将香港融入国家发展大局，通过与珠三角九市的合作，为香港提供更为广阔的市场、就业机会和生活空间，以经济为纽带将香港与内地连接融合，赋予香港新的发展动力，保障香港长期繁荣和政治上的稳定。因此，能否与香港合作、吸引香港参与成为粤港澳大湾区经济融合和发展融合的关键所在，在某种程度上决定了粤港澳大湾区建设的成效。

（二）深港合作是粤港合作的主要平台

在香港与珠三角九市的融合发展中，与深圳的合作成为最主要的平台，这是由香港与深圳的地缘关系和经济联系所决定的，无论是在政府层面还是在民间，都有十分深厚的热情和期待。

1. 地缘临近有望空间高度融合

从地理关系来看，香港仅通过深圳与祖国内地接壤，它与珠三角九个城市陆路往来都是通过深圳进行。深港陆地边界约 20 千米，深圳海岸线 230 千米，与香港构成环抱型、嵌套型结构，生活空间具有高度的同一性。据不完全统计，内地赴港旅客中有 60% 来自深圳，来往内地的香港居民中有 70% 目的地是深圳，在粤工作的香港居民中 99% 都是到深圳工作。在改革开放以前大环境对外政策十分封闭的年代，严厉的制度都无法阻隔深圳和香港的联系，在改革开放深入发展的今天，深圳和香港已有良好的基础和成效，未来粤港澳大湾区融合发展，无疑为深港两地打开更为广阔的合作空间。

2. 贸易联系高度紧密有望经济融合

深圳和香港之间的经济联系一直十分紧密。20 世纪 80 年代以来，香港产业首先就近转移到深圳和珠三角其他城市，形成典型的"前店后厂"分工模式。

2003 年以来，CEPA 的签订极大地促进了深港两地货物自有贸易。2009 年，随着前海深港现代服务业合作示范区的建设，深港两地不断探索服务贸易合作、技交流合作新空间。在更加便利的交通条件支撑和更加便捷的政策保障下，深港两地的进口额也不断增长，多年来香港一直是深圳的第一大贸易伙伴。2017 年，深圳与香港之间的进出口总额约 1500 亿美元，约占深圳全部进出口总额的 30%。笔者在 2017 年测算粤港澳大湾区及周边城市群的经济关系和空间结构，运用引力模型和社会网络分析方法，测算了 2006～2016 年粤港澳大湾区城市群内各城市间的经济联系密切程度，结果表明，在香港与大湾区城市群内其他 10 个城市的联系中，与深圳之间的引力数值远远超过与其他城市，存在数量级上的显著差别；对深圳来说也是如此，它与香港的联系密切程度也远远高过其他城市。深港互为对方经济联系最密切的城市，深港合作效果显著，具有广阔的发展空间。

3. 产业结构优势互补有望支撑融合

深港产业优势互补的特征非常明显。深圳的优势是科技应用产业，是国家"十三五"规划确定的全国科技、产业创新中心，在现代产业、战略新兴产业和未来产业等高端产业领域发展势头迅猛，互联网、新材料、生物、新能源、海洋、机器人、生命健康等产业均以两位数的速度保持增长。同时，深圳正在着力形成从基础研究、应用研究、实验开发直至产业化全过程的创新链条。香港的优势是金融业和尖端科技研发，但严重缺乏产业基础，甚至"连个遥控器都做不了"。[1] 由于这种结构优势各自凸显，深港之间存在巨大的互补空间，深圳可为香港提供产品试验和产业化机会，而香港也可为深圳提供高端技术和风险投资，从而实现"双赢"和共同发展。

4. 社会各界热切期待有望推动融合

深港合作具有高度的社会共识。从 2008 年开始，每年都会举办一次深港合作会议，深圳市长和香港特别行政区政务司长出席，就深港合作重大事项进行磋商。深圳市和香港政府的职能部门直接保持了经常性、非正式的往来合作。自粤港澳大湾区国家战略提出以来，香港的参与热情明显高于先前的珠三角、泛珠三角区域合作，深港合作也受到更多的关注。香港特首林郑月娥在粤港澳大湾区发

---

① 香港大学教授叶嘉安，2017 年 9 月。

展规划的首场宣讲会上明确表示要从过去的"联系人"变成"参与者",在其上任后首份施政报告中,特别强调了大湾区对香港未来发展的重要性,并将科技创新和创意设计产业作为施政重点,表示愿意在大湾区总体框架下加强深港的紧密合作,共同推动发展再上新台阶。从 2017 年 7 月 1 日《深化粤港澳合作推进大湾区建设框架协议》签署以来,香港各界对粤港澳合作、深港合作有了新的期待。

二、深港合作先导对大湾区经济战略的作用

深圳和香港位处大湾区核心地理位置,区位优势明显,经济活力强,基础坚实,是大湾区的中心城市,对周边地区辐射带动作用极大。加快形成深港合作的先导示范,将对大湾区融合发展起到重要推动作用。

(一) 经济领域合作先导能形成大湾区经济的重要支撑

2017 年,深圳经济总量突破 2.4 万亿元,与香港经济总量相当,人均 GDP 超过 2.2 万美元;2017 年,深港两地经济总量约 4.85 万亿元,粤港澳大湾区 GDP 约 10 万亿元,可见深港经济总量约占大湾区经济总量的 50%。如果融合进一步发展,凭借香港的基础创新、深圳的科技创新、深港两地金融融合实力,未来深圳和香港仍将有强大的经济增长潜力。深港经济领域合作为先导,将为大湾区融合发展提供重要支撑。

(二) 科技创新合作能占据国际科技创新高地

香港以其基础研究优势领先于大湾区内其他城市,深圳则以科技创新成果快速产业化著称,深港两地的科技创新各具优势,极具合作空间。具体而言,香港在科技创新方面的领先优势在于:依托大学和研究机构的基础科学研究占据的知识发现领域,依托认证、教育、创意开拓的科技服务领域,依托制度、服务、管理形成的跟踪科技创新前沿领域。深圳创新则以科技创新成果高效产业化著称,

连续 15 年，深圳 PCT 申请量位居全国大中城市首位，其中约 40% 以上的 PCT 体现为实用专利、外观设计专利。深圳高新技术产业也呈现由高新技术制造业向高新技术服务业转换。全社会研发投入占 GDP 的比重连续 8 年超过 4%，达到发达国家研发投入水平。

近年来，深圳大力投入基础研究领域的创新活动，积极推进基础研究所需的创新载体和平台建设。正在规划建设面积合计 160 平方千米的"创新城"，即深港边界占地 4 平方千米的深港科技创新合作区、位居广东科技创新走廊重要节点且占地约 99 平方千米的光明科学城、规划优化建设的占地 57 平方千米的西丽湖科教城，未来这"三座城"将是粤港澳大湾区建设综合性国家科学中心的主阵地，深化深港科技创新，寻找科技创新突破口、制度融合突破点，共同努力吸引和对接全球创新活动，将有望占据全球科技创新高地，建成新兴产业策源地。

（三）率先推动交通一体化能构建大湾区经济的物流枢纽

香港具备四通八达的对外物流和交流网络，是全球知名的国际航运中心。港口运输方面，2017 年香港共处理了约 3000 万个标准箱；航空运输方面，每周有超过 5000 个航班往返世界各地；陆路运输方面，每天平均有超过 3 万架次货车往来于内地。

深圳现代物流早已发展成为支柱产业，凭借逐步完善的海陆空立体交通系统，逐渐成为粤港澳大湾区的重要物流中心。随着高铁网络建设，深圳逐渐由原来的铁路末端城市变成铁路枢纽城市，深圳物流辐射范围逐渐由深莞惠城市群拓展到粤港澳大湾区。随着粤港澳大湾区空间布局优化，由强强联合极点、交通轴带支撑、重要节点城市融入、辐射带动泛珠三角区域，经济融合和社会发展将会带来更多有效物流需求。目前，深圳港口群的贸易辐射范围覆盖了泛珠三角广大区域，腹地人口 5 亿人，经济总量约 20 万亿元。未来深圳物流业发展有望向泛珠三角地区等腹地拓展。

香港随着制造业转移之后，其产业发展以国际物流、高端科技咨询、金融保险、管理服务等高附加值的现代服务业为主，占据国际产业链价值高端。其中，香港物流业发展水平高于深圳，随着国际供应链进一步调整和整合，香港在高端物流服务方面，如第三方物流、第四方物流、船务经纪、物流金融等方面具备显著的比较优势，与深圳具有互补合作的空间。另外，香港国际物流更多地成为连接粤港澳大湾区和海外市场的桥梁，从香港进出口的货物来源中有70%来自粤港澳大湾区和泛珠三角地区的制造业具有外向型制造业的珠三角地区，市场空间与深圳物流业拓展的市场范围高度重叠。

（四）金融融合能建成大湾区资本聚集地

粤港澳大湾区经济融合的关键在于构建地区分工合作的现代产业体系。香港、澳门、广州、深圳的金融业发展各具特色。香港是国际金融中心，澳门是国际金融租赁等特色基地、广州致力于探索区域性金融中心和绿色金融发展，深圳则在科技特色金融、保险金融等领域有更多探索。综观当前各地金融融合发展趋势，深港金融融合有望率先突破，取得进展。目前，全球资本都在寻找更加安全、报酬更高的投资领域，在当前外部经济形势极不稳定的大环境下，粤港澳大湾区融合发展，首先要求基础设施互联互通，交通、能源、信息、水资源等领域投资空间巨大，为资本流动拓展空间。香港是排在世界前列的金融中心，是我国国际资本主要集散地，大湾区经济建设需要大量资本投入，深港金融一体化可以更好地将集聚在香港的"资金池"打开，并引入大湾区经济发展中来深港两地在金融制度、管理、支付等方面有更多探索空间，从某种意义上而言，深圳金融和香港国际金融中心发展可以形成一种补充，依托香港金融对深圳对辐射带动，深港金融领域逐步融合，携手继续扩大开放，探索金融领域内更多改革或试点，逐步成为粤港澳大湾区融合发展的资本聚集地。

（五）文化一体化能为大湾区融合注入精神动力

文化在湾区经济发展过程中显示强大动力。旧金山湾区特有的创新文化正是吸引全球高端人才汇聚于此的重要因素。深港两地历来同源，文化认同素来相通。随着经济融合加深，两地的文化差异更加减弱，与大湾区其他地方相比，深港文化存在诸多优势，尤其是具有先进的政治、经济、社会制度，文化一体化的趋势逐渐形成。随着深港文化一体化的不断深入，将为大湾区经济的发展带来更多软实力的支持，提供融合发展所需的精神动力。

三、深港合作历程回顾

深港合作也是逐步推进的，经历了初期探索、实质性进展、全面推进等阶段。从民间商贸投资，到政府之间有意识的探索推动，各领域取得的成效不少，但也依然存在大力推动的融合方向。

（一）初期探索阶段：20 世纪 80 年代初到 1997 年

20 世纪 80 年代初，内地实行改革开放后，香港投资开始转向深圳，寻求经济发展和合作。深圳与香港的民间企业开始探索经济合作，一些港商开始到深圳办厂，深港在投资和贸易领域展开合作，合作动力很大程度上取决于资源和产业互补的需要。总体上，这一时期深港产业合作采取的是垂直分工的方式，形成"前店后厂"模式。凭借深圳更低的劳动力成本和土地成本，香港制造业逐渐转移到深圳。深圳通过引进香港投资、技术和管理，通过发展"三来一补"，逐渐建立产业框架。深港两地在互补发展模式发挥比较优势，实现各自的发展利益和初步目标，同时也积累了合作的良好基础。

香港获得了更高的投资收益，商贸打开了更大的国内外市场。深圳工业率先获得发展，步入工业化快速通道，自主发展能力不断增强，逐步在电子信息等一系列高端制造业和技术创新方面形成后发优势。在不断推进的工业化进程中，深圳的港口、物流、金融等产业也逐步发展，城市基础设施建设快速推进，城市化进程也不断推进。随着改革开放大环境下经济合作的探讨和实践，深港一体化获得了良好的开端。深港的经济发展和区域合作成为当时我国发展的典范，也是改革开放历程的缩影，对粤港澳地区的经济发展产生了较大辐射带动。

（二）实质性进展阶段：1997 年到 2003 年

香港回归以后，香港方面积极探索与内地建立更加广泛和实质性的经贸合作，曾一度提出建立自由贸易区的建议。面对香港方面的积极推动，中央政府迅速做出反应，与香港政府展开经贸谈判。从 2002 年 1 月到 2003 年 6 月，历经 18 个月的时间，经过 4 次高层磋商（部长级）、15 轮高官磋商（司局级）、两个层面的介入、上百人次的对话，6 月 29 日《内地与香港关于建立更紧密经贸关系的安排》（以下简称 CEPA）主要内容终于达成一致，一共签署了 CEPA 文本及 6 个附件，涉及 4000 多种产品、273 个税目。CEPA 诞生很大程度上是基于香港与广东，特别是深圳已经形成了良好的合作基础。这一时期，深港两地的产业合作开始由基于垂直分工的"前店后厂"模式向基于水平分工的产业分工合作模式转变，合作领域由制造业逐步转向服务业、科技、教育领域，合作关系也由香港单方面向深圳投资，转向深港两地双向合作，深港融合发展进入新的实质性进展阶段。

这一时期，深港两地金融合作也有了实质性进展。自 1998 年，香港金管局与中国人民银行深圳市支行开始密切合作，陆续推出了深港港元和美元双向票据安排，以及深港港元和美元双向及时支付结算系统联网。这种实质性的合作，使两地的人民币和港币业务由非正式的、自发性的业务逐渐纳入正规的、规范的银行市场，从现钞和个人业务向非现钞和非个人领域扩展。这些安排促进了两地经济融合的加深，并成为未来人民币逐步走向区域化和国际化的基本平台，为进一步试验人民币自由兑换打下了基础。

（三）全面推进阶段：2003 年至今

自从 CEPA 签订后，深港在制度和政策设计方面加强协调配合，不断创新，探索新的合作途径，对深港长远发展形成诸多共识。特别是政府推出的自由行大大推动了深港融合发展。CEPA 签订后一年，深港又签署了《加强深港合作的备忘录》及合作计划协议，在诸如经贸、科技、旅游、教育、法律、口岸通关、人员往来等众多领域探索合作。这个全面推进阶段，深港两地融合发展的最大特点，就是此前的合作主要是由民间（市场）为主导，转变成政府积极推动。在体制、制度探索方面取得更大进展，开创了融合发展新的格局。比如，在政府的积极推动下，口岸建设和通关合作取得巨大突破，极大地推动了两地人员和要素的互联互通。皇岗口岸实现 24 小时通关，罗湖口岸延长通关时间，深港口岸实现了一地两检，轨道交通无缝对接，推动两地形成了由海陆空铁口岸立体架构的通关格局。

随着制度对接、基础设施互通、贸易开放等，深港两地的经贸往来更紧密，快速增长，香港地区一直是深圳最重要的贸易伙伴。据海关统计显示，1997年时深圳对香港地区进出口总值约120亿美元，2011年已增长到约1400亿美元，这15年间增长约12倍。近年来，随着深圳外贸市场的扩大，对港贸易总额有所下降，2017年深圳对港贸易约970亿美元，但比重仍然位居分地区占比中最高，占全部进出口贸易总额的24%左右。而地区占比排名中位于第二、第三位的分别是东盟、美国，其中深圳对东盟进出口为550亿美元，占深圳进出口总额是13%；深圳对美国进出口总额为430亿美元，占深圳进出口总额的10%。可见，香港仍然是深圳最重要的贸易伙伴。与此同时，深圳口岸一直是国家保障供港民生物资的重要基地。2017年，约有100万吨鲜活商品经深圳口岸运抵香港；超过1亿千瓦时的电力、超过8亿吨的天然淡水，经深圳输抵香港，大力保障香港经济社会发展需求。

近年来，深圳和香港政府都在探索推动港深科技创新，共同推动港深创新发展。2005年深圳率先提出"深港创新圈"，双方探索在科技教育领域内展开诸多合作。2018年深圳和香港就在双方城市边界成立"深港科技创新合作区"，在机构设计、制度衔接、合作共建迈向新的方向，未来有望建成粤港澳大湾区科技创新合作样板。

四、继续推进深港融合发展面临的问题

深港两地本为一家，同属一县可追溯到秦代，历史上分别共属番禺县、宝安县、东莞县。深港自古就有共同的血脉，居民、企业、政府等相互影响又相互联系。推动深港融合发展中，深受观念、制度、体制、国家政策、国内外经济环境的影响，更受外部不确定环境、区域竞争等因素制约。

（一）根深蒂固的观念影响

隶属不同行政区划，必然存在区域竞争。多年来的合作发展，也是双方不断磨合、不断探索、不断妥协的发展。合作中，双方自然希望能获得更多的发展机会和收益。最初由于经济发展的互补性很强，合作空间容易拓展。如今，双方发展的相似性更强，进一步推动融合，不但需要挖掘新的空间，还需要双方立足长远，在民生事业、人员要素流动等方面，改变观念，求同存异，创新合作。还有一种观念制约不容忽视，就是香港对未来发展的担心，会严重制约着融合进程。当前粤港澳大湾区谋划形成更大开发格局，和推进"一国两制"新实践，但是香港部分同胞担心随着大湾区融合发展，香港可能被逐步边缘化，从而不愿参与融合发展。

（二）越来越难的制度融合

深港融合的制度对接方面仍有较大探索空间。特别是深港合作进入深水区，要想在一直存在巨大差异的制度领域有所突破，难度可想而知，特别是香港存在一些团体或个人对深港融合发展存在顾虑，所以制度创新或协调的成本必然越来越高。再加上 2015 年以来，深圳不断缩小与香港的发展差距，香港的某些产业竞争优势不如从前显著，双方在制度协商的利益契合点缩小，而目前也没有找到成熟的合作模式，未来制度领域的创新和探索还有很长一段路要走。比如，目前两地的金融制度明显制约资金流动。香港是全球知名的自由经济体，也是金融自由城市，而深圳与香港的货币政策、金融管制等方面大不相同，对深港两地的金融创新形成阻碍。再如，人才跨境流动制度也制约两地人才流动。香港金融专才受聘或被派往深圳基本是顺畅的，但是内地人才必须通过"优才"或"专才"计划才能获得香港工作签证，从制度上就限制了一大批专业人士为香港所用，香港方面又特别需要懂粤港澳大湾区发展规划、懂内地政策和文化、熟悉内地市场的人才。更为急需解决的是关于人才资质认定制度的衔接，目前香港专业人才必须考取内地相关专业职称才能执业，事实上香港执业资质越高的人才往往不可能再来内地考取有关资质。可见，制度领域存在的制约，会严重影响深港两地要素流动，这可能是深港融合进程中面临的最大障碍。

（三）缺乏大湾区区域整合

尽管深港合作在各个领域都迈出可喜的步伐，但是要解决长远的发展问题，必须解决深港两地在发展中共同的问题，如香港和深圳的劳动力已经出现了"换血问题"；不仅是香港，经过几年的发展，深圳的可用土地也已经所剩无几。由此，深港合作的发展不能只局限于深港两地，而应当从整个大湾区着眼，充分利用区域资源实现整合。一直以来，深圳和香港与大湾区腹地的关系似紧还松，缺乏国家层面的战略规划和行政区划调整，必须从更大区域或层面谋划湾区整合，才有可能获得实质性成果。

五、探索深度合作空间，形成网络共生格局

在建设粤港澳大湾区的重大机遇下，香港依然是极具成长潜力的国际大都会。深圳的发展与香港紧密相关，某种程度而言"香港因素"是深圳发展的重要推动力量，依靠香港经济功能的辐射和产业转移，率先获得发展，创造了发展奇迹，是我国建设最好、影响最大的经济特区。探索深港未来共同发展，有利于实现两地各种资源和要素的优化配置和利用，将比其他城市更有能力和实力代表崛起的中国参与全球化竞争，成为新的融合发展典范。

（一）打造"六联"空间格局

未来将进一步通过联交通、联金融、联产业、联创新、联环保、联稳定"六联"香港路径，拓展深港深度合作空间，打造港深融合发展新格局。

1. 联交通

加快基础设施建设的对接，实现深港无缝链接，联合香港共同建设具有国际竞争力的世界级航运中心、亚太区航空枢纽，提升深圳作为全球物流枢纽城市和国家综合交通枢纽城市的地位，形成深港一体化的交通系统。推动深港两地机场

更紧密合作。加快推进香港国际机场与深圳机场之间的铁路接驳以及其他合作项目，实现两大机场的功能互补，发挥协同联动效应，提高竞争力。

2. 联金融

香港是国际金融中心，深圳是区域金融中心，已经集聚了国内外金融资源，已经形成各具特色的创新金融服务体系。未来要进一步推进深港金融业深度合作，推动深港两地资金自由流动，培育共同资本市场，共建国际金融中心。深港将共同担负建设强强联合极点中心，成为我国高水平参与国际发展的新平台。在金融发展方面就是要建设成为"我国主导的、以人民币为主要结算货币"的全球金融中心，通过探索创新金融产品、开展期权期货交易等方式，为人民币走向国际舞台提供平台，成为中国境内外企业的提供金融服务中心，逐步增强人民币的国际影响力，努力推动形成以"纽约美元、伦敦英镑、东京日元、深港人民币、法兰克福欧元"的国际金融中心新格局。

3. 联产业

充分挖掘前海深港现代服务业合作区的合作空间，把前海打造成深港合作的先导区，在前海部际联席会议制度框架下建立深港两地更加紧密合作机制，与港方共同研究制订促进深港合作共同发展的政策措施，在前海率先引入香港优势现代服务业，如金融、物流、商贸、大数据等，培育形成国际化程度高、辐射能力强的现代服务业体系。

4. 联创新

积极推动建设深港创新圈，加强两地科研机构及高校之间、有实力的企业在研发、技术创新和知识产权管理等领域的交流合作，探索形成能有效引导人员、资金、信息等创新要素流动的制度，构建有竞争力的深港创新体系，携手打造亚太地区重要的创新中心和成果转化基地；促进两地创新要素的互动合作发展，使深港之间资源更加高效利用、要素更加顺畅流动，辐射带动粤港澳大湾区其他城市乃至内地产业转型升级，形成深港协同创新中心。

5. 联环保

大力推动粤港澳大湾区生态文明建设形势要求下，深港两地最有条件携手率先取得生态文明建设新突破。在粤港持续发展与环保合作、深圳市政府与香港特区政府深港合作框架下，全面加强深港文明交流与合作，建立健全深港突发性环境时间应急通报联动机制，促进深港双方共同治理深圳湾、大鹏湾及深圳河水污染。学习借鉴香港治理港口船舶废气污染的经验和做法，推进深港大气污染合作防治。

6. 联稳定

粤港澳大湾区建设的特定意义在于维持港澳长期繁荣稳定。深圳是国家支持香港繁荣稳定的重要服务基地。支持香港繁荣稳定是国家赋予深圳的重要职责。香港回归后，两地的政府高官建设了常态化互访和会晤机制，成果丰硕。深圳与香港共同发展已经成为共识，在粤港合作的框架下，双方建立了深港政府间重大事项协商沟通机制。深港两地正在朝着共同繁荣富强的方向发展，这种互利共赢格局将确保香港的社会政治稳定。

（二）围绕重点问题实施深港重大合作项目

深港合作应当围绕重点、难点问题实施重大合作项目，使之成为新时期深港合作的突破点，实现破冰深入、以点带面的良好效果。以落马洲河套地区开发为例，2017 年年初香港特区政府和深圳市政府签署了合作备忘录，提出发展落马洲河套地区为港深创新及科技园。这一项目具有重大意义，通过河套地区开发可以进一步释放深港两地科技创新发展潜力，实现科创领域的互利共赢。但同时也是个难点，河套地区开发讨论了十几年，早在 2008 年 11 月，首次在深圳召开的深港合作会议就已经签订过落马洲河套地区开发合作框架协议，此后 9 年时间并无实际进展。新时期深港合作要想取得实效，就必须围绕这些重点、难点问题进行强化和细化，使之产生突破性进展并发挥带动能力，促进深港全面深度融合发展。

1. 落马洲河套地区破冰开发

落实落马洲河套地区为港深创新及科技园，以科创为主轴建立重点科研合作基地，建设相关高端培训、文化创意和其他配套设施，吸引国内外顶尖企业、研发机构和高等院校进驻河套。探索在河套地区开展粤港澳大湾区要素自由流动试点，为深港双方认可的海内外科研人员提供便利化交通和出入境安排，香港在人才引进上采取新签注制度或为河套地区专设签证绿色通道，对进口科研设备和实验材料免征关税，取消跨境科研拨款限制方便资金流通使用。以河套开发为契机带动周边区域发展，借助河套发展产生的生活、居住需求，催生香港民众对新界北部发展的认同感，推动开发周边土地建设新居住社区，与深圳连接一体。

2. 探讨改扩建和高效利用港珠澳大桥

根据港珠澳大桥开通后可能遇到的问题，深港双方友好协商，探讨和论证大桥改建、接通深圳的可行性。在充分协商和论证的基础上，实施港珠澳大桥改扩建，由"单 Y"变为"双 Y"，将香港、深圳、澳门、珠海连为一体，成为跨越珠江、连接粤东与粤西的主干道。按照法定程序，充分征求民意，在香港适度增发粤港两地汽车牌照配额并公平分配，使港珠澳大桥良性运行和高效利用。

3. 港人在深公共服务同城化

为香港居民在深圳发展提供更多机遇、更优服务和更广阔空间，降低香港居民在深圳的就业门槛，凭在香港获取的专业服务资格在深圳执业，取得的收入可按香港税率缴纳个人所得税。积极争取国家有关部门支持，探索完善香港居民在内地的身份证管理体系，将香港居民纳入内地公安、民政等各种管理系统。衔接深港社会保险安排，避免养老金、医疗等"重复参保"，探讨相关福利跨境携带、跨境享受。在深圳以义务教育为重点，通过扩充公共教育资源与扶持港资私立学校相结合，落实"双非""单非"适龄儿童在深圳入学问题，实现应保尽保和平等享受教育资源。

4. 进一步推进跨境通关便利化

深港跨境通关还有很大优化提升空间。加大通关便利化硬件建设，大幅增加在深港陆路口岸的 E 通道，提高自助通关能力和水平。推广科技信息服务，及时发布通关人流动态、管制措施等信息，降低等候时间。提高通关人性化服务，增设残障人士方便通道、遮雨顶棚等设施。探索完善深港人员签注政策，根据现实需要，提升"一周一行"政策弹性，对有特殊或紧急需求人士实行有效期（如72 小时）免签政策。提升货物通关便利化水平，深化深港"三互"大通关，推动口岸通关信息共享，加快推动技术层面的"舱单互认"和查验结果互认等。依托信息共享平台推进执法互助，共同提升便利快捷、高效规范的口岸管理服务。

5. 规划建设沙头角边境购物城

充分发挥深港边境贸易的商业优势，深港双方共同规划建设沙头角跨境购物城。深港统一规划，在沙头角区中英街一带联合建设大型商贸城综合体，设立大型零售体验店为模式的港货中心，在不破坏现有边境秩序的基础上，满足深港两地居民的消费需求。依托边境购物城，联动沙头角保税区和盐田港保税区，便利两地居民跨境购物、发展旅游业和跨境电商业务。为将来向综合性口岸方向发展预留空间，预设立体化、多层面交通换乘枢纽接驳口，接入深港便利通勤一体化交通体系。深港双方争取国家政策支持，将沙头角区发展建设为粤港澳大湾区特别生活示范区，促进深港在"一国两制"下更为自由的人流、物流和共同生活圈。

参考文献

［1］北京师范大学经济与管理研究院等．中国绿色发展指数报告2015［M］．北京：北京师范大学出版社，2015. 106－160.

［2］蔡昉．从中国经济发展大历史和大逻辑认识新常态［J］．数量经济技术经济研究，2016（8）：3－12.

［3］蔡昉．引领新常态才有中高速［J］．经济研究，2015（12）：4－6.

［4］陈德宁，郑天祥，邓春英．粤港澳共建环珠江口"湾区"经济研究［J］．经济地理，2010，30（10）：1589－1594.

［5］陈华新．近代广东对外贸易史料［M］．广州：广东人民出版社，1993（70）：16－20.

［6］陈洁，陆锋，程昌秀．可达性度量方法及应用研究进展评述［J］．地理科学进展，2007（5）：100－110.

［7］陈映雪，甄峰，王波，等．基于微博平台的中国城市网络信息不对称关系研究［J］．地球科学进展，2012，27（12）：1353－1362.

［8］成思危．绿色经济与绿色金融［M］．北京：科学出版社，2012：59－100.

［9］陈彦斌．中国宏观经济政策框架的转型方向［J］．南方企业家，2016（9）：54－55.

［10］陈彦斌，刘哲希．当前宏观经济形势及短中长期对策［J］．宏观经济管理，2015（2）：10－12，18.

［11］陈文颖等．用MARKAL模型研究中国未来可持续发展战略［J］．清

华大学学报（自然科学版），2001（12）：41 –50.

［12］樊杰，陶岸君，吕晨．中国经济与人口中心的耦合态势及其对区域发展的影响［J］．地理科学进展，2010（1）：87 –95.

［13］范剑勇，高人元，张雁．空间效率与区域协调发展战略选择［J］．世界经济，2010（2）：104 –109.

［14］方创琳，祁巍锋，宋吉涛．中国城市群紧凑度的综合测度分析［J］．地理学报，2008（10）：1011 –1021.

［15］顾朝林，庞海峰．中国城市集聚区的演化过程［J］．城市问题，2007（9）：2 –6.

［16］顾朝林，庞海峰．基于重力模型的中国城市体系空间联系与层域划分［J］．地理学报，2008（1）：1 –12.

［17］国世平．粤港澳大湾区规划与全球定位［M］．广州：广东人民出版社．2018：46 –53.

［18］国务院发展研究中心．中国经济增长十年展望［M］．北京：中信出版社，2013：31 –50.

［19］哈尔滨工业大学（深圳）经济管理学院课题组．粤港澳大湾区发展规划研究［J］．开放导报，2017，（4）：13 –19.

［20］侯赟慧，刘洪．基于社会网络的城市群结构定量化分析——以长江三角洲城市群资金往来关系为例［J］．复杂系统与复杂性科学，2006，3（2）：35 –42.

［21］胡鞍钢．中国创新绿色发展［M］．北京：中国人民大学出版社2012：68 –90.

［22］黄滨．粤港澳地区形成全国最高经济梯度区域地位的历史探源［J］，广州大学（社会科学版），2006（12）：45 –51.

［23］焦利民，唐欣，刘小平．城市群视角下空间联系与城市扩张的关联分析［J］．地理科学进展，2016，35（10）：1177 –1185.

［24］金凤君，王娇娥．20世纪中国铁路网扩展及其空间通达性［J］．地理学报，2004（2）：293 –302.

［25］蒋天颖，谢敏，刘刚．基于引力模型的区域创新产出空间联系研

究——以浙江省为例 ［J］．地理科学，2016，34（11）：1320 - 1326.

［26］李娜等．低碳经济政策对区域发展格局演进的影响——基于动态多区域 CGE 模型的模拟分析 ［J］．地理学报，2010（12）：65.

［27］Li C，Jin X．基于引力模型的中心镇空间联系测度研究——以浙江省金华市 25 个中心镇为例 ［J］．地理科学，2016，36（5）：724 - 732.

［28］李晓西，潘建成．2012 中国绿色发展指数年度报告 ［R］．北京：北京师范大学出版社，2012：100 - 200.

［29］梁达．新产业、新业态的战略意义 ［J］．经济研究参考，2015（60）：26.

［30］林伯强，孙传旺．如何保障中国经济增长前提下完成碳减排目标 ［J］．中国社会科学，2011（1）：64 - 78，221.

［31］刘瑞翔，安同良．中国经济增长的动力来源与转换展望——基于最终需求角度 ［J］．经济研究，2011（7）：30 - 41，64.

［32］刘修岩，殷醒民，贺小梅．市场潜能与制造业空间集聚：基于中国地级城市面板数据的经验研究 ［J］．世界经济，2007，30（11）：56 - 63.

［33］刘艳霞．国内外湾区经济发展研究与启示 ［J］．城市观察，2014（3）：155 - 163.

［34］卢文彬．湾区经济：探索与实践 ［M］．北京：社会科学文献出版社，2018：11 - 18.

［35］路旭，李贵才．珠江口湾区的内涵与规划思路探讨 ［J］．城市发展研究，2011（1）：19.

［36］鲁志国，潘凤，闫振坤．全球湾区经济比较与综合评价研究 ［J］．科技进步与对策，2015，32（11）：112 - 115.

［37］马军等．城市低碳经济评价指标体系构建——以东部沿海 6 省市低碳发展现状为例 ［J］．科学进步与对策，2010（22）：27.

［38］马忠新，伍凤兰．湾区经济表征及其开放机理发凡 ［J］．改革，2016（9）：88 - 96.

［39］孟庆顺，雷强．广东省志·粤港澳关系志 ［M］．广州：广东人民出版社，2004：12 - 15.

［40］欧阳志云等．中国城市的绿色发展评价［J］．中国人口·资源与环境，2009（5）：19.

［41］彭芳梅．深圳经济中长期增长趋势研判［J］．开放导报，2014（2）：100－103.

［42］彭芳梅．创新视角下的深圳经济增长［J］．特区实践与理论，2016（6）：57－62.

［43］彭芳梅．粤港澳大湾区及周边城市经济空间联系与空间结构［J］．经济地理，2017（12）：57－64.

［44］彭芳梅．金融发展、空间联系与粤港澳大湾区经济增长［J］．贵州社会科学，2019（3）：109－117.

［45］彭芳梅．浅析粤港澳大湾区绿色发展路径［J］．中共南京市委党校，2019（2）：85－91.

［46］彭芳梅．粤港澳大湾区金融禀赋、贸易开放度与经济空间演化及其特征［J］．统计与决策，2019（6）：119－123.

［47］唐笑飞等．中国省域尺度低碳经济发展综合水平评价［J］．资源科学，2011（4）：33.

［48］田国强．当前中国经济增速的合理区间与发展治理［J］．科学发展，2015（4）：39－42.

［49］石敏俊等．中国经济绿色转型的轨迹［M］．北京：科学出版社，2015：18－90.

［50］孙久文，叶裕民．区域经济学教程（第二版）［M］．北京：中国人民大学出版社，2010.

［51］孙久文，夏添，胡安俊．粤港澳大湾区产业集聚的空间尺度研究［J］．中山大学学报（社会科学版），2019（2）：178－186.

［52］孙久文，蒋治．粤港澳大湾区产业结构与国际竞争力水平研究［J］．特区实践与理论，2019（2）：74－77.

［53］孙久文．论新时代区域协调发展战略的发展与创新［J］．国家行政学院学报，2018（4）：109－114，151.

［54］孙久文，李恒森．我国区域经济演进轨迹及其总体趋势［J］．改革，

2017（7）：18－29.

[55] 孙久文. 新常态下的"十三五"时期区域发展面临的机遇与挑战 [J]. 区域经济评论，2015（1）：23－25.

[56] 谭刚，申勇. 粤港澳大湾区：打造世界湾区经济新高地 [N]. 深圳特区报，2017－03－14（B09）.

[57] 通商海关总税务司署造册处. 民国七年通商海关华洋贸易全年总册（下卷）[M]. 上海：通商海关总税务司署造册处，1919：1224.

[58] 王兴平，都市化：中国城市化的新阶段 [J]. 城市规划汇刊，2002（4）：56－59.

[59] 翁媛媛，高汝熹. 中国经济高增长模式的质量与动态效率判断 [J]. 经济与管理研究，2011（9）：5－14.

[60] 伍凤兰，陶一桃，申勇. 深圳参与共建"21世纪海上丝绸之路"的战略路径 [J]. 经济纵横，2015（12）：82－86.

[61] 吴思康. 深圳发展湾区经济的几点思考 [J]. 人民论坛，2015（2）：68－70.

[62] 许勤. 加快发展湾区经济服务"一带一路"战略 [J]. 人民论坛，2015（6）：11－13.

[63] 杨开忠. 改革开放以来中国区域发展的理论与实践 [M]. 北京：经济学科出版社，2010.

[64] 张可云. 新时代的中国区域经济新常态与区域协调发展 [J]. 国家行政学院学报，2018（3）：102－108，156.

[65] 张可云. 新时代区域协调发展战略的内容与机制 [J]. 中国国情国力，2018（5）：17－19.

[66] 张可云，蔡之兵. 全球化4.0、区域协调发展4.0与工业4.0———带路战略背景、内在本质与关键动力 [J]. 郑州大学学报，2015（3）：87－92.

[67] 张延群，娄峰. 中国经济中长期增长潜力分析与预测：2008～2020年 [J]. 数量经济技术经济研究，2009（12）：137－145.

[68] 张旭亮，宁越敏. 长三角城市群城市经济联系及国际化空间发展战略 [J]. 经济地理，2011（3）：353－359.

［69］赵纯凤，杨晴青，朱媛媛，等．湖南区域经济的空间联系和空间组织［J］．经济地理，2015（8）：53－60.

［70］中国科学院可持续发展战略研究组．2011中国可持续发展报告：实现绿色的经济转型［M］．北京：科学出版社，2011：100－169.

［71］中国环境与发展国际合作委员会．中国绿色经济发展机制与政策创新［R］．2011.

［72］中国（深圳）综合开发研究院、腾讯公共政策部．创新驱动与都市转型——打造中国的世界湾区［Z］．内部研究资料，2017（6）．

［73］ZHONG Y，LU Y. 基于空间联系的城市腹地范围划分——以江苏省为例［J］．地理科学，2016，32（5）：536－543.

［74］赵璐．中国经济格局时空变化趋势［J］．城市发展研究，2013（7）：14－18.

［75］赵作权．中国经济核心区在哪里？［J］．中国科学院院刊，2009b（4）：371－378.

［76］赵作权．中国经济核心—边缘结构与空间化发展［J］．管理世界，2012a（10）：46－54.

［77］赵作权．中国巨型区格局［J］．城市发展研究，2013（2）：62－70.

［78］赵作权．空间格局统计与空间经济分析［M］．北京：科学出版社．2014：81－130.

［79］Aboufagel E，Austin D. A new method for computing the mean center of population of the United States［J］．The Professional Geographer，2006（58）：65－69.

［80］Agion P，Howitt P. A model of growth through creative destruction［J］．Econometrica，1992. 60（2）：323－352.

［81］Andrew N L，Mapstone B D. Sampling and the description of spatial pattern in marine ecology［J］．Oceanography and Marine Biology：Annual Review，1987（25）：39－90.

［82］Arrow K J，The production and distribution of knowledge. In Silberberg G，Soete L. The Economics of Growth and Technical Change：Technologies，Nations，Agents（Eds.）［J］. Edward Elager, 1994: 9 – 19.

［83］ Baldwin R E, Forslid R. The core – periphery model and endogenous growth: Stablizing and destablizing integration［J］. Economica, 2000（67）: 307 – 324.

［84］ Barlet M, Briant A, Crusson L. Location patterns of service industries in France: A distance – based approach［J］. Regional Science and Urban Economics, 2013（43）: 338 – 351.

［85］ Beckmann M, McGuire C B, Winsten C B. Studies in the economics of transportation［M］. New Haven: Connecticut. Yale University Press, 1956.

［86］ Berry B. Approaches to regional analysis: A synthesis［J］. Annals of the Association of American Geographers, 1964（54）: 2 – 11.

［87］ Borts G S, Stein J L. Economic Growth in a Free Market［M］. New York: Columbia University Press, 1964.

［88］ Brus D J, de Gruijter J J. Random sampling or geostatistical modelling? Choosing between design – based and model based sampling strategies for soil［J］. Geoderma, 1997（80）: 1 – 44.

［89］ Choynowski M. Map based on probabilities［J］. Journal of the American Statistical Association, 1959（54）: 385 – 388.

［90］ Clark C F, Wilson J B. Industrial location and economic potential in Western Europe［J］. Regional Studies, 1969. 3（2）: 197 – 212.

［91］ Dafermos S C, Sparrow F T. The traffic assignment problem for a general network［J］. Journal of Research of the Nation Bureau of Standards, 1960（73B）: 91 – 118.

［92］ Desmmet, Klaus, Hansberg. Spatial growth and Industry Age［J］. Joernal of Economic Theroy. 2009, 144（6）: 2477 – 2502.

［93］ Duranton G, Turner M A The fundamental law of road congestion: Evidence from US cities［J］. American Economic Review, 1997, 27（4 – 5）: 443 – 474.

〔1 Ellison G, Glaeser E. Geographic concentration in US. manufacturing in-

dustries: A dartboard approach [J] . Journal of Political Economy, 1997, 105 (5):
889 - 927.

[95] Ellison G D, Glaeser E L, Kerr W R. What causes industry agglomeration? Evidence from coagglomeration patterns [J] . American Economic Review, 2010, 100 (3): 1195 - 1213.

[96] Fujita M, Krugman P, Venables A. The Spatial Economy: Cities, Regions and International Trade [M] . Cambridge. MA: MIT Press, 1999.

[97] Fujita M, Thisse J F. Does geographical agglomeration foster economic growth? And who gains and loses from it? [J] . Japanese Economic Review, 2003 (54): 121 - 145.

[98] Gao M. Detecting spatial aggregation from distance sampling: A probability distribution model of nearest neighbor distance [J] . Ecological Research, 2013 (28): 397 - 405.

[99] Gregory M J, Kimerling A J, White D, et al. A comparison of intercell metrics on discrete global grid systems [J] . Computers, Environment and Urban Systems, 2008 (32): 188 - 203.

[100] Grossman G M, Helepman E. Innovation and Growth in the Global Economy [M] . Cambridge: MIT Press, 1991b.

[101] Keller W. Geographic localization of international technology diffusion [J] . American Economic Review, 2002, 92 (1): 120 - 142.

[102] Krugman P. First nature, second nature, and metropolitan location [J] . Journal of Regional Science, 1993, 33 (2): 129 - 144.

[103] Krugaman P, Venables A J. Globalization and the inequality of nations [J] . Quarterly Journal of Economics, 1995 (4): 857 - 880.

[104] Lucas R E Jr. On the mechanisms of economic development [J] . Journal of Monetary Economics, 1998, 22 (1): 3 - 42.

[105] Martin P. Public policies, regional inequalities and growth [J] . Journal of Public Policies, 1999 (73): 85 - 105.

[106] Robert E Hall, Charles I Jones. Why do some countries produce so much

more output per worker than others [J]. The Quarterly Journal of Economics, 1999, 114 (1): 83 – 116.

[107] Romer P M. Increasing returns and long – run growth [J]. Journal of Political Economy, 1986 (94): 1002 – 1037.

[108] Romer P M. The origins of endogenous growth [J]. Journal of Economic Perspectives, 1896, 10 (3): 237 – 268.

[109] Siebert H. Regional economic growth: Theory and policy [M]. Scranton, PA: Intern – national Textbook Company, 1969.

[110] Tong D, Murray A T. Spatial optimization in geography [J]. Annals of the Association of American Geographers, 2012, 102 (6): 1290 – 1309.

[111] Warntz W. Measuring spatial association with consideration of the case of market orientation of production [J]. Journal of the American Statistical Association, 1956, 51 (276): 597 – 604.

[112] Wentz E A. A shape definition for geographic applications based on edge, elongation, and perforation [J]. Geographical Analysis, 2000 (32): 95 – 112.

[113] Yiu M L, Mamoulis N. Clustering objects on a spatial network [J]. Proceedings of the ACM Conference on Management of Date (SIGMOD), 2004 (6).